约见资本人

III 与时代同行

深圳市全景网络有限公司——编著

北京时代华文书局

图书在版编目（CIP）数据

约见资本人．Ⅲ，与时代同行 / 深圳市全景网络有限公司编著．-- 北京：北京时代华文书局，2020.12
ISBN 978-7-5699-4077-0

Ⅰ．①约…　Ⅱ．①深…　Ⅲ．①企业家—访问记—中国—现代　Ⅳ．① K825.38

中国版本图书馆 CIP 数据核字（2020）第 262702 号

约见资本人Ⅲ　与时代同行
YUEJIAN ZIBENREN Ⅲ YU SHIDAI TONGXING

编　　著｜深圳市全景网络有限公司
出 版 人｜陈　涛
选题策划｜孙　非
责任编辑｜丁克霞
装帧设计｜邓晴心　闫慧斌
责任印制｜刘　银

出版发行｜北京时代华文书局 http://www.bjsdsj.com.cn
北京市东城区安定门外大街138号皇城国际大厦A座8楼
邮编：100011　电话：010-64267955　64267677
印　　刷｜北京阳光印易科技有限公司
开　　本｜710毫米×1000毫米　1/16　印　　张｜25　字　　数｜395千字
版　　次｜2021年2月第1版　印　　次｜2021年2月第1次印刷
书　　号｜ISBN 978-7-5699-4077-0
定　　价｜65.00元

《约见资本人III》编委会

序

做财富的创造者　少做搬运工

2020年是极不寻常之年：资本市场建立30周年，新《证券法》修订实施，创业板推出注册制改革等，连台好戏；同时，新冠疫情全球蔓延、中美多领域角力、国内债券违约频现等，危机风险叠加，给中国经济带来了震荡和挑战，也给资本人带来了挑战和机遇。

国际货币基金组织预计，2020年全球经济将萎缩4.4%，而中国会成为唯一实现正增长的主要经济体。风景这边独好，中国经济从疫情影响中快速恢复，得益于推进了一系列深化改革开放的举措。俗话说，股市是经济的晴雨表，2020年A股IPO公司达到396家，成为公司上市的丰收年。同时，市场化的机制带来了上市公司估值的分化，头部企业得到资金投票，截至2020年底，A股涨幅超过一倍的公司达到323家，主要分布于医药生物、消费、高科技等领域，不符合上市条件的公司则加快出清，2020年已有18家公司退市，摘牌公司数量创下新高。随着优胜劣汰的市场生态逐步确立，价值投资的理念渐入人心，一个权益投资的新时代已经开启。这是一个资本人可遇不可求的黄金岁月，资产管理机构、券商等中介机构、上市公司、监管机构都面临新机遇，新挑战。我们作为财经媒体人，有些许思考。

首先，资产管理机构要做财富的创造者，而不是财富的搬运工。资本市场追求的不是零和博弈，而是把零和博弈变成正和博弈的舞台，创造价值，让参与者共同成长，共同收获。资产管理机构联系投资者和投资标的两端，一方面要帮助企业借助融资发展壮大，从而实现成长的收益，而不是通过资本游戏收割韭菜；另一方面，代人理财，重要的是保持职业操守和职业道德，忠实履行信托义务，为投资者实现财富保值增值。值得一提的是，2020年以来，股票型基金的收益率中位数达到了26%，而4100家上市公司股价涨幅的中位数仅有6%，可见投资机构为普通投资人创造了不菲的收益。各家资产管理机构应尽职尽责，成为投资者信赖的财富伙伴。

其次，券商等中介机构要做价值的发现者，让资本有信仰，资本人有理想。通过综合服务有效撮合交易，促进资源的市场化配置。注册制不仅全面重塑券商投行等业务链条，也对证券研究提出了更高的要求。分析师不仅要做真实价值、长期价值的挖掘者，不断拓展研究视野，改进研究方法，牢牢把握中国资产的定价权，为机构投资和企业发展提供有益的参考，更要把良心、良知放在首位，保持研究的独立性，不被私利所蒙蔽。

第三，上市公司要做经济发展的引领者，摈弃财务造假、信息披露不实，甚至“捞一把”跑路的行为。注册制改革带来的估值二八分化，对上市公司提出了更高要求，上市公司不仅要持续创新、转型升级，也要不断提高信息披露和公司治理水平，帮助投资者进行价值判断，从而充分利用直接融资实现高质量发展；同时还应该重视社会责任和回报，为所有利益相关者带来共赢，在中国经济发展中体现更大的担当和作为。

第四，监管要跟上金融创新的步伐。创新不可脱离监管的雷达，监管不要剪掉创新的翅膀。科技进步为传统的金融行业带来了前所未有的机遇，中国的金融科技创新已经走在全球前列。合理有序的金融创新，有利于提升金融体系的效率和普惠性，但也有一些创新规避了现有的监管框架，从而衍生出新的金融风险。因此，监管有必要密切跟踪金融科技的发展，寻找创新与监管的平衡点，保证金融服务实体经济的发展，同时，鼓励金融创新，不要因噎废食。

作为人民日报社旗下的权威财经平台，全景网自1999年开启网上路演模式以来，见证了数千家上市公司的成长与壮大，并逐渐形成了覆盖企业全生命周期的资本市场服务平台。《约见资本人》第三期结集出版，也是全景网记录、见证资本市场风云际会的使命担当，力求为业内创造一份价值。

也许，世界级的公司诞生在这里，世界级的资本人从这里走来。

纪伟

2020年12月于鹏城

目录

第一章 001 与资本对话

一、李书福：核心技术用钱买不来　越买越被动 003
二、王石：放弃万科股权　人生依然动力满满 015
三、王传福：用技术创新满足人民群众对美好生活的向往 043
四、李西廷：95 万贷款创业　靠“笨功夫”征服全球高端市场 053
五、赵燕：“玻尿酸女王”的 30 年创业史 065

第二章 085 执着者的故事

一、曹德旺：七十而已 087
二、杨崇和：芯片设计海归第一人　30 年报国“芯路” 097
三、于德翔：50 亿“豪赌”背后的逻辑叫“未来” 108
四、鲁先平：十年磨剑创新药　风雨中走稳“钢丝绳” 117
五、李逸飞：创业 5 年逆袭富人榜　“玩心”驱动的人生“马拉松” 126
六、梁耀铭：新冠疫情中的“健康哨兵” 138

第三章
147

前进！以中国制造的名义！

一、国内首次将纳米技术成功应用到电池材料……149
二、不走寻常路的激光技术控……155
三、20 年诚信和匠心打磨出“中国好精机”……160
四、秉持初心　七年成就红外滤光片全球领先……166
五、安防巨头的背后……173
六、石化专家二次创业　“左手传统　右手创新”……178

第四章
185

在辽阔的大地上自由生长

一、从高速公路工程队到新疆交通基建领军者……187
二、匠心筑城　缔造城市规划第一股……196
三、17 年农药领头羊生涯：爬过绝望　越聚越强……204
四、始终要对自己狠一点的唐人神……209
五、专注清洁能源服务　迈出带动世界的脚步……219

第五章 225 我们的城市一切顺利

一、从“包工头干的行业”到抓住时代赋予的机会......227
二、扬帆起航　要让公司跻身综合类券商前 20 名......234
三、人才是成功的关键——中山金马邓志毅......241
四、做顺丰、韵达背后的“耗材超市”......248
五、智慧城服新征程　从“被动活”到“主动追”......255
六、“精装”时代的踏浪者......261

第六章 267 习以为常的美好生活

一、一家别具特色的乳企的“1+N”成长之路......269
二、上市是生孩子　之后才是漫漫“哺育”之路......276
三、“鱼零食大王”的 30 年突围人生......284
四、个人博客如何成为“电商导购第一股”......290
五、百年老树幕后推手——“代营电商”第一股......296

第七章 303 回首创业路

一、“轮毂大王”踏上智能制造新征程 304
二、“跳到海里，奋力上岸”——楚江新材姜纯 310
三、追风“气体”20年 319
四、创业路上没有艰苦　满满都是幸福 325
五、“企业金名片”制造商 333
六、坚持“小批量板”的曲折创业史 340

第八章 347 美丽新世界

一、“硬汉”董事长的“柔软”创业史 348
二、从一个烧杯开始　揭开国内化学发光免疫诊断大幕 356
三、坚定“A+”战略引领　开启核技术改变生活时代新篇章 364
四、“前浪”的超高清LED“新事业” 371
五、华人精英打造民族品牌的“东意西境”之路 376
六、郑晓蓉：从销售员到董事长 383

后记 389

第一章

与资本对话

全景网董事长何伟与李书福、王传福、王石等人进行了对话，本章收录了与他们的对话实录。在某种意义上，他们既是企业家，也是实业资本的化身。

一、李书福：核心技术用钱买不来　越买越被动

制造业是立国之本、兴国之器、强国之基。拥有自主、强大、具有国际竞争力的制造业是现代化强国的重要标志，汽车制造业责无旁贷。

——吉利控股李书福

作为制造企业，浙江吉利控股集团有限公司（简称“吉利”或“吉利控股”）从设计研发、建厂、生产、销售、国际国内市场发展，在方方面面都感受到了政策支持对于自主品牌创建的重要性。吉利 1997 年进入汽车领域时，中国汽车市场才年产几十万辆，私家车市场刚刚起步，不仅没有民营企业造车的先例，民营企业也很难取得造车资质。

（一）

一个更开放的汽车工业，将为中国汽车的下一步发展带来更多挑战，同时也带来更多机遇，在这些挑战和机遇中成长起来的中国汽车企业，才有真资格获得国际参赛权。

——李书福

全景网董事长何伟（右）对话吉利控股集团董事长李书福（左）

何　伟：很高兴与书福董事长再次相会。2018 年是改革开放 40 周年，40 年来，中国各行各业都取得了举世瞩目的发展成就，涌现出一批包括吉利集团在内的优秀企业。中国在全球经济中发挥的作用越来越重要，中国企业在国际化市场竞争中也赢得了越来越多的尊重。现在，人们说起中国汽车产业，必言及吉利，无论是在市场规模方面，还是在品牌向上方面，吉利都令人刮目相看，造就了“吉利速度”“吉利现象”。作为创始人、领军者，你对现在的吉利满意吗？你怎样评价 30 多年来吉利所取得的成就？作为杰出的民营企业家，你近期在公开演讲中所说的一句话让我印象深刻。你说：“我不是狭隘的民族主义者，我是开放的全球主义者。我支持全球自由贸易，反对贸易保护主义。我支持中国汽车工业更加开放，鼓励中国汽车更好地走向世界。”当然，这并不是你第一次表达类似的想法。在过去的很多年，每当汽车行业内就“是否进一步开放”产生争论的时候，你始终坚定地站在开放的一边。我想知道为什么，你不怕所谓的“狼来了”吗？

李书福：首先，公开透明的市场环境是中国民营经济和汽车工业发展的土壤。吉利是市场开放的直接受益者，没有改革开放，没有国家开放民营资本进入汽车领域，就没有吉利的今天。吉利将一直支持市场开放和公平竞争。

其次，吉利是全球化的直接受益者。吉利自踏入汽车制造业起，就深谙制造业是立国之本、兴国之器、强国之基的道理。拥有自主、强大、具有国际竞争力的制造业是现代化强国的重要标志，汽车制造业责无旁贷。在新的时代背景下，中国市场要想解决汽车工业面临的各种挑战，需要从全球角度考虑问题，更要积极参与国际竞争与合作。吉利始终坚持以全球化的视角满足不断提升并且多样化的消费者需求。

2010 年，我们从美国福特汽车公司手中收购了沃尔沃汽车公司。沃尔沃汽车和吉利汽车互相支持、资源互补，在集团内部形成了良好的全球协同效应，这对于吉利今天取得的成绩至关重要。通过长期探索，我们已经从当初单一产品贸易“走出去”的思维转变为产品、技术、人才、标准与资本共同输出的产业战略布局。2017 年，我们入股马来西亚 DRB-HICOM 集团所持有的宝腾汽车，并全面负责运营管理，也成为英国路特斯跑车公司的控股股东，我们要帮助这两个品牌重现生机。吉利正以稳健的脚步，布局全球并参与全球竞争，向世界展示一个全新的吉利形象。

汽车关税下降、合资股比调整等政策，意味着我们将迎来更开放的汽车工业。这让我感到兴奋。我是一个坚定的市场派，我完全鼓励与支持公平竞争，坚决反对特权与贸易保护主义。一个更开放的汽车工业，为中国汽车的下一步发展带来更多挑战的同时，也带来更多机遇。在这些挑战和机遇之中成长起来的中国汽车企业，才有真资格获得国际参赛权。

何　伟：你认为，过去 40 年的改革开放带给中国汽车产业的影响有哪些？当前国内外经济、贸易形势的复杂多变，给汽车行业增添了哪些变数？

李书福：经历改革开放 40 年，中国汽车市场的变化翻天覆地：从老百姓买不起汽车，到如今很多家庭已经拥有第二辆私家车；从民营企业不能造车，到如今包括吉利在内的民营汽车企业年销量突破百万辆，中国汽车产业在坎坷中发展壮大。从销量来看，2009 年，中国汽车销量首次超过美国，成为世界最大新车市场；到 2017 年，中国汽车市场已经连续 9 年蝉联全球第一。中国市场已经成为全球汽车企业的必争之地，汽车企业在中国市场交出的答卷将在很大程度上决定单个企业乃至整个汽车工业的未来。

除了销量上的爆炸式增长，中国汽车产业还有以下两点显著提升。

第一点是中国车企加快参与国际化进程与研发竞争。

在"一带一路"倡议和"走出去"战略的支持和指引下，中国车企在国际化过程中越来越成熟，逐渐从以资金换技术升级到向外输出技术和管理。

在研发方面，包括吉利在内的中国车企均已在海外设立研发、设计中心。目前，吉利完成了全球五大研发中心和五大造型中心的布局，研发设计人员超两万人。海外研发中心的设立吸引了全球人才资源，也有益于整合全球资源，提升中国汽车品牌的自身实力以及整体形象。

第二点是中国品牌逐渐走向高端化布局。

当下，中国品牌整体都在积极向高端方向布局，自主高端品牌层出不穷，形成了中国品牌高端化的新阵营。这反映出中国汽车市场的消费主体对汽车不断进化的需求，以及自主品牌越来越强的综合实力。

中国改革开放40年的实践与发展充分体现了我国社会主义制度集中力量办大事的政治优势；汽车行业的新风貌、新变化再次证明了改革开放、创新探索的时代必要性；证明了竞争、合作、团结友善、包容发展的成长规律性；证明了正气向上、心态积极的成功必然性。

（二）

要想主动抓住机遇，我们必须转变思维方式，与朋友和伙伴联合，通过协同与分享来占领技术制高点。

——李书福

何　伟：8年前，吉利以一场"蛇吞象"的精彩表现，收购了沃尔沃。2018年，吉利又通过收购9.69%股份，成为戴姆勒集团最大的股东。大家都很好奇，吉利是怎么做到的？这些年从沃尔沃那里，我们学到了什么？入股戴姆勒，又有怎样的深远打算？从战略角度，戴姆勒与吉利、沃尔沃三者将产生怎样的协同效应？

李书福：2010年，吉利成功收购沃尔沃汽车公司，是吉利全球化进程中的关键一步。多年来，吉利与沃尔沃形成了良好的全球协同效应。例如，在技术方面，沃尔沃的协同效应为吉利汽车的技术创新提供了全球化的视野和标准。2013年，吉利欧洲研发中心（CEVT）成立，吉利汽车与沃尔沃联合开发基础模块化架构 CMA（“智能魔方”），在全球具有领先的技术优势。

双方的协同还诞生了一个新品牌——由吉利控股集团、吉利汽车集团与沃尔沃汽车合资成立的领克汽车合资公司，这是欧洲技术、欧洲设计、全球制造、全球销售的高端汽车品牌，代表中国制造融入全球价值链，迈向中高端市场。

21 世纪的全球汽车行业面临巨大创新机遇，也面临来自非汽车行业公司的挑战，各个汽车企业单打独斗很难赢得这场战争。要想主动抓住机遇，我们必须转变思维方式，与朋友和伙伴联合，通过协同与分享来占领技术制高点。对戴姆勒的投资正是出于这种战略思考。

2018 年 10 月，戴姆勒出行服务有限责任公司与吉利控股集团管理的吉利集团（新业务）有限公司宣布，双方在华组建合资公司，提供高端专车出行服务。该合资公司计划在中国的部分城市提供高端专车出行服务，使用的高端车型将包括但不限于梅赛德斯－奔驰品牌。初期车型包括梅赛德斯－奔驰 S 级车、E 级车、V 级豪华多功能车，以及梅赛德斯－迈巴赫轿车，未来也将使用吉利集团旗下高端纯电动车型。

何　伟：这是否意味着，移动出行服务商将是未来车企的转型方向？

李书福：移动出行服务是未来出行的一个新领域。吉利控股集团在 2015 年就投资了新能源汽车共享出行服务平台曹操专车，我们是首家进军这一市场的中国汽车制造商。此次和戴姆勒强强联合成立合资公司，是吉利由汽车制造商向全球汽车科技集团转型的关键举措。

当然，移动出行服务不是未来出行的唯一新领域，我们对前沿出行方式的探索远不止于此。因为每一个前瞻性的行业技术，比如自动驾驶、飞行汽车，都会引领明天的行业发展。2018 年 7 月，我们与腾讯公司共同组建了国铁吉讯科技有限公司，将负责动车组无线网络（Wi-Fi）平台的建设和经营，进一步探索线上线下协同出行服务，布局未来出行。吉利将充分利用自身在交通出行领域、智能生态和用户体验方面积累的经验，协同合作伙伴，充分融合互联网和海、陆、空交通网，致力于打造全球融合出行的互联网科技公司，让每一位旅客都能享受线上线下协同的一站式智慧便捷出行服务。

何　伟：你曾经做过一个预测，未来世界，传统汽车行业只有 3—5 家企业能活下来。为何会做出如此判断？如果说传统汽车行业只有少数几家存活，那么，众多新加入者的机会在哪里？

李书福：汽车产业是制造业之王。21世纪是科技革命、产业变革、商业重塑的世纪。

平台经济是大势所趋，打造共享数字平台，形成线上优势，才是决胜未来的关键。高连接性、高稳定性的数字网络系统一旦形成，全球汽车就会链接在这个系统上，今后的汽车将是线上线下高度融合的智能空间移动终端。

无论是吉利控股集团还是新加入者，都要时刻保持清醒的头脑，认准方向，明白问题的本质。只有脚踏实地，在创新研发、人才培养方面继续加大投入，在可再生能源利用、汽车电动化技术、线上数字科技及车载芯片研发等方面有所作为，才能为汽车产业可持续发展和用户的智能出行体验贡献力量。

（三）

核心技术是用钱买不来的，而且会越买越被动，越用越依赖。必须自己研发，持续创新，迭代发展。

——李书福

何　伟：2018年以来，我国新车市场销量增速放缓，有分析称负增长已成定局。对此你怎么看？

李书福：目前，中国汽车市场已进入从高速发展向高质量发展的转型阶段。在未来的很多年，中国依然会是全世界最大的汽车销售市场，中国市场是各大车企的必争之地。随着中国汽车消费者越来越成熟以及出行领域的不断拓展，还有很多潜力可以挖掘。

市场有挑战，但更多的是机遇。疾风知劲草，唯有实力才能见真章。对吉利来说，要始终秉承以用户为导向、以市场为导向，为用户提供超出期待的产品和服务。用户满意度将成为存量市场竞争决胜的关键，良好的用户体验是我们一切工作的出发点和归宿。

何　伟：连续9年新车销量第一，连续3年新能源汽车产销第一，这是值得骄傲的成绩。但不能忽视的是，我国汽车产业核心技术缺失的问题依旧突出。有人提出“弯道超车”“换道超车”的理论，你认为可行吗？在电动化、智能化、网联化、共享化的背景下，我们怎样才能尽快形成全产业链竞争优势？

李书福：虽然我国已经拥有具有世界影响力的汽车市场，我国汽车产业发展也有了长足进步，但客观公正地分析中国汽车业，就会发现，短板确实存在。如果不加以弥补，不尽快形成中国汽车全产业链竞争优势，作为世界第一大汽车市场的中国，就会被全球各国汽车品牌瓜分，我们的被动局面将会一直存在。

中国是全球第一大汽车产销国，汽车企业的命运必须掌握在自己的手中，这也是一种责任和担当。核心技术是用钱买不来的，而且会越买越被动，越用越依赖。必须自己研发，持续创新，迭代发展。这是我们的当务之急。

在电动化、智能化、网联化、共享化背景下，我认为相关行业里各个环节的参与者，应该齐心协力，从以下几个方面着手。

第一，车企要不遗余力地投入科技创新，坚持自主研发和高质量发展。吉利从零起步进入汽车行业，一没资金优势，二没技术优势，三没人才优势，但我们坚守实业，一步一个脚印，凭借持续创新才发展到今天的规模。吉利通过持续的研发投入，形成了世界一流的技术研发体系和技术原创能力，培养了高素质的研发和技术人才队伍。我们过去几年的研发投入占比远高于行业平均水平。现在的吉利，在全球有两万多名研发设计人员，每年投入数百亿研发费用，一直在自己确立的技术路线上坚定地投入。能力是用钱买不来的，只有自己努力学习，刻苦锻炼，投入新兴技术，才能掌握真本领，才能面对各种挑战，引领行业变革。

第二，车企要积极走出去，融入全球市场，同时建设符合国际水准的企业合规制度，在上下游产业链的合规制度建设、员工合法权益保护、增加更多就业岗位等方面有所作为。要在这一前提下，获得国际参赛权，更好地参与国际竞争，实现全球化。中国民营企业在海外发展，不仅仅代表企业自身，也代表着中国的公民形象、国家形象，没有合规制度就没有企业的可持续发展，就没有企业声誉和国际信任。我在多个场合都强调吉利对合规制度的重视，我也一直呼吁，民营企业应该在更加公开、透明、公平的环境中开展充分的市场竞争，并且要到国际舞台上去参与竞争，这样剩下来的企业才是真正有竞争力的企业，才能进入全球供应链的中高端市场。

同时，汽车也是全球性产业，国内汽车公司应该与全球汽车同行携手合作、广泛联合，尤其在一些基础理论研究、基础架构研发方面寻求共同机会，降低成本，提高效率，扩大使用规模，减少风险。

第三，车企本身、上下游产业链参与者、行业协会和政府部门等，要联合起来推进行业法律法规的制定和优化。汽车产业链很长，协同创新、包容发展、强强联合、优势互补，都是提高竞争力的有效途径。

例如，智能网联汽车的关键是智能，本质是汽车，特点是通信基础设施网联化，前提是确保交通安全顺畅高效率。要实现以上目标，必须关注信息安全与隐私保护、漏洞发现与应急补救、行车安全与恶意控制、网络边界与系统自主。其中操作系统是智能网联汽车的核心部件，也是整部汽车的“大脑”，所有应用程序都在操作系统上运行，操作系统健壮性、安全性是决定智能网联汽车命运的关键。对国家和用户而言，安全与隐私保护是第一诉求。

第四，创新能力建设的关键是教育体制改革，根本出路是提升教育竞争力，以及形成创新人才培养环境竞争力。只有通过真正意义上的市场化产学研结合，才能培养出适合市场竞争的人才。人是创造世界、改变世界的关键因素，为人才成长营造良好环境，为人才发展提供足够空间，是创新驱动、务实发展最有效的保证。吉利作为一家汽车公司，我们必须在创新研发方面走出坚实步伐，在人才培养方面大胆投入，宽容失败，鼓励探索。

（四）

资本运作的目的一定是投资实业、支持实业更好发展。我来自实业，一辈子没有离开过实业，对实业充满感情，更一直怀有实业报国的志向。

——李书福

何　伟：从资本市场的角度，我们了解到两个比较普遍的观点。一是传统车企发展新能源车，无论是吉利还是欧美大型车企，总免不了担心“左手打右手”，即影响已有畅销车型。吉利规划 2020 年 90% 的产品都是新能源车，我们如何平衡这一矛盾？二是境外资本机构投资比较谨慎，没有盈利很难获得认可。吉利上市多年市值没有明显增长，直至2016—2017年迅速增长10倍。无论是投资沃尔沃、戴姆勒还是其他各种融资，吉利在发展过程中运用了许多资本市场资源。请你总结一下吉利在实业和资本之间的经营之道。

李书福：习近平总书记曾强调，发展新能源汽车是中国从汽车大国迈向汽车强国的必由之路。当前，新能源和电气化已经成为全球汽车行业的主旋律，中国在这条道路上走得十分稳健。

吉利在新能源领域是行动派，不是理论派。自2015年发布“蓝色吉利行动”以来，吉利一直脚踏实地，探索满足用户需求的四大新能源化技术路径，涵盖纯电技术、混动技术、替代燃料及氢燃料电池技术。

基于此，2018年5月，吉利汽车发布“智擎”新能源动力系统，宣告吉利汽车全面迈入新能源汽车时代。截至2021年底，吉利汽车将推出30多款新能源和节能车型。

新能源时代的竞争，实则是一场技术战。吉利汽车以每年远高于行业标准的数额投入研发，通过与沃尔沃的技术协同，依托全球五大研发中心，聚集了全球最顶尖的新能源研发团队，取得了数百项核心专利，专心打造底层架构技术，真正实现了百分百自主研发的中国新能源技术体系和解决方案。吉利汽车将加快从传统燃油汽车向多元化新能源汽车的转型，并致力于成为中国领先的新能源汽车公司。我想通过大家共同的努力，中国的新能源汽车会稳居世界前列。

基于经济规律和当前的商业环境，需要把实业和资本结合起来考虑和运作，这样可以为企业和股东带来最佳收益。但是，资本运作的目的一定是投资实业、支持实业更好发展。我来自实业，一辈子没有离开过实业，对实业充满感情，更一直怀有实业报国的志向。尤其是进入汽车行业后，我越来越感受到制造业对国民经济的重要性，我们一定要把发展的着力点放在实体经济上。前些年，许多金融资本“脱实向虚”，严重影响了企业家专心致志干实体和转型升级的积极性，有的甚至放弃主业去做投资、做房地产。但是，没有实体经济做支撑，虚拟经济终究是空中楼阁。我们汽车企业和制造企业应保持定力，坚守实体经济，加快技术、产品、管理等创新，培育以创新驱动为核心的竞争新优势。正是基于对实业的坚守，2018年吉利汽车依然逆势增长。

‖作者手记‖

李书福赢在哪里

何　伟

借参加“一带一路”媒体高峰论坛的空隙，我与李书福在博鳌渔村的椰树下进行对话。

刚上岸的小海鲜端上桌，本地的鹿龟酒举起来，落日夕照，细浪微卷，身着迷彩T恤的李书福谈兴渐起。

近几年吉利的发展有如神助，要风得风，要雨得雨，成为无所不能的神通企业。自收购沃尔沃轿车上演民营车企“蛇吞象”起，吉利一口气又把宝腾的路特斯，美国太力公司的飞行汽车以及戴姆勒一一收入囊中，行云流水般完成了不可能完成的任务。更瞩目的是，2018年车市销量整体下行，没能阻止吉利逆势而上的风头，一跃成为自主品牌的排头兵，令人羡慕也招人嫉妒。

李书福基本谢绝各类对话，渐从公众视野淡出，这反倒增添些许神秘。他学历虽不高，预测能力却不低。去年某国新能源车新秀风头正劲，他预言来年会遭重挫。当时我不以为然，结果前不久应验。他又直言国内某造车新势力熬不过一年半载，不幸又被言中。李书福不是能掐会算的占星师，但他的预测比一些业内专家靠谱得多。

早期矮化李书福，认为他是闯入汽车行业的“草根”。如今又神化如日中天的李书福，本来手中的牌不咋样，却能怎么打怎么有，神力何来？坊间传他手眼通天，有神秘资金力挺吉利纵横四海，更有神秘背景为李书福遮风避雨。

“人言可畏！”不胜酒力的李书福一杯又一杯，似乎想冲掉挥之不去的苦恼。造车再难也从未发怵，谣言凶猛却束手无策，我还是第一次看到他的无奈，做个领军企业真不易。我曾反诘，资历老、实力强、品牌响的车企，自主品牌为何造不过吉利？为得到答案，我与李书福约下每年一晤的君子协定。2016年首访吉利，我得出的答案是：吉利有个好企业家，好机制，好老师，因此成为我国自主汽车班里的“三好学生”。2017年再访吉利，我又得出三条：第一条，吉利是中国最接近市场经济规则的车企，从身份机制到管理运行，乃至文化价值，都是市场经济的模范企业。所有同行眼中的高难动作，李书福似乎很轻松就完成了。第二条，吉利干自主是豁出命来真干，李书福自称“敢死队”，不搞假摔，不踢假球，要面子更要里子，唱功好做功更好。第三条，善于把握机会，让吉利总能踩上时代发展的节拍，一次次变危机为超车的机遇。

以上几条，我认为基本说清了吉利究竟赢在了哪里，也得到了同事的认同。可是李书福认可吗？

晚风拂面，酒酣耳热，李书福没有正面回答，而是谈起了人生观和价值观，谈起了吉利做事的“三个标准”：一是看是否符合企业的发展，二是看是否满足用户的需求，三是看是否能促进人类社会进步。

做小事靠技能，干大业靠境界。三个标准好比三层境界。有的企业只能待在维系生存的第一层，有的企业能登上满足用户需求的第二层，但是吉利一定在推动人类社会进步的第三层。干大事不惜身，见小利不忘义，始终把人类命运放在心头。

站到第三层看吉利，许多疑惑迎刃而解。譬如李书福还很拮据的时候仍坚持贴钱办吉利大学，为自己更为行业培养人才；为了扛起中国汽车品牌的大旗，恳求政府给自己再次试验的机会；关于吉利长城黑公关事件，李书福担忧的不是自己受害，而是自主车企的前程。他呐喊：“我们不能分散精力，不要高估这些小儿科的假新闻，水军造不出汽车，更造不出好品牌！”

我们小看了李书福，我们还未真正理解李书福。原来，吉利不是赢在起点，而是赢在转折点；不是赢在市场，而是赢在价值观。这位放牛娃出身的企业家让我们看到了另一种可能：危机也好，挑战也罢，都是可以转化为机遇的，只要你保有一颗慈悲的心，以及呼应家国情怀的价值观。

李书福下一步想做什么？“我想让飞行汽车在海南先飞起来。”他得意地划开手机里的照片，让我看美国加州工厂制造的飞行汽车，以及研发团队闲适的合影。

为什么选海南？20 世纪 80 年代末，十万经商大军下海南，李书福裹挟其中，从浙江来海南创业，结果把 4000 万元本钱赔光了。倾家荡产，妻子离去。那段至暗时光，他忍受着孤独和痛苦，不抱怨不诉苦，半夜登高，别人以为他要跳楼，他却迎着腥热的海风，赋诗一首：

力量在风中回荡，奇迹在蓝天下闪光。坎坷的道路承载着我的理想，坚实地伸向远方。

20年前的旧作，他脱口而出。曾经的失败者如今载誉归来，别有蕴意。也许为了成就今天的李书福，命运精心安排了这次惨痛的打击。

那晚，博鳌的海风醉人，微醺的李书福显露出哲人的睿智和诗人的豪情，让我惊奇而钦佩。

李书福：核心技术用钱买不来 越买越被动——扫码观看对话吉利控股董事长李书福

二、王石：放弃万科股权　人生依然动力满满

虽然时代给了你机会去做企业家，但并不等于你只有机会做企业家，你还有很多的选择。

——万科创始人王石

万科创始人王石

2020年新冠肺炎疫情期间，王石再次成为话题人物。他不仅在深圳发起登山健身运动，号召市民走出新冠阴霾，带领深圳市猛犸公益基金会（简称“猛犸基金会”）对40多个国家展开捐赠，更率领万科企业股份有限公司（简称“万科”）全体员工向清华教育基金会捐赠市值53亿元的万科股票，共建清华大学万科公共卫生与健康学院。这笔国内高校史上最大单笔捐款，背后有怎样的故事？

2020年4月21日，身为万科创始人的王石与全景网董事长何伟，展开了3小时的高维对话，分享了自己的财富观、公益观、运动心得、再创业规划与人生思考。

退休后将大量时间用于公益的王石坦率表示，自己在乎钱，也警惕有钱后能不能驾驭得住，挣钱更多的是想证明自己的能力。但挣钱的能力并不能衡量企业家的社会价值，企业家的社会价值，不取决于在行业里排第几，而是在社会上跨行业时能扮演的角色。在王石看来，公益是另一种维度的竞争，把钱花得有价值、有公信力，甚至比挣钱还要难。挑战困难是他身为企业家的天性。

回顾改革开放40年，自认是既得利益者的王石心存感恩。面对未来，他说要拥抱变化，保持谦卑的心态，虚心学习。10多年来，王石一直在求学路上。慈善之外，他在以色列、日本都有投资，虽从万科退休，他说自己还要创造财富。在他看来，世界在变，人性不变，疫情过后，中国的机会才刚刚开始。

全景网董事长何伟（左）对话万科创始人王石（右）

谈财富：在乎钱，更追求通过挣钱证明自己的能力

何　伟： 从万科退下来近 3 年，你从一名一线企业家转型成一名社会活动家、慈善家。32 年前（1988 年），你放弃持股，选择做职业经理人，使你远离了富豪榜。2020 年 4 月初，你率领万科员工集体向清华大学教育基金会捐赠了 53 亿元的企业股权，你说这是股权最好的归宿，能否介绍做出这些决定的过程？

王　石： 我 1983 年到深圳创业，公司股份制改造是 1988 年，股权的 60% 归国家，40% 归企业，当时叫企业所得，即企业创始人带领的团队所得。红头文件下来的第二天我就宣布，放弃所有股权。当时万科团队不大，我就是创始人。但是放弃之后，股权给谁，怎么用，当时并没有想清楚。

这样一晃 32 年过去了，最后才有一个归宿。我没有想到这件事有这么大的社会反响，而且很正面，这出乎我的预料。我觉得这样的结果，应该是个缘分。

放弃之后，这部分股权的所有权、分享权，应该就和我没有关系了。那么具体该怎么处置呢？当时是这样安排的，首先成立了万科员工的互助会，用于帮助家庭有困难、需要补助的员工。于是又成立职工委员会，即职工委员会拥有对股权的处置权，但没有所有权和分享权。我既不是委员会的委员，也不是主席，所以我是没有权利来处置的。当然最后处置给谁，我是有发言权的。我们还专门成立了一个公司，来管理这笔股权，让它增值，但最终它依然需要被处置。

10 年前，我们就明确，要在国内做一家国际一流的儿童医院。我在国际上考察发现，美国并不仅仅是个超级大国，全球排名前十的儿童医院，大部分都在美国。我们最后决定，要在国内做一家一流的儿童医院。当时先后在上海、广州、深圳考察过。有一次就差签买地协议了，不过看到规划，有一条地铁线要从儿童医院地下穿过。有地铁就会有震动，如果做防震处理，代价非常大，显然这个选址不合适，就搁置下来。随之而来就是股权之争，顾不上这件事情了。等到股权之争基本眉目明确了，还是我率领这个团队继续管理公司。当时我做了个决定：退休。于是又考虑退休后怎么安排，这事就暂时放了一段。

2019 年有管理层提醒我，我才又开始考虑，这件事情不能搁置。但是，原来做儿童医院的团队因为股权之争解散了，如果再重启，要重新搭建班子。在这个时候，出现了新型冠状病毒疫情。

疫情发生后，万科率先向武汉捐出 1 个亿。随着疫情的加重，公共卫生与大健康得到了高度重视。就在这样的情况下，清华大学看到万科在抗疫和健康事业方面积极主动，便给万科发来了准备筹建公共卫生与健康学院的信息。

我感觉到，如果这笔钱都用到这件事情上，就和人类命运共同体连在一起了，于是就和万科现在的团队以及职工委员会商量。大家很快就形成了一致意见，那就响应清华大学的呼吁。从信息给到我们，到最后签协议，用了不到 1 个月的时间。之后我感到自己了却一桩心愿，1988 年放弃的股权，最终有了着落。除此之外，没有什么其他特别的感觉。

何　伟：企业家对财富的理解不一样，马云就曾说，不要把钱看得太重要，要将钱看“轻”。你是如何理解财富的？

王　石：如果说马云对财富不太重视，我不会轻易相信。马云这句话说出来，肯定有前因后果，不能单凭这一句话就说他不在乎钱，所以这个不好比较。至于我的财富观，因为我放弃了那么一笔财富，好像显得我对钱不太在乎？实际上不是的。

虽然时代给了你机会去做企业家，但并不等于你只有机会做企业家，你还有很多的选择。我少年时代有很多选择，但从来没想到会成为一个企业家或商人。当时来深圳创业，是把这里做个跳板，短则两年，长则三年，赚点钱出国去留学，读研究生，接受国际化训练，体验海外生活。未来回不回来也不清楚，想得更多的是大丈夫志在四方，要借这个机会闯荡一番，去看看世界。但没想到在深圳一待就是几年，尤其是万科股份制改造之后，有非常多的不确定性，虽然有很多机会，总想着再放一放，但心中始终存在出国留学的梦想。

对钱，我当然非常在乎。一方面，表现在我非常羡慕有钱之后可以过上比较体面的生活。但同时也警惕，自己突然有钱，能不能驾驭得住？突然有钱之后，人的状态就会改变。

另一方面，我会思考自己挣钱的目的是什么，是证明我有挣钱的能力，还是积累财富？我觉得我更追求证明自己的能力。赚得越多，证明能力越大，所以对我来讲就是个能力。但我并不觉得我特别有能力，只是没想到这个结果显得我的挣钱能力还是挺强的。

不过，挣钱的能力难道能衡量你的社会价值？我们那个年代，已经有国际交往，当时我就知道，美国的企业家卡内基在各地建图书馆，传播知识。在他心目中，知识财富比金钱财富更有价值。另一位企业家洛克菲勒，大家都知道他是靠石油起家的，他因为有钱了，便开始做公益基金会。洛克菲勒给我印象深刻的是他在中国办的协和医院，到现在还是中国最好的医院之一。

对我来说，作为一个企业家，赚钱非常重要，在行业里排第几位也非常重要，但可能更重要的是，你的社会价值。这不取决于你做的企业在行业里排第几，而是你在社会上跨行业时能扮演的角色。

这一点我在 20 世纪 80 年代就已经很清楚。到深圳创业之前，我当过兵，当过工人、工农兵学员、工程师，还当过机关干部。我到深圳创业的时候已经 32 岁，世界观应该怎么把握，我心里已非常清楚，只是那时不像现在说得这么逻辑清楚。

20 世纪 80 年代，我创业的时候，民间最称道的人是胡雪岩。我也曾经崇拜过胡雪岩，但是我把高阳的《胡雪岩传》读完之后，我知道这条路不是我要走的。作为商人，他是非常精明的，山西的票号、浙江的钱庄都是他做起来的。但是你会发现他成功有两条路径。一条路径是比较典型的官商勾结，和浙江巡抚王有龄、湘军将领左宗棠等形成军事上的官商关系。另一条路径是做买卖。他不像张之洞在武汉发展现代工业，建造纺织厂、兵工厂，胡雪岩做的买卖就是囤积生丝与洋行竞争，最后生意失败。换句话说，那是民族工商业和西方现代缫丝业的一种竞争。比较下来，我觉得胡雪岩这条路不是我要学习效仿的，还是要做实业，不做倒腾买卖的商人。

何　伟：20 世纪 80 年代，全国都比较穷，没什么人拥有大量财富。改革开放之前，你也上山下乡又当兵，也没怎么有过富裕日子，那个时候怎么就形成这么一种比较成熟的财富观？是否与你的家庭经历有点关系？

王　石：1988 年万科实施股份制改造，在决定要不要股份时，我曾经去查了一下我老家安徽金寨的族谱，上溯了 30 多代。我希望我家祖上有地主，但是没有，更没有名门，也就是说，没有积累财富的基因。所以如果我突然有钱了，我能把持住吗？我不清楚。如果不清楚，最好离它远一点。

我少年时代阅读过大量书籍，包括英国、法国资产阶级大革命之后的书籍，比如司汤达的《红与黑》、巴尔扎克的《高老头》、狄更斯的《双城记》等，书中对暴发户嘴脸的描述，给我留下很深的印象，我就特别警惕那些负面的东西。股份制改造，我突然很有钱了，怕自己会成为一个暴发户。

除此之外，我还会觉得，如果我突然很有钱了，我会缺少动力。你不觉得我到现在还动力满满吗？！

我放弃了钱，只是万科翻篇了，我还要创造财富，还要再创造一个企业。最后无论精神财富还是物质财富，作为企业家，最后都要落实到资产平衡表上，看净资产是多少。

全景网董事长何伟

我面前有很好的榜样，就是褚时健先生。我记得非常清楚，2003 年我第一次见他，是在哀牢山上，那时候他已经出来创业了。在这之前，我认识他，他不认识我，2019 年我把褚老送走了。所以你看，人生就是这样，很快。

谈慈善：把钱花得有价值、有公信力，比挣钱还难

何　伟：比尔·盖茨、巴菲特非常有钱，但他们也做慈善。你做慈善和他们有什么不一样？听你介绍，你现在动力满满，还是想创造更多的财富，然后再用于慈善？

王　石：做慈善，首先要有公信力。我觉得我的责任，并不是把我们团队一起创造的 53 亿用来做这件事情，而是打造公信。事实上，这个消息公布一个礼拜之后，我怎么也没有想到，深圳一位企业家找我谈事，他问我还想不想做儿童医院，他掏钱，让我来做。我举这个例子想说，做公益更多是在积聚公信力。

第二，做公益还要有能力。实际上，花钱比挣钱还难。比尔·盖茨是首富了，但是你会发现，比尔·盖茨做公益，比他创办微软操心还大，费的精力还多，为什么呢？因为挣钱比较容易衡量，就是营业额减去支出，再减去所得税，剩下的就是利润。做公益花出去的钱，怎么来衡量？公益做得好不好，不好衡量。比如把钱捐给清华大学公共卫生与健康学院，最后它做得好不好，很难用资产负债表来衡量。做公益，如何把钱花得有价值、有公信力，甚至比挣钱还要难。

王石在跑步运动中

何　伟：人一生要先谋生、打拼、创业，创造财富，最后处置财

富。西方国家的企业家，他们都有一种文化，觉得赚了钱要回报社会，要做好事。人这一生的状态，是不是做慈善时的状态是最美好的？

王　石：你说什么叫美好？过去的一个星期，我觉得很美好。

首先，深圳登山协会找到10座最美的山峰，呼吁市民走出疫情的阴霾去登山，邀约我来当形象代言人。我当形象代言人的经历比较多，之前已推辞了不少，但决定这次一定要当一个响应者。我喜欢登山，来深圳已经41年，第一年我就登过深圳的山，1997年开始系统登山，之后登完广东的山，再是中国各省的最高峰。2003年第一次登上珠峰，这中间差不多有20年没再登过深圳的山。所以一听说号召全民来参加登山活动，我便来响应。

我本来计划用40天的时间，完成这10座山峰的登山活动，但是因为接下来北京、武汉的行程安排有很多不确定性，我便决定集中在7天完成。而且，其中周一至周五主要利用晨练时间登山，早上四五点起床，九点之后还要干其他的事，双休日则可以一天登两座。我后来还加了一个铁人三项，每天晨练之后，去跑步、划赛艇或者攀岩，运动之外还不影响工作。

我突然发现，我回到20世纪80年代那种状态了。7座山登完后，团队和我商量，为了直播的效果，再延长一天到星期天，先上莲花山，再跑3.5千米到市民广场作为结束。我就非常委屈地延长了一天。

你问是不是做公益很开心？没这个开心。开心在于我不是在证明什么，我是响应深圳登山协会的号召。

我把10年前穿过的鞋子拿出来，结果还没登就出洋相了，底子掉了。第一座山是梧桐山，有将近30个人。最后到市民广场的时候，一直坚持下来的是4个人，这4个人都是登上过珠峰的。我突然发现，过去的一周，包括攀岩、登山、赛艇等深圳的户外运动圈，因为这个活动实现了大汇合。过去深圳的各项运动都不交叉，现在大家都出圈，非常有意思，所以我很开心。

何　伟：你是运动达人，有的人把运动当成遭罪，你一谈登山、运动，就发自内心的开心、兴奋。你喜欢那种运动状态？

王　石：我很喜欢现在这个状态，就是向你显摆（笑）。去做了，所以有资格显摆，其实运动的过程并不愉快。

我过去一周非常愉快，因为荷尔蒙分泌非常多，多巴胺也分泌非常多。为了身材，我已经10年不吃火锅了，结果过去一周连吃了三晚上火锅，“大开杀戒”啊。

何　伟：做慈善也一样开心？

王　石：做慈善会让你感到安心和愉悦。什么叫安心呢？西方这一代企业家积攒财富后做慈善，在他们的理念里，是上帝把钱存放在他们那里，这是他们的生存哲学和生存追求。中国没有上帝的概念。

通俗一点，从心理学上来说，赚钱，是企业家能力的评估榜。慈善也有排行榜，慈善排行榜并不仅仅是比拼捐了多少，更多是做慈善的能力。如果有人愿意让你帮忙花钱，这是不是你的能力？有没有感到心里很踏实，很愉悦？这也是一种竞争。做慈善看似境界很高，其实我们不用唱高调，只不过是在不同的舞台上竞争而已。

进化心理学有一个研究方法，是通过研究动物的行为来对比人的行为。人是高级动物，高级动物会掩饰，文明、文化某种程度上也是掩饰。明明追求的就是财富，但偏要说我不追求财富；明明就是想比较，却说不小心第一了，不说实话。

之前大家认为“利他”是人的行为，动物没有，实际上不是的。在阿拉伯半岛地区有一种鸟，叫阿拉伯鸫鹛。鸟类学者研究它们的行为时，发现它们也有社会构成，里面有一把手和二把手，分工明确，像人类的皇帝和宰相。“皇帝”鸟手里有幼虫时，它没有自己先吃，而是耀武扬威把美食赏赐给“宰相”。“宰相”毕恭毕敬地把幼虫吃掉，这时候“皇帝”鸟就非常得意地走开了。这种利他行为，证明它不仅有能力养活自己，还可以赏赐给其他人，未来这个“宰相”一定听它的。人类行为当中很多“利他”也是有这种动机的，谁都不是圣人。

何　伟：比较起来，是挣钱还是花钱更愉快？

王　石：缺钱的时候，当然挣钱非常愉快。不大缺钱、挣钱比较容易的时候，钱就是个数字了。

企业家的特质之一就是挑战，无论挣钱还是花钱做慈善，很多时候都是为了挑战，要接受这种挑战。挑战可能不成功，可能失败，可能要承担很大的风险，要接受不成功，承受不成功带来的压力。

我非常喜欢引用巴顿将军的一句话——衡量一个人成功不成功，不是看他在顶峰时候，而是看他从顶峰跌落到低谷的反弹力。我非常欣赏褚时健，不仅仅是他顶峰的时候创造的云南红塔山，可以和万宝路香烟去竞争，甚至卖价比它还高，每年创造税利上百亿；更佩服他跌入低谷后，竟又创造了一个褚橙。所以，不能说做慈善就比赚钱更高阶，关键看他是否有创新的能力，开创新的局面。

在中国，很多公益慈善都是政府来做。中国共产党替穷人打天下，让穷人过上好日子，从某种角度来说，中国共产党就是最大的公益组织和慈善机构。又因为它是执政党，所以很多的事情都是中国共产党来做，包括扶贫攻坚、绿色环保、生态修复、退耕还林等。

另外，传统上，很多公益是家族在做的，政府过去照顾不到的，家族来把控，这种公益带有相当的局限性。到现代社会，企业家做公益、慈善，是个新的课题。怎么来做？如何尝试？有很多挑战，各种方面都存在很多新的问题。

所以企业家做公益，更多的是平衡好企业家、政府和公众的关系，摆正自己的角色，把握好自己的空间和位置。

谈改革：要把变化当成常态，保持谦卑

何　伟：改革开放40年，企业家走到今天，经历风风雨雨，结局大不相同。你是第一代企业家，即善始，现在看来你也是善终。

王　石：善终与否还不好说，因为还没结束。

何　伟：回头来看，你认为咱们国家的民营企业家，要想走好走稳，应该怎么把握自己？

王　石：第一，我觉得我是非常幸运的。应该感谢这个时代，改革开放给了机会，我抓住了。记得在改革开放30周年的时候，我曾经用两句话、六个字来表达我的感受。第一句话，回顾过去，“想不到”。无论是个人、企业、家庭、社会、民族，真是想不到；第二句话，关于未来，“不确定”。现在又过去了10年，我还是用这六个字、两句话概括过去的10年和未来。

对于过去，我心存感恩。有的人感觉是委屈，但是我想，大家都叫我“企业家”了，至少说明我做经营能站住脚。

都说企业家不容易，有容易的事吗？我们都不容易。换句话说，心态非常

重要。比如，你制定了要赚十亿的目标，最后赚了两亿，你觉得不满足，最后去找原因的话，会发现找的全是别人的原因。马云就一个，个个把马云当成目标，那肯定一辈子觉得不公。同样做房地产，你一定要把超过王石当目标，那你肯定很痛苦。

第二，面对未来，要把变化、不确定当成常态，把灰犀牛、黑天鹅当成常态。举个例子，2008 年纪念改革开放 30 周年，深圳推出两个代表人物，王石和马化腾。我当时对马化腾有点不以为然，但很快就发现，完全不同的时代到来了，互联网、数码来了，他们的时代来了。我要学着去适应这个时代，学着把互联网当成工具来应用。

当前面对疫情的不确定性，我也没有想到。疫情发生后，我做了一些事情，导致我的状态出奇的好。

去年我组建了两个公益基金会，西安市乡村发展公益慈善基金会（简称“乡村发展基金会”）和猛犸基金会。乡村发展基金会是由 100 个人组建的，包括 50 位企业家和 50 位知名人士。我们和延安大学合作，建立了延安大学二级学院，也叫乡村发展研究院，2019 年 8 月挂牌，2020 年开始招研究生，同时成立“明日地平线”大讲堂。

原本大讲堂定在线下，并计划以各地农业大学为讲课地点，一年开讲十次。疫情之前，勉强做了两次演讲。疫情发生后，不能聚会，学校都在网上教学，讲座也被迫变成了网上授课。张朝阳是基金会理事之一，我就在张朝阳的搜狐千帆教育上做直播大讲堂，一周就直播了四次，一次 1 个小时，第二周又连续直播五次，现在已经十四次了，没想到它突然就成了一个网红节目。

我从中开始明白，网上直播不能代替线下，但显然网上直播已是主流，而且网上直播频率要比以前高多了，教学内容题材很容易就动员起来。接着抖音、快手等直播平台都找上门，我们成了非常好的内容供应商。

猛犸基金会有 3 家发起人，华大基因（深圳华大基因股份有限公司）、万科和松禾资本（深圳市松禾资本管理有限公司）。基金会和中国科学界合作，在大学、中学建立基因测序实验室，做基因测序科普。基因测序作为新事物，从分子生物学的层面来观察生命、认识生命，未来也会像显微镜一样普及。

猛犸基金会已经在 3 所中学建立了实验室，北京、深圳和广州各一所。

疫情发生后，大多数基金会做的事情是捐口罩、防护服、护目镜、手套、测试盒。猛犸基金会因为有华大基因的测序技术背景，核酸测试对我们是小儿科。我们即刻决定，对 20 家医院的实验室进行升级，或直接捐赠核酸测试实验室。例如有的实验室之前一天测试量是 200 份，我们能升级到 400 份；原来没有测试能力的，只要卫生健康委员会同意，我们可以捐建。捐建的不仅仅是实验室的设备，还包括一些基本建设，这正好是万科的强项。

我们给国家卫生健康委员会写了一封信，主动推荐，最后在湖北捐建了 7 间，湖北省外 9 间。捐建到 16 间的时候，国内疫情已经基本得到了控制，我们即刻转战国外。首先给日本捐赠试剂盒，在国际上引发巨大反响，随即四十多个国家的驻外使馆向当地的政府请求捐赠试剂盒，我们对四十多个国家进行了捐赠。之后，我们开始在国际上捐实验室或给当地实验室进行升级。首家是塞尔维亚，2020 年 4 月 20 号已经举行了签约仪式，我和华大基因董事长汪建代表中国方面参加了云上签约仪式，预计我们要援建或升级的实验室，至少会达到 20 家。

疫情之后，我们再回来看猛犸基金会，未来想要在中学、大学做基因测序实验室，会不会有人响应？这都是可以想象的。发生的任何不确定机会，都是给有准备的人。

我一直在感激，觉得幸运，没有想到自己能得到社会的尊重，在国际上有一定的影响力。我突然发现，即使没有疫情，在改革开放进入深水区的阶段，在东西方文明冲突、中美贸易摩擦的背景下，深圳作为社会主义先行示范区，其角色和过去已不大一样了。如果说过去是摸着石头过河，现在则不允许你再摸着石头过河，需要有更多前瞻性的、规划性的内容，不断地调整地往前走。

中国对深圳会有更多的期望，我们是既得利益者，我们在还没到走不动、糊里糊涂的时候，就应该感恩，做贡献。如何感恩？就是无论从做生意还是做慈善等各方面，都带来好的可能性，等到有一天去父母那儿报到的时候，可以安心地去。过去国家、社会都是在培养、锻炼我，现在要知道应该怎么做。

何　伟：民间基金会走出去，能够在一定程度上提升中国的形象，猛犸基金会有没有考虑走得更快一点？

王　石：我想谈一下这么多年在国际上经历的体会。

首先，我非常在乎日本，原因很简单，第一，它是我们的邻居；第二，我们的文化很相近，人种也接近；第三，日本是第一个从传统社会向现代社会过渡、成功转型的发达国家。当然它曾经走向军国主义，是个教训，我们也深受其害。

其次，也要学习欧洲、美国，因为现代社会是从西方起源的，只不过与欧美相比，直接从日本学习，借鉴性更强一些。学习日本，应该是我们现代化的一个捷径。

20 世纪 80 年代到现在，我们与日本的关系，是学生与老师的关系。深圳和香港亦是如此，香港是老师，深圳是学生。但差不多从 10 年前开始，深圳对香港的依赖性越来越小，逐步平视，甚至现在深圳有点超越香港的感觉。同时，我也已经感觉到日本开始平视我们了。显然，现在欧洲和美国还不是这样，尤其美国还在俯视我们。我们和欧洲会从仰视变成平视，我们和美国有一天也会变成平视，我觉得一定要经历这个过程。

真正重要的不是别人怎么看我们，而是我们怎么做。比如现在一些企业家，已经开始在俯视香港的企业家，我觉得这不对，应该平视。以做公益为例，香港的企业家做公益是非常成功的。香港恒隆地产有限公司，其规模不如李嘉诚、李兆基旗下的地产公司大，但是他们十几年前就捐了 4000 万美元给故宫，专门做其中一个殿的修复，不动声色地引进国际上一流的古建筑、古文物修复技术。恒隆地产董事长陈启宗的弟弟是哈佛大学公共卫生学院博士毕业，他们以家族名义向哈佛公共卫生学院捐赠了 3.5 亿美元。

更不要说邵逸夫先生。我在中国登山、探险，去过很多地方，从拉萨、日喀则到大庆，乃至更多偏远的地方，都看到邵逸夫先生捐赠的教学楼、实验楼。李嘉诚先生报效他的家乡，在引进高等教育方面不遗余力。创办了汕头大学，他又通过汕头大学和以色列最棒的大学之一海法理工学院合办了广东以色列理工学院，是以色列大学在海外合办的唯一的学院。

我举这些例子想说，香港值得我们学习借鉴的地方非常多。中国发展很快，外界心态的不平衡肯定有，这是很正常的，但是关键是我们能不能更虚心、更谦卑一点，更多看到别人的长处。

谈再创业：有压力，看好中国、日本和以色列

何　伟：你当前的创业计划是怎样的？

王　石：我退休之后，在以色列成立了一家风险投资公司，在日本注册了一家公司，投资的标的都在中国。这和我个人倾向性有关系，无论是我个人资源，还是我认为未来的发展空间，都在这三个国家。中国不用说，日本的国际网络渠道、对国际商业社会的认知、资本的富余量都是很显著的，中国的国际市场拓展如果能和日本结合起来，空间是非常大的。

以色列这个民族一直在危情、危难中艰难生活，所以他们一直很团结，一直在创新。除此之外，他们还会休闲。休闲的英语叫 sabbath，和安息日是同一个词。他们的律法规定，安息日工作是违背信仰的。安息日这一天就一定不要带任何功利性，而是用来想问题、开放交流。这不影响他们出诺贝尔奖获得者。

犹太人的社区在平常的生活日是不对外开放的，安息日是个例外，那一天他们欢迎任何愿意来了解他们的客人，包括陌生人、邻居或异教徒。我在那儿过了四十多个安息日，每到安息日，我一定要到他们家里去体会，聊天、吃饭，其他什么都不做。

我曾带着一个做风投的朋友到一个不太熟的人家里。那家主人是个大律师，过去一直是在伦敦执业，后来又回到以色列。朋友非常兴奋，因为他准备在以色列投资，需要了解当地法律。他当即掏出名片递过去了，我注意到大律师非常犹豫地接过来，然后表示“名片我会给你的，但是今天不行”。但实际上我们第二天就走了，不可能再来的。

以色列创新、有活力，农业发达，高科技发达，但他们没有什么大公司，他们只有一家医药 500 强，这家公司 3 年前收购了美国一家非常大的垄断药业公司，成为全世界的十大药厂之一。以色列海法理工学院和我所在的希伯来大学，资源非常短缺，他们没有能力出来办大学。李嘉诚先生就出了 13 亿港元，把以色列海法理工学院引到广东来。所以我必须到以色列去建立孵化器，孵化到一定程度再进入中国，这是我再创业的想法。我的风险投资基金在日本成立，到以色列去投资孵化，再到中国来投资。

日本的大企业在中国投资很长时间了，现在日本的一些中小企业也开始想

到中国来，只是对于具体怎么做还不太清楚。现在疫情给的机会太好了，打破了原来的路径依赖，逼着你进入一个完全不熟悉的环境，但是人性并没有变，经营管理企业的方法没有变，只要你插入进来了，还有机会。对中国的机会，现在才刚刚开始。

何　伟：现在创业有压力吗？

王　石：有压力。压力和过去不一样，1983—1984 年，做鸡饲料的那一段，压力最大，我从来没体会到比那时候更难的阶段。

何　伟：回顾你创业的历程，有没有最艰难的时刻？

王　石：2008 年很难，但不是最艰难的时刻。我到深圳创业时，世界观已经相对成熟，父母、中小学教育、部队、工农兵学员、三年大学，都无意中对自己造成了综合的影响。

为什么我要到深圳来？就是觉得我想做的事情，过去没有得选择，而现在可以。辞职到深圳来，这是非常大的一个选择。因为是自己选择的，再难的时候，我都告诉自己这是自己的选择，不是被动的，不是别人给你安排的，所以一步步坚持下去，再怎么做都不会后悔。所以在那之后，我不知道该怎么选择的时候，我的方法很简单，就是这样也可以，那样也可以。如果失败了，那是天意，是自己走的路，是老天爷让你失败。这种心态是非常重要的。

流量前浪王石

2020 年 4 月下旬的深圳，南山区一家室内健身攀岩馆，王石和深圳世联地产顾问股份有限公司董事长陈劲松等企业家带队进行小铁人三项的最后一次比赛。6 米高的攀岩墙下，69 岁的王石十几秒轻松到顶，引发全场沸腾。一个助手全程直播，很快，这条直播被用户顶上快手平台广东省实时人气第一名。此前一天，王石刚刚入驻快手，首条短视频即收获逾 760 万播放量，3 万多个赞和 2000 多条评论。

当后浪奔涌，身为前浪的王石，何以依然能跻身顶级流量？

王石的关注度，无疑不只来自他带领的公司登上了行业的世界之巅，他本人完成了“7+2”（七大洲最高峰加南北两极）的极限挑战。虽然冒险、挑战、不服输、好奇心、学习能力等企业家精神在他身上有着多重折射，不过，更能触动人心的或许是，在时代的洪流里，不甘被裹挟的王石，总是努力活出自己想要的样子。

王石登顶珠穆朗玛峰

非标企业家：主动选择，证明自我

王石的不甘裹挟，离不开时代的成就。

2019 年 1 月 9 日，中国改革开放的第 40 个年头刚刚过去。1000 多人在晚间黄金时段涌入距离在建的万科新总部不到 5 千米的深圳保利剧院，倾听王石在跨年演讲《回归未来 · 感恩时代》中讲述自己的创业缘起与感悟。一年前，他在北京水立方完成了自己的第一次跨年演讲。

1978 年，27 岁的王石被派驻深圳半年，得以与皇岗村村长庄顺福结下交情。1981 年春节，庄顺福例行到广州看望王石，他带来的新奇士橙、555 香烟和特区成立后深圳变化的消息，令王石深感冲击。1983 年春，王石做出职业生涯中的第一次主动选择，告别广东省外经委，到深圳创业，开启人生第二阶段。

“我当过兵、当过工人、当过机关干部、当过工程师，这些经历都是我被社会选择，不是我主动的选择。改革开放给了我们有尊严地选择自己命运的机会，我主动选择来到深圳创业。我非常珍惜我的选择，我要对我的选择负责。”王石如是说。

王石下海经商的第一站，是1983年在深圳市特发集团有限公司下属贸易部饲料科担任科长，从事玉米贸易。王石对《新财富》坦言，做鸡饲料的那一段，压力最大，“我从来没体会到比那时候更难的阶段”。炙热的深圳，他靠邓丽君的卡带和崔健的摇滚排解孤独，在旱冰场上摔得精疲力竭才回去睡觉，最终完成了未来万科的原始资本积累。

1983年底，饲料科全体员工转入科仪科。1984年5月，万科前身深圳现代科教仪器展销中心成立，王石担任法人。录像机经销，是其第一笔生意。王石的商业才能进一步显现。

王石说，“当时，一台录像机进货价2100元，批发价7000元，零售价是1.3万元。我去找了一个最主要的经销商，我现在有1.5万台，你要的话给你一台1500元。签合同第二天，我把广告经理叫来，说你打个广告，由于供货原因，我的货到不了了，急购3万台。广告经理惊了，我们是卖，怎么会买呢？我说，我是老总，你是老总？他说，你是老总，听你的。一登报，全国雪花似的电报来了，我一算同时到货的会有20吨。市场因为这么大一笔单子，零售价继续增长，但是货一到，批发价就从7000元一路降，最后降到800元。我再次进货，因为我在这个过程中建立了很多渠道。上次不是进货价2100元，我卖1500元，亏了700元吗？但现在我800元进来，还卖1500元给他，赚了700元，这样一进一出把亏的钱补上，我还赚了。”

成为深圳最大的录像机经销商之后，王石开始拓展其他业务，并于1988年在罗湖区红桂路拿下威登别墅地块，进入房地产业。王石说，“到了1992年，我突然发现房地产的局面和我卖录像机时惊人的相似。我把财务叫来问：1984—1992年做录像机赚了多少钱？财务说一直在亏。因为超额利润的市场早就过去了，但是你培养的团队不会做非超额利润的市场。这是市场给我上的一课。我反思后得到一个结论：市场是很公平的，你怎么投机赚的钱，它一定让你还回去。只要你培养的是一家可以坚守价值底线，拒绝利益诱惑，坚持以专业能力从市场获取公平回报的企业，没有什么经济寒冬是不可抵御的。”于是，他又主动选择利润超过25%的生意不做。

主动选择，贯穿王石的创业生涯。此后，他又做过许多广为人知的选择：放弃万科股权，成为职业经理人；出售万佳百货、怡宝等企业，退出多元化业务，专注住宅开发；曾被医生诊断下半辈子可能在轮椅上度过，却在52岁登顶珠峰；60岁重拾留学梦，在哈佛大学与只有他三分之一年纪的后浪们成为同学……个性鲜明的选择，让王石成为非典型企业家，时常收割人们的话题流量。

作为一名企业家，40年来站在流量风口，并不容易。企业家的流量，首先与企业的地位息息相关。如果掌舵的企业不能稳立于行业之巅，公众对其兴趣也会随之衰减。

而创业是一场九死一生的历险。改革开放的大潮，成就众多企业家，也涤荡无数人的创业梦想。尤其是过去40年，从制造业、房地产，到互联网+、AI+，中国经济风潮迭代不断；从资本游戏套路翻新，到并购重组挤泡沫，许多暴富故事沦为一地鸡毛；加之宏观调控此起彼伏，企业资金链时时面临大考，对于任何一名企业家，做对大多数选择题，保持正确的商业方向和策略，才能跨越所有风口和暗礁。

《新财富》从2003年起，每年通过"500富人榜"研究中国民企创业创富情况。18年来，持续在我们榜单上占据一席之地的创业者，只有37人。他们之中，从1978年开始创业或从事相关业务、进行创业准备的，只有广东美的电装股份有限公司何享健、碧桂园控股有限公司的杨国强、福耀玻璃工业集团股份有限公司曹德旺、江苏沙钢集团有限公司沈文荣、浙江龙盛集团股份有限公司阮水龙、浙江广厦股份有限公司楼忠福等寥寥数人。

作为中国改革开放后第一代企业家，他们面对的是一个全新的时代，不仅需要探索市场边界，学习商业技能，在野蛮生长中掌握商业法则，也需要学习如何面对财富、建构商业伦理。如同改革开放摸着石头过河，企业家们破局市场的过程中，非标准化的选择也是一种常态。

回溯王石的一系列非标选择，固然有市场逻辑在生效，也在于企业家精神的驱动：证明自己。他坦率地表示，自己挣钱的目的，更在于追求证明自己的能力。

创业本身，是一条自我价值证明与自我实现之路。企业家无论前浪后浪，在财富成为数字之后，也在不断追求破圈，在更广泛的边界证明自我能力。而成长于循规蹈矩时代却又富于挑战精神的王石，自我证明的动力更为充沛。

1988年万科股份制改造，他放弃股份，一个原因就是出于对自己能力的自信，他相信自己能够不靠股份管理好一家公司。外人问他有没有后悔过，他总是轻松应对：就是因为放弃了，你才能看到我依然这么生龙活虎，让自己保持饥饿感，才有动力不停地去折腾。

他说，按照进化心理学，通过展示自己的能力，并被大众接受，这个过程很愉快。他发问：马斯洛的需求层次论里，最高级的“自我实现”需求，不同样是得通过大家对你的认可来获得满足吗！

种种非标选择背后，是他希望在更多的人生维度自由探索，在时代的洪流里，活出自己想要的样子。万科“创造健康丰盛的人生”的企业文化，包含着王石的追求。许知远在《十三邀》第三季评价王石，他属于不多的拓展了这一代企业家维度的人，从企业家变成社会活动家。

而企业家的影响力要向社会辐射，并不只是证明“我能”，还要达致“我们能”。这不仅需要充分的公信力与号召力，也需要对于社会大众有深刻的理解。从企业家到社会活动家，可能是一段“苦其心志”的历练。

公益：携商业经验，与社会良性互动

拥有顶流的中国企业家，马云亦是其一。

2020年4月26日，阿里巴巴第四届“橙点公益榜”奖颁发，以奖励内部年度十佳公益项目与团队。马云一段寄语获奖者的VCR，被冠以“商业本身就是最大的公益”的标题，挂到了阿里巴巴在B站的官方账号，并随即引爆40万播放量、7000多条弹幕、9000多条评论。后浪们的群嘲淹没了视频本身，最后，阿里不得不予以删除。2019年，马云在内部交流中提及“能做996是一种巨大的福气”，同样引发众多网友怒怼。

马云与公众的冲突，王石早有经历。2008年5月，汶川地震后，王石在博客中写，“万科对集团内部慈善的募捐活动中有条提示：每次募捐，普通员工的捐款以10元为限，其意就是不要让慈善成为负担”。全网骂声一片，主流媒体也发声批评。

“捐款门”令王石陷入人生低谷。他发现，1983年创业之初的那些夏夜，并不是他最孤独的时刻。“很多人对你不了解，是因为你对这个社会不了解。”王石说，我很感谢那个阶段，低谷是我的宝贵财富。王石敬佩褚时健，正是看重他由顶峰跌落到低谷之后的反弹力。

公益是王石了解社会也被社会进一步了解的途径之一。同时他也认为，企业家“能否青史留名”，不在于企业的行业排位，而在于其扮演的社会角色。

参与公益事务方面，王石算得上企业家中的先行者。2004 年，他与已故的北京首都创业集团有限公司（简称“首创集团”）原董事长刘晓光、万通投资控股股份有限公司（简称“万通集团”）创始人冯仑等企业家共同发起成立阿拉善 SEE 生态协会，并在刘晓光之后出任第二任会长。这也是中国第一家以保护生态为目标的非政府组织（NGO）。

以环保切入公益，缘于王石的户外探险经历。他回顾自己攀登珠穆朗玛峰（简称“珠峰”）时，为了登顶无暇顾及其他，沿途留下了很多垃圾，空瓶子、排泄物都直接扔在了山上。“珠峰是亚洲生活圈很重要的水源生产地，珠峰的不干净，有我的一份责任。”王石坦陈这些不为人知的细节。

2003 年第一次登顶珠峰之后，他在 5 年里逐一登上七大洲最高峰，并徒步穿越南极、北极，成为世界上第 11 个完成“7+2”纪录的人。2004 年他启程去北极时，北京大学生物系教授潘文石在机场赠予他北大崇左生物多样性保护基地的旗帜，并附信：“探险是对大自然的尊重，与环境保护、生态保护等精神是一致的。”王石意识到，作为公众人物，可以用自己的影响力，赋予每一次探险活动以公益意义。

2007 年第二次攀登珠峰时，他和队友做了个承诺，全程不留下一片垃圾。为了运输队员每天产生的垃圾，他们花钱专门组织了一个运输队，每个人的排泄物，都有一套复杂的装运程序。最后，他们不仅将自己队员产生的垃圾都带下山，还沿路清扫了 200 多个其他人丢下的氧气瓶和 2 吨垃圾，并完成垃圾分类和评估。2010 年 8 月，他将垃圾处理装置带到了上海世博会展览。

从 2009 年起，每一年的联合国气候大会，他作为企业界代表，从未缺席。2018 年王石出任远大科技集团有限公司（简称“远大”）联席董事长，也缘于他与远大总裁张跃对于环保的共识。今天，王石到访之处，助理都会悄悄提醒大家，把瓶装水收起来，改用茶杯；点菜适量，保证吃完，不要剩余。多年来践行环保思路，他坚决不喝一次性瓶装水，身边的团队也养成这一习惯，渴了宁可忍着，也不喝瓶装水。

环保之外，王石也关注生命健康、自然保护、灾害救助与儿童保护、乡村发展等公益主题。目前，他身上有 40 个公益组织的头衔，就算每个组织一年开 3 次会，每年也有 120 个会议要参加。

这些头衔，固然与王石的名声和初心有关，也与其在公益事务上的视野、能力和丰富商业经验有关。毕竟，伴随诸多大型企业的介入，公益组织商业化运作、影响力投资等趋势的确立，正令公益慈善这一人类最悠久的社会传统之一，变得日益商业化与可持续。无论劝募技巧的改进，还是基金会透明度与运作效率的提升，都有助于公益慈善资源获得最优配置。

2008 年，王石推动万科成立万科公益基金会，如今仍担任理事长。时至今日，万科公益基金会、上海南都基金会、腾讯公益基金等都是国内由企业发起的基金会的重要代表。万科公益基金会成立的 10 年里，在医疗健康、精准扶贫、教育发展、绿色环保、古建筑保护和运动等六大公益领域累计支出近 3.2 亿元。2018 年，其将工作重点转向社区废弃物管理，推动环境保护和社区可持续发展。

公益机构，比拼的是募资的能力、投资的能力，也是散财的能力，也就是说，能够让人心甘情愿把钱交给你，这些钱在你手上能够稳健增值，并且花得卓有成效。这一过程中，企业家的经营管理经验颇有助力。

如果说万科公益基金会的资金主要来自万科的定向捐资，那么，从 2012 年王石倡导发起的深圳市红树林湿地保护基金会的募资上，其对公益组织的运营能力可以窥见一二。

红树林基金会是国内首家由民间发起的地方性环保公募基金会，主要致力于以红树林为代表的滨海湿地的保育，王石、马蔚华担任联席会长。到 2015 年，即成立的第三年，红树林基金会的筹款总收入 883.63 万元中，同业基金会捐赠占 60.78%，企业捐赠占 24.18%，个人大额捐赠占 6.89%。2016 年，由于开始托管深圳福田红树林生态公园，其收入结构有了转变，当年度筹款 1268.27 万元中，政府采购服务收入占 46.63%，捐赠收入占 32.87%。

2017—2018 年，红树林基金会的总收入增长显著，分别达到 2470.8 万元和

2575.2 万元，除了政府采购收入，其捐赠收入结构也明显优化。2018 年 1755.3 万元收入中，来自个人、基金会和企业的捐赠分别占 21%、38% 和 38%。持续增长的捐赠收入，更为多元化的收入结构，显示其对不同群体的引力增强，这背后，无疑表明其能力获得了认可。

红树林基金会的成功，引发多地效法，不少省份成立了保护鸟类、保护湿地的生态组织。有工作人员担心，竞争会影响基金会的发展空间。“我的心态很简单，应该为此感到高兴，因为我们做了很好的示范。你有水平，去国际上发挥力量，能不能成立国际首个红树林环保联盟？”

2017 年 6 月，正式辞任万科董事会主席之后，王石宣布开启自己的人生第三阶段。他原计划在 2021 年 70 岁时退休，“宝万之争”让他的退休时间提早了 3 年。退休，让他更专注，也更忙碌，尤其是公益方面的事务日益吃重。

2019 年，他与冯仑、经济学家海闻共同发起创立西安市乡村发展公益慈善基金会，致力于成为中国乡村创业创新的加速器。袁隆平、许智宏、李宁、王振耀等 50 位企业家和 50 位知名人士，受邀成为联合创始人。

2020 年 4 月，王石率领万科全体员工，通过万科企业股资产管理中心，向清华教育基金会捐赠 2 亿股万科股票，市值约 53 亿元，用于共建清华大学万科公共卫生与健康学院，王石出任学院理事会名誉理事长。这笔捐款，也把国内对高校基金会的单笔捐赠拉到了新的层级。

2018 年 8 月，王石出任华大基因控股股东华大集团的联席董事长。与王石相识多年的华大基因创始人汪建曾表示，王石主要关注华大经营层面事务。事实上，王石在华大的公益事务上也担纲重要角色。

2019 年初，由华大集团、万科集团、松禾资本共同发起的深圳市猛犸公益基金会成立，王石出任执行理事长。以“向善同行，让基因科技惠及人人”为使命的猛犸基金会，在新冠疫情中发挥长项，不仅对国内疫情严重地区实施实验室技术升级的援助，捐建或升级的核酸检测实验室达 16 家，还展开跨国捐赠，为日本、安哥拉、秘鲁、塞尔维亚、菲律宾、阿根廷等 40 多国提供检测试剂盒。

中国企业家打开眼界，实施国际救助，是中国崛起的有力证明。与此同时，国内公益慈善机构也面临着比尔与梅琳达·盖茨基金会这样海外同行的强劲竞争。2020 年 5 月，字节跳动创始人张一鸣向“盖茨慈善伙伴”下设的抗击新冠肺炎公益基金捐赠 1000 万美元，用于支持“新冠肺炎治疗加速器”。这笔捐赠无疑彰显了张一鸣对盖茨基金会能力的信任。

当下，正在淡出经营一线的中国第一代企业家，集体进入了人生的“后财富时代”。越来越多人希望，通过公益慈善，丰富财富的意义和维度。这其中，有如创办河仁基金会的福耀玻璃董事长曹德旺、创立陈一丹基金会的腾讯联合创始人陈一丹等人，对公益慈善事业有着清晰规划和实践路径；也有如张一鸣者，希望借助专业的人做专业的事。如何获得后者的信任，公益机构的专业技术能力比拼才刚刚开始。

“没有技术含量，哪有存在的价值？没有专业能力，如何让别人放心地把资金交给你？这和经营企业是一样的，要放弃投机取巧，把基本功做扎实。”王石说。那么，他担纲的公益机构，能否通过做实基本功，获得更多企业家们的捐资投票？

在这一领域，王石或面临更多的自我证明。而其过往的成功企业家经验，将起到有力的赋能作用。“做公益有没有难题？有，但是企业家就是解决问题的。”

再创业：深潜水下，放眼国际

王石有骄人的运动能力，堪称运动达人。平板支撑，十多人齐刷刷趴在地上。2 分钟后，年轻队员已渐渐体力不支。4 分钟时，剩下王石一人岿然不动，只有额头渗出汗水。比赛结束，立起身的王石表情淡定，“平时能做 8 分钟，最多时坚持了 12 分钟”。

2020 年 4 月，疫情的阴霾逐渐散去，为了推动城市复工复产，呼唤城市复苏，作为深圳市登山协会创会会长的王石，响应协会的“深圳十峰”攀登活动，带领企业家、运动员、媒体、普通市民“上山下海”，用 8 天时间爬完十座山峰，顺带还给自己加了一个小铁人三项，即每天爬山晨练之后，去跑步、划赛艇或攀岩。

谈及运动的乐趣，王石幽默地自嘲：“就是可以像现在这样在你面前显摆，其实运动的过程并不愉快”。显摆背后，是高度自律和自我克制。比如，为了

王石在赛艇运动中

运动而保持身材，王石饮食颇为节制，早戒了高热量的火锅。只是在这次 8 天十峰之旅中，才破例连吃三顿火锅，过了非常愉快的一周。

他喜欢的运动，除了众所周知的登山，还有赛艇。

王石 2001 年在南昌的青山湖首次接触赛艇，就喜欢上了这一运动。2013 年他到剑桥留学时，已经划了 12 年赛艇，在世界各地参加过国际大师杯比赛。但是他说，到了剑桥，才真正领悟到赛艇的精神，及其对企业管理、社会关系、个人修为的启示。

赛艇与足球、篮球、排球等团体运动项目最大的区别在于，后者能产生明星，并且几乎都以明星为中心展开对抗。赛艇运动没有明星，一条 8 人艇，要求强弱互相平衡，弱者要跟上强者，强者要照顾弱者。“每个人要将自我形成无我，又将无我融入集体，没有个人英雄主义。世界上有那么多体育运动，剑桥、牛津偏偏把赛艇当成传统项目，每年一度的比赛，全国转播，上亿人收看，魅力就在这里。”

2014 年开始，王石全力推广赛艇运动。同年，中国赛艇协会推荐王石竞选亚洲赛艇协会主席，他成功当选。卸任时，他一共推动亚洲建立了 414 家赛艇俱乐部，305 家在中国，109 家在日本。2016 年，王石个人曾向万科公益基金会捐赠 660 万元，专门用于赛艇运动推广。

退休后，他也把创业的一大落点放在赛艇上，希望把这项带给他最大改变的运动，分享给更多人。尤其是让企业家团体重新思考什么叫成功，重新定位自己、家庭、社会和国家。王石说，运动就是他人生的一部分，它不仅仅是个人爱好，更多的是从中学习到如何把握人生，同时和企业管理结合。

深潜运动健康（深圳）有限公司（简称“深潜”）是王石二次创业的重要

载体之一。深潜成立于 2018 年 4 月，业务集训练营、水上运动基地、赛艇事业运营为一体。根据官网介绍，深潜是“体育 + 教育 + 互联网”的综合性健康生活方式提供平台，其以赛艇运动为特色和切入点，以遍布北京、上海、深圳等地的深潜城市中心为线下场景，以 RockRow 手机客户端（App）为核心线上平台，通过线上线下联动，为用户提供运动社交、健康管理、赛事运营、知识付费等全方位健康服务。

经过两年的深耕，深潜已形成体育和教育两条业务主线。体育方面，主要依托数量持续拓展的训练基地，建立赛艇俱乐部，组织付费会员训练和参赛；教育方面，除了针对企业家的训练营和青少年训练营，还提供面向企业的团建和素质拓展服务，目前，其已与招商证券、百度等 50 多家大型企业建立长期合作关系。企业团建已成为深潜获客的重要入口和主要收入来源，会员可以在 RockRow App 上定制训练计划、数据分析、教程学习、浏览赛事资讯等。

2019 年 5 月，深潜 A 轮融资中，基石资本投资数千万元，投后估值超过 5 亿元。最新股权结构显示，深石持有深潜 57.6% 的股份，珠海深健企业管理合伙企业持股 38.4%，深圳市领创基石股权投资基金合伙企业持股 3.6%，马鞍山紫荆花股权投资合伙企业持股 0.4%。

目前，王石仍然是十余家企业的实际控制人。他直接持有深石管理咨询（深圳）有限公司（简称“深石”）99% 的股权。深石旗下有数家公司，除深潜外，还包括有限合伙企业深圳市梯蔓管理咨询中心，经营范围“含机械产品及人工智能领域的设计”等的深源科技文化（深圳）有限公司以及深圳市深石文化传播有限公司等。

2018 年 11 月，继哈佛和剑桥之后，王石又开启了以色列希伯来大学求学之路。他再创业计划的另一部分，瞄准大健康领域，也落子以色列。

他向《新财富》透露，自己在以色列成立了一家风险投资公司。公开报道显示，这家公司投资的项目之一，是2019年12月在伯利恒揭牌的海德实验室。这一项目所属的海德计划，由北京东方高圣控股股份有限公司（简称“东方高圣”）旗下专注于肿瘤创新药开发的东方略生物医药科技股份有限公司启动，意在汇聚中、美、以等国的生物医药研发资源，在乙肝创新药研发领域有所作为。

此外，王石还在日本注册了一家公司。在他看来，日本在网络渠道、对国际商业社会认知、资本量级上都有显著优势，中国企业的国际市场拓展如果能和日本结合起来，空间非常大。而无论他在以色列还是日本的公司，投资标的都在中国。

社会活动：平视中更多看到别人的长处

早年自认中文表达都“羞涩”的王石，今天能够以中国为中心，放眼国际，得益于 2011 年放下身段，去哈佛游学。

游学归来后突破语言关的他，国际上活跃的活动家标签越来越鲜明。媒体报道中，他在伦敦出席罗斯柴尔德家族的公益晚宴，在巴黎气候大会上呼吁企业家共同致力低碳发展，在东京商议举办中日企业合作论坛，他倡导组建的鹏爱乐团在故宫举行公益首演。

在耶路撒冷，他每天坐着公车到校园，并珍惜每一个安息日与当地人交流的机会。回到国内，他饶有兴致地分享对以色列这个国家的观察。在了解到耶路撒冷这个世界宗教中心居然没有佛教寺庙，“我还有点使命感，就是把中国的汉传佛教引导到那边去。”王石说，“当然真正实施的是佛教协会，不是我。”如今因为疫情，他已从希伯来大学转学特拉维夫大学，访学也要暂停近一年。

广泛的社会活动，不仅为他打开了一扇国际交流的窗口，也是在国际场合代表中国企业界发声。推动中外交流，也是如今他的一大使命。在这一过程中，他对中国与外界的关系有了新的思考。

日本，是王石如今极为关注的国家。在他的观察中，日本人以前对中国更多俯视，现在已经开始平视。“有一天我们和欧洲、美国也会变成平视，在这个过程中，真正重要的不是别人怎么看我们，而是我们怎么做。”

他认为，这次疫情给了中国很好的机会，让世界看到中国在应对大型公共卫生危机时的表现，重新审视中国。与此同时，“中国发展很快，外界心态的不平衡肯定有，这是很正常的，但关键是我们能不能更虚心、更谦卑一点，更多地看到别人的长处”。

更虚心、更平和、更通透，也是王石本人的转变。2019 年 11 月，王石出版最新自传《我的改变——个人现代化 40 年》，分享自己 2008 年之后的变化：

身体的塑造、个性的伸展、智识的提升、社会角色的变化、生死观的变化，并把个人的改变，归拢在中国40年现代化的框架之下。

王石的个人现代化，代表了中国改革开放后第一代企业家的进阶。

出生于1951年的王石，成长于集体主义时代，前30年跟着国家命运起伏，当过兵、做过工人，上了工农兵大学，当过外贸员。1983年，32岁的王石带着过人的胆识、以学习姿态来到深圳创业，用人生的第二个30年打造出全球最大的房地产公司，完成了自我价值的证明。“让建筑赞美生命”的口号成了“80后”记忆里轰轰烈烈城市化大潮中来自房企的一丝温度。2017年6月，辞任万科董事会主席的王石，投身公益，从商界领袖向社会活动家转身。心态归零的他，带着企业家的“较量”“自我证明”和“较真”，进入新维度的开拓，从个人实现的“我能”，迈向带动公众价值提升的“我们能”。

从我能，到我们能，王石的示范作用，更多地落在他喜欢的运动领域。他参与“深圳十峰”攀登活动，乃至组织“小铁人三项”运动，即意在走出不太接地气的登山、赛艇运动小圈子，推广登山、跑步等适合普罗大众的全能运动，带动不同运动出圈、交圈，突破自我，激发潜能。2020年4月，在不到半个月的时间里，他在深圳、南京、扬州等十余座城市完成一轮健康运动巡回活动。

1983年，王石就在深圳登山。随着挑战世界最高峰的进程开启，他已经有20年没有登过深圳的山了。“深圳十峰”第一天，攀登鹏城第一峰梧桐山，他拿出了10年前的登山鞋，走到半路，鞋底掉了，大家轮番凑上前去看热闹，“王石掉鞋底子了”，人群中发出阵阵笑声。

王石快问快答

对话王石之前，我们曾向网友征集“你想向王石提出的一个问题”，并根据大家关注的问题，在对话中向王石展开快问快答。且看王石的答案。

问：能否用三个词来形容一下现在的自己和十年前最显著的变化？

答：老了，头发少了，我自己觉得比那时候帅了。

问：当下您最坚定持有或者看好的资产是什么？

答：学到的知识。

问：您最近的小目标？

答：我真的没什么小目标，我只有一个大目标，就是人生第三个阶段。

问：人生的第三个阶段怎么活着？

答：怎么活着？过去一个礼拜，那就是活的一种状态：运动、慈善和创业。

问：您曾劝年轻人不要买房，也劝年轻人不要着急，要先做公益或探险，有网友评价这言论不太接地气，您怎么看？如果再给年轻人一句话的建议，您会说什么？

答：那是断章取义。我经常不接地气。有什么建议呢？建议不要断章取义。很多人说你站着说话不腰疼，没有钱，怎么做公益？做公益分两种，一种是捐建，一种是参与公益的事业。

问：公众给您有很多标签，您觉得其中有哪一个是不合适或者不认同的？

答：没有不合适。

问：您不仅身材保养得好，皮肤也保养得很好，有什么保养或管理秘诀吗？

答：我的皮肤真的保养很好吗？我希望我家里人这样说。

问：有没有用什么特殊的化妆品牌？

答：你让我带货是吧？是这样，户外运动一定要擦防晒霜，脖子也要擦，大家会忽略这个地方。品牌根据自己的喜好，因人而异。

问：您想对做实业的企业家说的一句话是什么？

答：我没有资格来向他们说什么。

问：回首过去的人生，您有什么感到遗憾的事情吗？

答：没有。

问：如果再读一个学位的话，您会读什么？

答：医学。

问：为什么呢？

答：你不是让我简单回答吗？

问：您真的会去读吗？

答：你不是说如果吗？

问：再给您一次机会去冒险，您会做什么？

答：我一直在冒险，人的生命就是一次冒险。生命只有一次，不可能再有机会给你第二次冒险了。

问：过去十年，您一直不间断地走在求学的路上，求学带给您的乐趣表现在哪儿？

答：主要还是对世界的好奇。现在西方社会文化依然是主流，我希望主动去了解他们。因为疫情原因，我已经从希伯来大学转到特拉维夫大学了，但是因为疫情，我估计访学要先暂停近一年。求学当然还要继续下去。当然也要保证让别人对你保持好奇，如果别人不好奇，怎么会欢迎你去？

王石：放弃万科股权
人生依然动力满满——
扫码观看对话万科创始
人王石

三、王传福：用技术创新满足人民群众对美好生活的向往

没有深圳就没有比亚迪。我之所以转行做汽车，是由于一个汽车梦，我不相信中国人造不出顶级的汽车。

——比亚迪王传福

公开资料显示，1997 年比亚迪股份有限公司（简称“比亚迪”）开始量产锂电池，2003 年比亚迪进军汽车产业，至 2018 年比亚迪新能源汽车销量已经连续三年位居全球第一，而且在电动公交车等领域，领先海外市场 5 年以上，王传福也应邀在联合国环境署发表关于“汽车电动化”的主题演讲。

在享受了二十多年高速增长的蜜月期之后，中国汽车消费市场 2018 年首次转向负增长，但是新能源汽车仍然保持至少每年超六成的增速。对此，王传福如何判断全球汽车工业的未来形势，比亚迪又面临怎样的危与机？

全景网董事长何伟（左）　比亚迪董事长兼总裁王传福（右）

“百年不遇的汽车工业变革，让我们赶上了”

何　伟：2018 年是中国改革开放 40 周年，12 月 18 日习近平总书记在人民大会堂发表了重要讲话。你说过是改革开放给了比亚迪机会，是深圳给了比亚迪机会，公司从 20 多人到现在 24 万人，企业收入从几十万元到现在 1000 多亿元，这都是跨越式的发展。所以，比亚迪是中国奇迹和中国速度的一个鲜活样本。

王传福：我们公司在深圳，没有改革开放就没有深圳，没有深圳就没有比亚迪。因此，我们是改革开放的参与者和受益者。其实，深圳这片热土有创新创业的氛围，是中国最早实现市场化的城市，也是目前市场化程度很高的城市。

在我看来，市场化实际上是公平竞争的前提。有了公平竞争的前提，像我们这种毫无背景、毫无资源的热血青年来到深圳创业，能一样得到发展，所从事的行业也获得了进步。近年来，新能源汽车的发展让比亚迪迅速壮大，2017 年 1050 亿元的收入，2018 年继续保持增长。这是在逆势中成长，因为大家知道中国汽车消费市场高速增长近 20 年了，2018 年宏观经济形势和国际贸易较为复杂，开始转向负增长，也应该是第一次出现负增长。

何　伟：你提出比亚迪未来发展目标要从千亿元级走向万亿元级，如何实现？

全景网董事长何伟（左）对话比亚迪董事长兼总裁王传福（右）

王传福：比亚迪精密制造业务的增长也很快，2018 年有较快的增长，2019 年也继续保持较高速的增长。这是比亚迪最早进入的业务领域，我们主要给全球顶级品牌做 ODM 等服务，比如华为、三星、苹果等，供应链现在已经开始集中化了，我们未来想做到两三千亿元规模。我们现在越来越成为主流厂商，因为我们精密模具和精密材料等方面是比较强，包括手机精密制造、外观设计、材料等。

我们是研究材料出身，因为电池科学实际上就是材料科学，这个板块很大，另外一个板块是电动汽车。坦率地讲，百年不遇的汽车工业变革，让我们赶上了，机会非常好。2003 年，比亚迪收购了一家汽车厂，我们认为电动汽车是未来的必然大势。我们一开始就研发、掌握电动汽车的主要核心技术，比如电池、核心的功率半导体 IGBT 等。

2018 年，这些产品都非常紧缺，不仅优质的电池供不应求，而且功率半导体 IGBT 非常缺货，这是电动汽车的核心部件，可以控制电动汽车的能源变换和传输。早在 13 年前，比亚迪就开始组建研发团队研究 IGBT。我认为，企业的长期战略很重要，并且技术首先要为战略服务。

何　伟：十多年前比亚迪就开始研究 IGBT，这是非常有远见的。

王传福：当时大家对电动汽车都不看好，但我们坚定信心、组建团队来研究 IGBT。现在我们的 IGBT 基本上由比亚迪自己供应，而且你很难从其他厂商买到。因为全球只有少数几家厂商可以供货，而且门槛比较高，加上属于半导体产业，供不应求，价格也涨得很高。目前，比亚迪已经掌握了功率半导体和电池“双芯”、电机、电控等电动车全产业链的核心技术，同时也是全球唯一一家同时拥有动力电池和电动汽车大规模生产能力的企业。

何　伟：所以，大家对比亚迪还是寄予很高的期望，特别是从资本市场来看，觉得公司市值是被低估了。现在比亚迪发展最大的瓶颈是不是电池产能？

王传福：比亚迪新能源车现在成长速度很快。2018 年，电池在产能上碰到瓶颈，现在在西宁和重庆都扩建了厂房，大幅提高了我们的电池产能。而且，我们这些核心零部件不仅供应给比亚迪汽车，也可以外销。

比亚迪的零部件要走市场化方向，一方面做自己的生意，一方面要做别人的生意。做国外顶级车企的生意，这才叫本事。所以，我们的每个零部件都想

2011 年比亚迪上市，董事长王传福出席摇号抽签仪式

成为一个小比亚迪，要和同行比，杀出去，这样才能真正让我们零部件做到有竞争力。零部件有竞争力，比亚迪的整车才有竞争力，比亚迪这个企业才更加有竞争力。

“新能源车销量连续三年全球第一，市场 + 政策双驱动”

何　伟：随着汽车行业供给侧结构性调整、产能优化的加速，以及宏观经济环境等诸多因素叠加影响，2018 年中国汽车市场出现了近 28 年来的首次负增长，但新能源汽车依然保持增长势头。

王传福：2018 年整个车市销量第一次下滑，二十多年来第一次。当然新能源车在大环境不好的情况下，仍然获得了至少超六成的高速增长。比亚迪的新能源车销量差不多增长了 110%，高于行业一倍以上的增长速度。但是，目前电池不够，如果电池产能充分，我们 2018 年的新能源车可能做到 30 万辆。2018 年前 11 月，比亚迪的新能源汽车销量已经突破 20 万辆，这是在电池非常紧缺的情况下。

电动汽车对中国是机会，对比亚迪更是好机会。按照习近平总书记的讲话可知，中国汽车工业现在是大而不强，中国要从大国变成强国，新能源车是必由之路。比亚迪按照总书记的讲话精神规划企业发展，我们牢牢掌握电动汽车的核心技术。在这场电动汽车变革当中，中国人应该可以走到前面去。现在比亚迪新能源汽车销量已经连续三年全球排名第一，增速可以达到一倍。并且，比亚迪汽车销量增长来源不仅仅是乘用车，而是遍地开花。

比亚迪生产的公交大巴、重型卡车（泥头车），正在逐渐替换市场上的燃油车，这个领域我们领先于国外至少 5 年。2019 年，深圳计划将一万辆泥头车更换为纯电动车。深圳市非常有环保观念，2017 年已经将 15000 辆公交大巴全部换成电动车，2018 年将 2 万辆出租车全部换成电动车，未来几年泥头车也要换成电动车。深圳空气 PM2.5 平均数值为 28，政府目标是继续下降到 26，这是欧盟国家的平均水平。那么我们一定要把使用柴油的 1 万多辆重型卡车更换掉，而中国柴油车的保有量可能已经达到 7% 到 8% 的水平，但排放了大约 75% 的 PM2.5 颗粒物。但是泥头车一辆车有 30 多吨重，技术上难度较大，比亚迪是全球第一家在重型卡车上实现突破的车企。未来，我们不仅计划更换深圳的泥头车，而且包括港口、机场、矿山、仓库用车等都可以电动化，目前北京的环卫车很多也是比亚迪生产。

何　伟：其实比亚迪的电动大巴销量也在较快增长，我们如何判断新能源汽车未来的市场前景？

比亚迪纯电动车内部环境

空中纯电动车充电塔外景

王传福：汽车产业的竞争，电动化是上半场，智能化是下半场。电动化是从公交车到出租车再到私家车。如果早期的时候完全按照市场来推动，那肯定大家都是买燃油车，因为燃油车历经百年工业制造已经完美无缺。中国发展新能源车充分发挥了体制优势，中国在全球第一个提出公交电动化，因为中国政府很聪明。我们经常到国外考察，发现国外发展策略并不聪明，因为公交电动化是最好实施的，固定路线、固定区间、排放大，公交车一天要跑 18 个小时，私家车一天才跑 2 个小时，一辆车相当于 30 辆私家车的排放，补助再多钱也比补 30 辆私家车的金额少很多。我们也在国外推广新能源大巴，比亚迪的电动公交在全球大概有 300 多个城市成功地示范运行，包括日本京都、美国洛杉矶、英国伦敦，以及南美等地。

不仅是电动大巴，比亚迪的乘用车销量也一直在高速增长。2018 年市场有一个新的特点，比如此前比亚迪售车可能 70% 来自限购城市，这些城市实际上是政策在驱动。目前，有 50% 左右电动汽车销量来自没有政策驱动的城市，比如说山东、河南、河北等省份城市，这些城市购买新能源车与燃油车同等待遇，不限行也不限购，但是这些城市增长很快。因此，2018 年新能源车市场的特点，从政策驱动型的单轮驱动，变成“政策 + 市场”的双轮驱动。

我觉得这样的增长方式更加健康、更加可持续，因为政策驱动有一天会退坡的，各种政策也在慢慢减弱，新能源车真正未来的驱动还是要靠老百姓买车。我们也调研了一下原因，感觉到确实来自老百姓的需求，觉得电动车的性价比已经大于燃油车的性价比。老百姓的心里有一本账，电动车和燃油车哪个划算买哪个。我们估算是如果售价差距不超过 4 万元，他就认为购买电动车更加合算。4 万元的来源主要有两个，一是各种税减免，少了 1 万元；二是油和电的差价导致使用电动车的成本更低。使用电动车每年的使用成本大概比燃油车下降 1 万元，因为电的成本大概 1 千米在 1 毛钱，燃油车 1 千米在 6 毛钱，油电差价大约 5 毛钱 1 千米。如果私家车一年跑 2 万千米，一年差 1 万元，3 年就是 3 万元。

我们 2018 年推出元 EV 电动车，原来燃油车大概在 6 万元，燃油车可能一个月销售一两千辆。但我们推出的元 EV 规划是 4000 辆，现在需求达到 15000 辆，就说明老百姓已经这样算过账了。

“用技术创新满足人民群众对美好生活的向往”

何　伟：这几年我们国家的新能源汽车发展，特别是前两年很红、很热。后来又遇到了一些挫折，比方说我们当初提出弯道超车，希望通过新能源汽车跟世界先进的车企一起并跑，但国外几个大车企一旦醒过来做新能源汽车，也有很多技术储备。你是技术出身，在这方面比亚迪规划如何？

王传福：对比亚迪来说，我们实现技术创新，做好产品，然后争取国家的政策配合。我相信比亚迪这几年可以抓住百年不遇的行业变革机会，让中国的汽车工业走到前面去，实现国家的弯道超车。

中国现在急需的一是新能源车解决城市的污染问题，另外就是轨道交通，来解决城市的拥堵问题。城市拥堵靠修路解决是不可能的，因为城镇道路增长每年大约 1% 到 2%，但汽车的增长都是百分之十几。按照“十九大”报告提出的，我们的主要矛盾发生了根本改变，我们要顺应人民群众对美好生活的向往。

比亚迪是个有责任的企业，我们的使命就是用技术创新来满足人民群众对美好生活的向往。比亚迪的云轨、云巴用了电动车的很多技术，比如说轻量化、电机、电控、电池，完全是统一的产业链，包括无人驾驶、智能化都绑在一起。

何　伟：我记得你有一个观点“汽车是移动的手机”，这对普通人意味着什么？

王传福：汽车的应用范围远远比手机大，因为手机没有腿，汽车有腿，而且汽车可以有智能驾驶、无人驾驶。从传感器数量看，手机传感器只有 13 个，汽车传感器有 340 多个，13 个传感器就产生了 200 多万个 APP 应用软件，汽车 300 多个传感器和 66 项控制权如果开放的话，将产生难以计数的应用软件、场景、应用生态。

何　伟：按照这个思路，将来我们普通人肯定是车不离身。

王传福：车就变成家了，变成办公室了。对于智能汽车，未来只有你想不到，没有做不到。燃油车是个机械车，就像算盘一样，算盘打不出互联网，算盘只是算个数而已，机械车只能代个步而已。电动车不只是算数那么简单，它可以干一些你意想不到的事情，它以电为基础，可以无所不能。因此我觉得，未来中国在电动车上占了一个优势以后，在智能汽车上，又站到另外一个高度，会产生类似BAT的巨头企业，会产生一个超级的汽车生态。

何　伟：在新一轮的合作过程当中，中国自主品牌车企有没有需要突破和补齐的一些核心短板？

王传福：中国汽车的趋势很明显，电动化这是大势所趋，已经形成一个共识。像家电和手机产业一样，因为中华民族勤奋、进取、聪明，我相信中国汽车工业的自主品牌份额会逐步提高，做到家电行业一样，市场占有率能达到70%-80%。现在市场占有率是40%左右，未来中国自主品牌的潜力很大，也可以相互合作，像我们现在和长城汽车有良好合作，我们给它供应电动压缩机，它已经订了我们的产品；我们与长安汽车合作也很好，我们给它供应电池，会合资建电池厂。

未来我们还会和其他的自主品牌一起，为了中国自主品牌的发展，我们在合作中竞争，在竞争中合作。中国市场很大，一定会产生类似于大众和丰田这样的汽车巨头。

‖作者手记‖

技术型企业家王传福

何 伟

岁末的深圳，温暖如春。比亚迪的厂区，慕名的访客络绎不绝。过山车一样的云轨，弯弯曲曲高悬在我们的头上，让人误以为来到了游乐场。

对话地点选在了敞亮的产品展厅，一辆红色的全新一代唐DM样车静卧于我俩身后。看得出，主人对这款车颇为自豪。几乎没有寒暄，个头不高的王传福就给我介绍起车的亮点，续驶里程长、颜值时尚、性价比高……像是夸自家的孩子。手戴腕表，着浅色工装，佩一号工牌，若不介绍还以为他是工程管理人员。

在中国汽车品牌的“班级”里，李书福、魏建军和王传福无疑是市场选拔的优等生，民企造车“三杰”。环视华夏，我认为，中国汽车品牌的希望，很大程度寄托在他们身上。

这三位年龄相仿的企业家，有着许多共同点。他们都凭借自身的悟性踩准了时代的节拍，抓住了中国经济起飞的历史机遇；都是苦出身，创业从零起步，起步都以模仿洋车为主，野心都很大，运气都不错，企业达到了千亿级的营收规模。如果说有差异，李书福更像智慧型的企业家，呼风唤雨，国际并购；魏建军则是精致型的企业家，专注SUV并力争做到全球第一；王传福则属技术型的企业家，喜欢亲自动手，像个理工男。从科研院所下海，背井离乡创业，加之他与媒体保持距离，所以王传福更具神秘色彩，外界对他的评价反差更大些。

赞赏他的人称他为“技术狂人”，并成了他的铁粉；看不上他的人叫他“山寨皇帝”，戏谑他封闭固执、不懂汽车。自从涉足造车起，王传福就一直顶着舆论压力：比亚迪产品价格便宜但质量不佳，性能不错但颜值不高，零部件靠自己但从不开放，多元化布局但聚焦不够，还有一些人们看不惯的打法和套路……总之，争议指责一直伴他前行。

挫折应该是最好的老师。看王传福的创业历程就不难发现，在中国，做个企业家，绝不是件很风光的差事；做个自主品牌的企业家，更要承受外界难以想象的煎熬和困苦。面对七嘴八舌的评论，倔强的王传福一定有不认同的地方，但他很少公开辩解，有意与媒体保持距离，默默地专注他的技术、他的工程、他的管理。真正的企业家一定是孤独英雄。他依然朴素，路边吃盒饭，坐二等座、经济舱，也从不摆前呼后拥的“老板”架子。至于产品，他相信最终要让市场来说话。

当天，他心情不错，原因也能猜出几分。在中国汽车市场遭遇近二十多年来首次负增长的大背景下，比亚迪汽车成为市场上逆势增长的“长跑运动员”。如果动力电池产能相对充足的话，比亚迪 2018 年的新能源汽车产销量可达到 30 万辆。更骄傲的是，比亚迪是第一个把新能源汽车同时开进美国、德国、日本市场的中国企业，而这些国家都是我们强大的对手、我们的汽车老师。

样样都喜欢自己来的王传福也在改变自己。我问他为何开放供应商体系，他这样解释：在功能手机时代，诺基亚是霸主；可是在智能手机时代，苹果成了新的霸主。诺基亚轰然倒塌的原因不是手机品质问题，也不是公司管理问题，而是它太封闭了。比亚迪不想成为汽车界的诺基亚，所以选择了“开放”，未来其零部件业务会成熟一个开放一个。

也许是机缘的巧合，我们在南国对话的时候，北京正在召开纪念改革开放 40 周年大会。借题发挥，王传福感慨良多。他表示，没有改革开放就没有深圳，没有深圳就没有比亚迪，他们是改革开放的参与者，也是受益者。深圳作为改革开放推开的第一扇“窗口”，是中国最早的市场化城市，目前也算市场化程度较高的城市。市场化实际上就是营造更加公平的竞争环境，有了公平竞争的环境，无背景、无资源的“热血青年”才会纷纷来到深圳创业。原来，比亚迪的英文名称 BYD 的含义是“成就你的梦想”（Build Your Dreams）。

他喜欢深圳，自在情理之中。但是这么发自肺腑的爱，出乎我意料。如今汽车行业竞争的上半场是新能源车，下半场是智能车。估计王传福人生的下半场，不会离开这片热土，更不会离开带腿的智能手机——汽车。

王传福：用技术创新满足人民群众对美好生活的向往——扫码观看对话比亚迪王传福

四、李西廷：95 万贷款创业　靠“笨功夫”征服全球高端市场

迈瑞医疗发展到今天是持之以恒投入研发，产品不断取得成功的结果；也是抓住了中国市场发展的历史机遇，积极参与全球化竞争的结果。迈瑞医疗的法宝就是坚持做企业的心态，不松懈、不去走捷径，一步一个脚印地去下笨功夫。

——迈瑞医疗李西廷

中国是仅次于美国的全球第二大医疗器械市场，政策与产业共振带动市场继续高速发展。近几年，全球一些医疗器械制造商在中国的销售额一直以两位数的速度增长。而对中国本土企业来说，撬开北美、欧洲等国际巨头强势品牌占有的市场才刚刚开始。

在资本密集、人才密集、监管严苛的医疗器械行业，一些本土的明星企业已经开始打破中国医疗器械徘徊在低端制造的局面，从低端发展到高端、从技术跟随发展到创新引领、从本土市场走向全球竞争。李西廷掌舵的深圳迈瑞生物医疗电子股份有限公司（简称“迈瑞医疗”）正是其中的佼佼者。

从 1991 年创业，李西廷掌舵的迈瑞医疗用 28 年时间坐稳了中国医疗器械行业龙头，其核心产品监护仪的市场份额正在赶超飞利浦、通用，跻身第一阵营。2018 年 10 月登陆创业板，迈瑞医疗又迎来新的里程碑，这家医疗器械板块的龙头企业备受资金青睐，一度成为创业板市值龙头。

“国内最大的医疗器械生产商”，迈瑞医疗在 2018 年年报上这样描述自己的产业地位。2018 年迈瑞医疗营收 137 亿元，归母净利润 37.19 亿元，研发投入 14.2 亿元，按照这三个指标排序，迈瑞医疗在中国医疗器械行业均居首位，且大幅领先。

这样的市场地位得益于迈瑞医疗发力高端产品在全球市场获得充分竞争力，2018 年，其三条主力产品线份额均位列行业前茅。其中，监护仪在本土市场份额已经超越飞利浦和通用位列第一，全球市场份额排第三；超声产品中国市场份额排在第三，海外市场快速拓展；体外检测业务后来居上，代表产品血液细胞分析市场份额的中国市场排名已经攀升至第二位。现有业务之外，开发的高值耗材品类——微创外科有望发展成为公司第四大产品线。

2018 年，迈瑞医疗有 47% 的营业收入来自海外，其中欧美市场占比最大，打开高端市场主要依靠技术创新的“硬核”突围，比如自研的“转运监护仪”，将设备转移操作时间从 5 分钟降到 5 秒钟，打破常规重新定义了产品形态；“十年磨一剑”的超声域光平台技术，在超声成像领域取得突破性创新。此外，IT 能力突破带来的云端检测设备、率先于业界推出的“一体化手术室”方案，通过创新方案创造出了新的市场需求。

这些成果离不开迈瑞医疗在研发上的慷慨投入。从 2006 年开始，迈瑞医疗坚持将收入的 10% 以上投入到研发中，全球建立 8 个研发中心吸收全球领先技术；其产品竞争力也离不开多年积累的精密制造的技术底座，在迈瑞医疗生产血球分析仪的车间，一个推片机设备需要组装 3.2 万多个零部件，约为 100 只瑞士手表部件的总和，此设备的一个血球分血阀粗糙度的要求达到纳米级别（约为头发丝直径的三万分之一）。

这些是肉眼可见的迈瑞医疗，这家被认为是中国少数有机会成长为全球医疗器械巨头的公司究竟是如何炼成的？

李西廷说：“迈瑞发展到今天是持之以恒投入研发，产品不断取得成功的结果；也是抓住了中国市场发展的历史机遇，积极参与全球化竞争的结果。迈瑞医疗的法宝就是坚持做企业的心态，不松懈、不去走捷径，一步一个脚印地去下笨功夫。”

李西廷认为，国内医疗器械正进入创新技术红利开启的“黄金十年”，迈瑞的目标是努力实现从局部的医学影像领域的全球技术引领迈向全产品线的全球技术引领的新阶段，成为全球知名的国际化医疗器械公司，同时让股东分享迈瑞医疗的经营发展成果。

以下为与李西廷对话实录。

迈瑞医疗上市时董事长李西廷为全景网题词

95 万贷款创业，靠“笨功夫”走向世界

周　一：迈瑞医疗市值 2000 亿左右，成为创业板市值前二的大公司，从 1991 年创立公司到现在 28 年，公司抓住了哪些关键机遇？

李西廷：1991 年成立迈瑞医疗的时候，最早是我一个人从安科（全称深圳安科高技术股份有限公司）出来创业，后来发展到 3 个人、7 个人，到现在发展到 1 万人。迈瑞医疗自身的发展史也是深圳市政府支持高科技发展的历史。深圳大约也是在 1991 年左右，开始非常重视高科技公司。迈瑞医疗刚一注册就缺少资金，是向深圳科技局借款 95 万元来开发产品的，我们当年成功开发出了单参数血氧饱和度监护仪，产品虽然出来了还是没有钱投入生产。当时深圳市政府把迈瑞医疗当作高科技产业的典型，通过深圳市政府的支持，迈瑞医疗向银行借到 500 万元贷款，开始生产产品并推向市场。

到 1993 年底，迈瑞医疗第一次接触风险投资。1993 年一家美国风投基金投资迈瑞医疗 200 万美元占股 30%，靠这笔钱还清了银行贷款，并开发新产品。三年后又引进 500 万美元投资。迈瑞一步一步有了比较大的发展，逐渐形成了监护仪、超声设备、体外诊断三条产品线。海外的基金不仅带来了钱，还带来了现代化的管理制度，所以迈瑞医疗很早就开始采用国际化的运营方式。

到 2000 年左右，公司发展到营收上亿的规模的时候，就开始想要做出口贸易，我们自主研发的监护仪产品除了外观设计，技术表现和美国的差不多。但是一家小企业走到海外市场，最需要解决信任问题，我们想到去美国上市来打品牌，2006 年我们登陆纽交所，上市之后到 2016 年这十年间，迈瑞医疗有了一个长足的发展。

到 2016 年，公司已经逐渐有了品牌影响，美国和西欧大部分顶级医院在用迈瑞的设备。这时候不再需要纽交所来支撑品牌，加之中国资本市场发展逐渐健康起来，我们认为回到本土上市会对公司发展更有利。中国医疗仪器市场发展比国际市场发展快很多，当时美国市场是个位数的增长，中国保持每年大概 15% 的增长。

迈瑞医疗在 2018 年登陆创业板，我们在国内知名度更高了，产品占有率也越来越高。中国医疗仪器市场非常大，发展得非常健康。迈瑞医疗抓住的最大的机遇实际上也是中国医疗市场的壮大。中国政府从医保到分级诊疗这些推动医疗水平提升的政策让更多的人看得起病，同时带动了国内医疗产业的壮大。展望未来十年的中国市场，还有很多事情等着我们去做。

周　一：迈瑞医疗在 2016 年决定从美国私有化回到 A 股上市，这个决策对迈瑞有什么影响？

李西廷：毋庸置疑，我们当初做出的决策是非常正确的，成功登陆 A 股市场是迈瑞发展史上极为重要的里程碑之一，也是迈瑞新的起点。境外资本市场有的时候对中国公司并不友好，有时候一些虚假的做空报告，都需要花费大量的力气请律师去调查资料，这给上市公司带来了大量的成本。

回到 A 股上市，公司员工感到耳目一新，骨干员工拿到股票激励，凝聚了公司的核心人才。在 A 股上市对迈瑞医疗在国内市场也有很好的品牌推动作用。国内的资本市场监管对我们也有监督鞭策的作用。迈瑞医疗到 A 股上市不是来圈钱的，我们上市就和参加市场竞争一样，在严苛的监管下才能够健康成长。你可以看到我们的现金流一直比较好，我们每年的净现金流入都大于企业利润，我们也会让股东分享到企业经营成果。

周　一：迈瑞医疗成长为中国医疗器械领域巨头，有哪些法宝？

李西廷：不敢说法宝。迈瑞医疗的发展和我们的企业文化有一定的关系，我们公司的价值观是“客户导向、以人为本、严谨务实、积极进取”。在思想上，我们始终认为自己是在经营一家企业，而不只是做一门生意。做生意做一单赚钱就很高兴了，但做企业需要掌握核心技术，要符合国家政策，要讲究合规经营，要跟着市场节拍，不能只看一时一事的得失。

首先在产品竞争力方面，最近英国皇室新建医院的手术室、ICU成套设备用的是迈瑞医疗的，在英国和美国这样的国家医疗设备采购采用GPO（集中采购组织）的方式，通过集体组织先采购不同品牌样品在若干医院试用，之后采用无记名投票方式，选出得票最高的仪器集中采购。迈瑞医疗的麻醉机、监护仪批量进入美国医院就是投票投出来的，这样的竞争必须依靠核心技术，而不仅仅是价格便宜。

其次要有高效率的产品开发能力。对医疗器械，中国、美国、东南亚地区等不同市场有差异化的需求，需要对各个市场做定制化的开发。迈瑞医疗有500多人专门了解市场，同时不断技术迭代，一些外国企业需要6年时间开发的产品，迈瑞医疗可能两年就够了；产品销售之后要有强大的售后服务队伍，有问题第一时间解决；如果不具备这些条件，就不能赢得市场的竞争力。

除了产品和服务，迈瑞医疗建立了现代化的科学管理制度，严格合规经营，遵守各国法律，坚决远离造假、不正当竞争和腐败现象，一旦发现经销商与医院有不正当关系马上取消分销资格，情愿在某些时候吃点亏，也要合规合法。

迈瑞医疗的竞争力还有国际上先进的信息管理系统，公司的每个销售意向、订单合同，信息中心一览无遗，其他部门立即就能做好准备。同时在这样的系统之下，每位员工的操作没有所谓秘密，很多公司可能不愿意接受这样的管理系统，对迈瑞医疗来说它保证了公司的健康发展。一个公司真正的高质量发展是方方面面的，迈瑞发展的核心就是不松懈、不去走捷径，一步一个脚印地从最基本的做起，去下笨功夫。

发力高端深耕低端，巩固优势开拓新业务

周　一：从财报上看，迈瑞医疗三大业务板块发展增速比较快，未来还有多大的增长空间？

李西廷：目前，我们监护仪在全球排第三，中国排第一，去年（2017 年）还实现了 30% 的增长。这些仪器在西欧和北美市场处于更换阶段，而在第三世界国家还在起步阶段，还有非常大的市场空间，每年推出 9 到 10 款新产品才能满足需求。

超声和体外诊断在不断加大研发投入，我们目标是扩大市场份额，加速国产替代。在这些方面已经有成功的经验。比如诊断产品，迈瑞医疗在中国市场第一个做出五分类血球检测和 CRP 联合检测产品，这款产品在中国已经是第一，在国际市场销售得也非常好。另外，现在医疗设备出现智能化趋势，市场不断出现新的需求，比如分超声设备的自动阅片产品，需要下大力气去开发人工智能技术，智能产品做出来又是全新的市场需求。

我们对公司三块业务的目标是，围绕这个目标去做研发、生产、开拓市场。市场还非常大，像南美、东亚、非洲，都非常需要这些仪器。

在三块主营业务外，迈瑞医疗也在做新的布局，希望微创手术设备未来会成为我们的第四条业务线，在未来两三年时间形成一定规模。

周　一：迈瑞医疗未来是继续全产品线发力，还是逐渐向高端产品集中？

李西廷：迈瑞策略还是全产品线覆盖。不同层级医院对产品价格敏感度不一样，北、上、广的大三甲医院对于价格不太敏感，更看重产品性能、质量和服务。但是乡镇卫生院相对对价格敏感，我们对不同层级医院有不同产品策略。

对迈瑞医疗来说，高端医院、高端产品市场利润率高，有益于技术进步和品牌建设，是必须攻克的高地，必须敢在高端产品上投入研发，但是目前高端市场蛋糕的绝对值还没有那么大。比较好的一个趋势是，现在三甲医院的高端设备采购也在逐渐放量，比如迈瑞医疗的血球生化流水线在全国已经有几百条在运营了。

中低端市场是一个产粮区，用量大，效益高，是不能忽视的市场。迈瑞医疗有专业队伍服务深耕这块市场，为二级医院、县级及以下医院提供高性价比的产品，也符合国家分级诊疗政策的发展需要。

周　一：医疗器械市场会越来越集中吗？迈瑞医疗的市场份额会不会进一步扩大？

李西廷：在医疗设备行业，规模效应形成对企业发展推动是很大的，会有好的条件建立整套的生产和研发平台。迈瑞医疗的研发实验室条件是国内很多企业达不到的，这样的实验室里可以去做高低温环境、高盐环境、电磁环境、战地环境等试验。这些基础打好之后，收获是自然的。在15年前，国内有一两百家监护仪生产企业，这么多年下来真正批量供货的就只有迈瑞医疗。没有核心技术，不投入开发新的产品，不去开拓新的市场，就会被市场淘汰。

周　一：迈瑞医疗与国际巨头竞争在哪些方面还有短板？是否考虑布局大型医疗设备？

李西廷：各产品线的发展情况不同，监护仪产品技术上我们不输任何对手，但在品牌上和一些外资大品牌还存在一些差距，再有几年时间我相信一定会超越。超声业务已经进入全球第一梯队，力争再用几年时间把技术做到全球最好。体外诊断方面，我们一些设备已经做到中国第一，这个业务面临的主要是市场问题，因为试剂要在各市场建厂，我们可能在一些市场做并购补足，但是有些落后国家还没有相关企业，这方面目前是挑战。

对于核磁共振、CT这些大型高端医疗设备，外企的市场份额占比较大，迈瑞医疗还没有计划涉足这些业务。一方面考虑到现金流问题，大型设备账期长对迈瑞医疗发展不是很有利；另外，外企发展较早，知识产权保护壁垒也较高，投入大收益较小。配齐一个三甲医院需要一万多种医疗仪器，站在迈瑞医疗的角度，我们优先发展自身技术积累较多的领域。

周　一：迈瑞医疗近期提出向医院提供综合的系统解决方案，是不是意味着迈瑞医疗涉足的业务边界更宽了？

李西廷：迈瑞医疗提供的解决方案说得具体一点是手术室里的整体解决方案，可以把手术室成套地给医院配齐，这样的好处是我们和医院的效率都更高。能提供这样完整手术室方案的，全球也只有迈瑞医疗，并不是其他公司技术力量不够，对外企来说要开发这样的产品效益不合算。国内公司没这个能力去这样做，现在只有迈瑞医疗先走了一步，而且走得还不错，销售还做得非常好。现在手术室市场也很大，像县级医院扩建都是20个手术室，一个中低档的手术室有300万的采购量，高端的可能要达到6000万元，这个市场空间很大。

另外，我们还有一个全设备、全流程、全信息融合的智能一站式解决方案，可以给医院提供连接1000多台监护仪的中央站系统，这样的技术国内还没有企业能做，这种IT化的解决方案对医院信息化推动有非常大的帮助。

中美贸易摩擦影响有限，继续推进整合海外技术

周　一：迈瑞此前对美国企业的两起并购对公司发展起到好的作用，海外并购有何策略？

李西廷：迈瑞保持研发和并购两条腿走路。在并购目标的选择上，一是看重技术，二是看重市场能力。我们在美国的两起并购都很成功，收购的第一家美国公司 Datascope 是监护仪产品的鼻祖，但是这个公司推行“大哥文化”进取意识不够。收购完后我们对它的产品升级，同时通过它的销售渠道让几百名黄头发销售队伍开拓市场，把我们的全线产品都推到美国去了，这次收购是非常成功的。

2013 年，迈瑞用 1.05 亿美元全资收购美国 ZONARE 医疗系统集团公司，这家公司成像技术是全球最先进的。收购之后综合两家公司的技术，迈瑞的超声产品一下子就进入了国际市场第一梯队，我们的目标是在几年内做出来全球顶级的超声产品。

坚持研发投入让我们有较强的并购整合能力。不过，迈瑞在国外建立了多个技术研发中心，比如在西雅图研究比较先进的探头技术，雇的一些当地的技术顶尖人才，已经做了六七年的开发，未来 1–2 年可能会推向市场。

周　一：中美贸易摩擦对迈瑞有哪些影响？

李西廷：我们的商品出口美国被加征关税差不多一年多时间了，现在提出取消加征关税，但是要去提出申请，我们也没去申请。因为根据规定，“只有中国能够生产其他国家不能提供的产品”，才给予豁免，其他都不予豁免。我们监护仪、麻醉仪，欧洲国家也能生产，我们就没有去申请豁免。这个对我们影响不大。

周　一：迈瑞医疗拓展海外市场有什么样的规划？

李西廷：现在迈瑞国内、外市场占比基本是五五开，我们对未来两个市场占比的目标很明确，就是国内和海外要“三七开”，海外要占比更高，我们希望用 10 年左右的时间实现这个目标。因为国际市场很大，我们要去和现在这些大的国际公司去竞争。迈瑞目前海外市场拓展也比较顺利，除了欧洲国家进入高端医院，在国家提出“一带一路”倡议之前，迈瑞已经在开拓沿线市场，比如马来西亚、印度尼西亚、印度等，基本上都在使用迈瑞的监护仪产品了。

敢于投入研发，占领全球产业高地

周　一：公司每年在研发上投入 10%，研发主要投入哪些方向？

李西廷：迈瑞研发创新主要还是围绕产品技术创新。医疗行业是技术比较保守的行业，企业基础研发未必能够被医学家承认，医疗仪器开发原创技术是物理学家做的事，而且可能需要几代人才能做下来。

我们的研发投入主要是投向人员工资。相对比来看，顶尖技术人才比研发设备更有价值。在高端人才方面，迈瑞一方面在内部培养人才，比如我们的员工李双双，从清华毕业之后在迈瑞工作了 12 年，潜心研究超声成像技术，前年她获得了国家科技进步二等奖。另一方面，我们也高薪聘请海外的高端技术人才，人才是迈瑞最大的竞争力，我们会继续保障研发投入，吸纳高端人才。

周　一：现在国家在医疗医药领域围绕控制成本、降低费用推行了很多政策，这些政策对迈瑞医疗有没有影响？

李西廷：我认为应该是利好。国家推出药品零加成政策是非常正确的，它主要针对仿制药。有些药厂没有一个开发人员，多年都在依靠外国人过期的专利开发仿制药赚钱。另外，国家还在保护真正创新药。所以我觉得国家这个政策是对的，有利于解决看病贵、看病难的问题，全球降低医疗费用是一个趋势，包括美国也是这样。

对医疗仪器行业来说，控制成本的政策就倒逼医院寻求性能好、价格便宜的产品，给国产医疗设备替代带来巨大机会，我们的产品价格优势主要来自我们的工人效率远高过美国，国家的政策对我们来说意味着机会更大。

周　一：十年以后迈瑞会变成一家什么样的公司？

李西廷：我们所在的这个行业，市场发展更快，尤其中国市场每年有 15% 左右的成长。目前人均匹配资源中，医疗器械和药物比例在发达国家基本做到 1：1，而国内只有 0.3：1，医疗器械在国内市场有着很大的拓展空间。

未来我们将持续坚持投入研发，回报股东，早日成为世界领先的医疗器械企业。从市场跨度上看，现在迈瑞已经是一家国际性公司，研发、生产、销售接受的都是全球市场监管。但到十年后，我们希望迈瑞会是一个成熟的、在全球享有知名度的国际化公司，助力国内医疗器械产业占领全球研发高地。（本文特邀对话主持人周一）

‖作者手记‖

迈瑞医疗李西廷：守护人类健康、壮心依旧

胡学文

迈瑞医疗董事长李西廷在资本圈里鼎鼎有名，谋面之前，作者心里描绘的李西廷是典型的科学家形象。2019年8月，作者走进迈瑞医疗得以一见真容，李西廷将近2000亿市值迈瑞如何炼成的故事徐徐道来。

在李西廷心中，迈瑞医疗之所以在外国品牌和本土品牌夹缝中能够迅速成长为年营收超百亿、市值稳居创业板前列的大企业，制胜的法宝有四点：一是自始至终都是做企业，而不是做生意，不看一时一事，更多着眼长远发展大势；二是自始至终产品要掌握核心技术，没有核心技术，光有价格优势走不长远，更不可能在国际市场上真正占领市场；三是自始至终牢记合法合规经营是企业长期发展的基础，无论到哪里要遵守当地的法律法规；四是要有现代化的管理手段，大到合同签订、财务管理，小到食堂菜品、电路系统，都要有细致清晰的现代化管理体系。

这套治理企业的心得，既有从宏观着眼的大道，也有从细微处考虑的小节，28年来支撑着迈瑞医疗从小到大、从大到强，做到了不单单在国内遥遥领先，即便是在国际市场上也实力不容小觑，产品远销全球190多个国家和地区，进入全球大量顶尖医院与研究机构的核心科室。哪怕是在医疗技术门槛最高、技术法规最严格的美国，迈瑞已进入约2/3的医院，近万家医疗机构。

令李西廷引以为自豪的是，迈瑞医疗产品之所以能够与国外大牌短兵相接不吃亏，并不是完全依靠价格优势，更重要的是“迈瑞的产品真的好”。据报道，英国女王最近视察了一所新建的皇家医院，里面用了不少成套的迈瑞医疗产品，“你要说，只是因为价格便宜，想让英国、美国人买，是不可能的”。

这些都和李西廷一直以来注重的产品创新密不可分。与药品创新不同，医疗器械创新更多属于改进型创新，原创技术更迭慢，产品迭代快，因此需要持

续高强度的研发投入，以保证产品的更新频率不被市场淘汰。迈瑞医疗至今保持着每年营业收入10%左右用于研发投入，按照目前迈瑞医疗年超百亿的营业收入体量，每年就是10多亿元的投入，在A股医疗器械类公司中可谓一骑绝尘。

巨大的科研投入也结出了硕果。在多个领域中，迈瑞打破了国内行业空白。迈瑞医疗尤其注重以临床需求为导向进行创新研发，在迈瑞医疗的展览馆里，类似从满足医生、患者需求出发的细微创新不少：比如可以转动屏幕的超声显示仪，考虑的就是一些医院病房紧张而制造；再比如手术室里面的医疗器械干湿分区设计，即是出于效率提升的考虑，更是着眼卫生安全的细心；还有生化检查系统生产线的轨道转角设计……

除了这些呈现在终端产品中，让大家看得见的细节创新，李西廷对于产品更多严谨的要求，则在看不见的背后——器械上的一根线要经几十万次测试才能过关，除了要考虑地域差异，如东部潮湿、东北地区寒冷，还要进行温度湿度测试，在沿海盐分高的地区要加盐测试腐蚀程度，还要考虑机器之间的组合会不会受到信号互相干扰等……在细节处下真功夫，最终确保了迈瑞医疗产品的高度可靠。李西廷分享了一个小故事，某医院的手术室设备都是迈瑞的，除了一个其他品牌的输注泵。结果就是这个输注泵发生漏电，差点造成医疗事故。最后的结果可想而知。

重视创新、细节把控严苛，很容易就和古板挂上钩。事实上，交谈下来，李西廷直爽得有点可爱。面对“迈瑞医疗在推动医院技术进步方面是否扮演了重要角色”的问题时，没有丝毫的“托大”，直言“只能说帮助医院手术室效率更高一点，要说推动医院技术进步还达不到这个水平”；在回答“迈瑞在吸引人才方面有没有什么具体措施”时，也没有“拔高”，一句“就是给高工资了”逗笑了全场；在谈及要合法合规经营时，更没有“护短”，直言只要发现经销商和医院有不合法行为“一律取消经销资格，让他赚不到钱”。

李西廷喜欢和年轻同事聊天，提到研发能聊一整天，他会跑去实验室和技术人员聊，关注研发层面的困难，再从高层给予支持。如获得国家技术发明奖二等奖的迈瑞医疗青年科学家李双双就是典型例子，对于这位公司培养的优秀员工，公司用设立“首届迈瑞科学技术奖”来褒奖，激励研发人员以从事科研工作为荣。

对话中，作者问李西廷，一直在一线奋斗，今天已功成名就，会不会也有想休息一下的时候？他笑言：“不上班，更累！”李西廷的下一个目标是，早日成为世界领先的医疗器械企业。正可谓：“守护人类健康，壮心依旧！”

李西廷：95万贷款创业靠“笨功夫”征服全球高端市场——扫码观看对话迈瑞医疗李西廷

五、赵燕："玻尿酸女王"的 30 年创业史

人要跟着事情走，如果跟着钱就会走歪。我做这个行业的初心，说大一点，是为人类的健康、美丽事业做出努力。华熙做的事就围绕 6 个字——健康、美丽、快乐：华熙 LIVE 是先健康，然后快乐，最后美丽；华熙生物是先健康，然后美丽，最后快乐。

——华熙生物赵燕

科创板的推出，不仅为科技创新公司提供了融资发展的机遇，也以巨大的造富示范效应再次激活了全社会创新创业的热情。尤其值得关注的是，科创板首富，近一年以来一直由一位女性企业家——华熙生物科技有限公司（简称"华熙生物"）实控人赵燕稳坐。有"玻尿酸女王"之称的赵燕，已成为科技创富、女性创富的代表。

自 2019 年 11 月 6 日华熙生物上市以来，实控人赵燕一直稳坐科创板首富之位。赵燕 1989 年赴海南淘金，在地产、服装等业务上积累了初始资本，并曾是第一创业大股东。她挺进中国最富百人榜，则得益于华熙生物回归 A 股。

华熙生物的前身是山东福瑞达生物化工有限公司，是一家拥有发酵法提取透明质酸的技术的公司。2001 年，赵燕在其增资扩股之时拿下控股权，并带领这家原料企业专注技术的商业转化，一方面推动原料产品上行，由滴眼液级向医疗级高端市场进发；另一方面下沉终端市场，在下游的美容护肤等大众消费市场拓展应用场景，以"重金营销 + 轻资产"模式打造"润百颜"等系列品牌，从而以上游原料供应赋能下游产品低成本，以下游业务崛起拉动上游产能扩张，实现了产业链协同发展，其透明质酸原料产能已连续 14 年位居世界第一。

虽然 2008 年 11 月华熙生物科技已在香港上市，但赵燕对港股市场以"原料供应商"定位给予的估值并不满意。2017 年，她借款 35 亿元，将华熙生物科技私有化，并于两年后带领华熙生物登陆科创板。上市近一年来，华熙生物市值由 229 亿元上涨至最高点的 745 亿元，赵燕的持股市值也一度冲高至

440.54 亿元，较港股市场提高 10 倍，重估效应显著。

“玻尿酸第一股”“科创板首富”，成为赵燕身上最受关注的标签。

然而，即使在人们对女性企业家司空见惯的当下，仍难免会有人揣度，她们的创富成功是否源于强大的“背景”。

赵燕早年在北京长安街上开发的华夏银行大厦、华熙国际中心（中环世贸中心 D 座）、北京 SK 大厦（中环世贸中心 AB 座），以及如今因开创潮流活力生活方式而成为全国商业街区运营典范的华熙 LIVE · 五棵松，这些当下看来仍是难以企及的成功项目，也时常让外界猜测，赵燕是否拥有“神秘背景”。

因低调而神秘的赵燕，究竟有着怎样的创业故事？

8 月的济南，在位于华熙生物二厂区内的世界透明质酸博物馆（透明质酸俗称玻尿酸），身为华熙国际投资集团董事长、华熙生物董事长兼总经理的赵燕，面对全景网董事长何伟，首次全面讲述自己的 30 年创业史，畅谈经营理念、价值观和财富态度。

追梦青春撞上停摆的冰箱厂，赚取人生第一桶金

何　伟：华熙生物做到了世界第一，这是我没想到的。您从事的是一个美的事业、美的产业、美的行业，这是造福人类的事情，相信创业的过程也很艰辛，您能不能从走出大学到海南创业开始，把您的创业历史跟我们分享？

赵　燕：对于企业的创始人，可能大家最关心的就是：你是怎样开始创业的，怎样赚到第一桶金的？其实，我们去海南的时候很简单。

1989 年，我们 4 个大学助教，3 个男生，1 个女生，约好一起到海南去。

那个年代的年轻人没有那么多的物质追求，不像现在的年轻人，压力都比较大，要买房、买车什么的，那时都想着要为了理想去寻找远方。我觉得自己在精神层面的追求也还是比较多的，海南又是中国改革开放的前沿阵地，当时可以说是“自由岛”，所以我们想，也得为自己的理想去拼搏一下。我们那时候二十出头，都属于“一人吃饱全家不饿”。

和我们一样的年轻人，我估计有十几万，大家都奔着诗和远方到海南去。你说对未来有多好的规划，多好的想法，我觉得是没有的，那就是一个寻找梦想的地方。去了以后，晚上你就看到，在海口的三角池，就是市中心那些榕树

下，一群大学生，三五十人、三五百人地围着唱《故乡的云》。那种日子，我觉得还是蛮有冲劲的。

但是，有理想也要面对现实。我们在那儿待了两个多月以后，就发现为了生存，还要去寻找机会。毕竟我们也是刚刚工作没几年，自己的资金有限，我们 4 个人凑了 5000 块钱，如果没有进项，很快会花完的。

那个年代也没有现在这么多成功的企业家跟你去谈什么创业之路，只能自己去寻找机会。我们就发现海南的一个工厂——当时是和澳大利亚合作的，有七八百台冰箱在库房里闲置着。冰箱的外观很漂亮，但是有点问题导致冰箱启动不了，外资撤走了，工人也发不出来工资，便没人管这些冰箱了。我们就想，没准儿我们能卖出去，但是一看冰箱，插上电都启动不了。怎么办？结果就只能想办法。这就是我们第一次创业的缘起。

我们当时和冰箱厂谈好了，把这批冰箱处理给我们。但是我们没钱，我们就找信用社，用信用担保，即把冰箱先押给人家，借了几万块钱。我先跑到广州，当时广州的工业还是比较发达的，尤其是轻工业，但没人愿意来帮我们。然后又去了顺德，从顺德一家家电厂请了两个工程师过来，一检查，其实不是特别大的问题，就缺一些元器件。就这样一批一批地修复，一批一批地卖出去。这是我们 4 个人赚的第一桶金。

我认为，只要你坚持、坚守，还是有善良的人愿意去帮你。我记得那时候，我们兜里一共就 2 万块钱，请师傅的时候，也不知道给人家多少钱合适。我就很直接地说，我一共就这么多钱，看看你们怎么能过去帮我们一下。师傅特别善良，一看我们几个都是年轻人，就说我先给你去看看，不收你们的钱，你给我出路费就行。师傅到海南去待了 3 天，说我能先给你修复 100 台冰箱，你们卖了以后资金就滚动起来了。我觉得还是真诚能够打动人。

我们拿到第一桶金以后，就开始了在海南岛的发展。我们投过服装厂，因为我在大学业余学了点设计。虽然我是学生物的，但是比较喜欢艺术。我觉得，创业可以从自己比较熟悉的开始。

那时候正好赶上“海南椰子节”——现在改叫“欢乐节”了，我就想，我们可以和“椰子节”联系，去赞助它的服装。当时“椰子节”礼仪小姐穿的旗袍，全部都是华熙赞助的。我们的公司当时就叫华熙实业，所以，2019 年是华熙成立 30 周年。

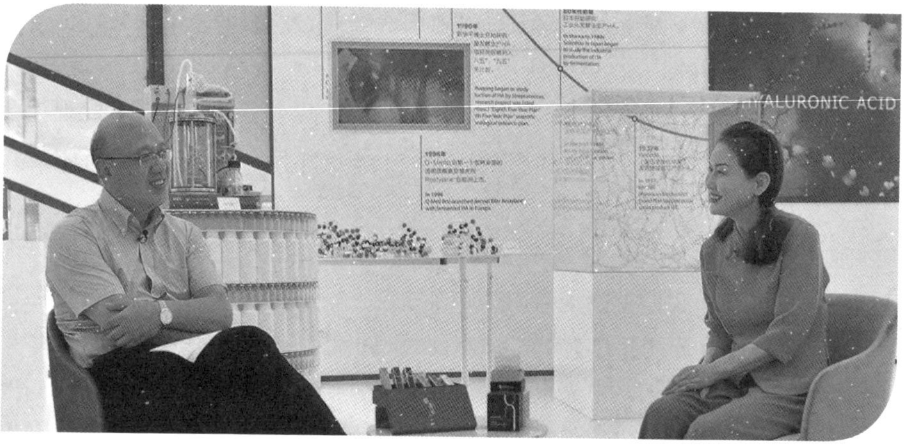

全景网董事长何伟（左）对话华熙国际投资集团董事长、
华熙生物董事长兼总经理赵燕（右）

这样一赞助，就把影响力打开了，有了订单——为海南的出国人员做服装。中国当时第一台立体剪裁西装的机器是我进口的，因为我觉得它能替代人工。人往那儿一站，身高、胸围、腰围马上就计算出来了，面料放进去，它就可以剪裁出来，最后稍微修整一下就完成了。进口这套设备，我挣的第一桶金，花了差不多1/5。

买地恰逢海南地产黄金时代，200万元的“财务自由梦想”提前实现

何　伟：现在很多地方刚开始做立体剪裁，您如果一直做服装事业，应该也会发展得很好？

赵　燕：对！但是我们4个人约好了，就是挣够每人能分200万的时候，大家财务自由了，再各自想干什么就去干什么。当时，200万对我们来说是天文数字，国家也还在提倡万元户，我们离开助教工作岗位的时候，工资还不到100块钱。所以，200万已经是一个我们能想到的、能挣到的最大数字了。

正好这个时候，海南的地产开始兴起，政府对我们这些企业说，可以去投资买土地。我们也不懂地产，不懂什么是经贸区，唯一想到的就是土地买一块少一块，所以就进入了地产业。当时买地只需要交定金即可，并不要交

全款。

后来海南的经济起来了，我们的资产也就增值了，很快超过了我们当初约定的数。这个时候，合作伙伴里有人想出国，有人想回上海，大家就坐下来看怎么来分。

如果资产都是现金，那就好分，但我们当时不仅有现金，还有没交完款的土地、有工厂，另有两套房子。我虽然在4个人里面年龄最小，但他们觉得我人还比较好，也比较包容，让我当总经理。我觉得，既然是总经理，是管分配的人，就一定要最后拿，因为你很难说分得公平不公平，只有他们3人都选完了，剩下的我来拿，才相对公平。

最后剩下没办法切割的，有3块没交完款的土地、一个服装厂和一套房，还有大概不到18万的现金，我拿了。他们拿到钱的，有去加拿大的、有去澳大利亚的，但我还得想办法让企业存活下去，因为只有18万现金周转了。所以我觉得，创业确实有很多难处。

分完资产，我觉得轻松一点以后，就把工厂交给了厂长和负责财务的副厂长。说我要出去休息，度个假。等我半个月以后回去发现，工厂现金18万花光了，这俩人也没了。他们给我留了一封信，说有事离开了。他们说这个厂遇到经济上的压力，比较难经营。他们还签了一个合同。结果过了没几天，法院的传票来了，说我们服装厂和别人签了一个合同，没有按期交付，要付违约金。那时候我才24岁，账上一共只剩不到4万块钱，还要交违约金。拿到传票以后，我的眼泪吧嗒吧嗒往下掉。

何　伟：我们可以想象当时的情况。

赵　燕：我觉得，这可能也是一个成长。我好像还是第一次说起这一段，平时都只跟现在的员工说，当年卖冰箱挣了多少钱。

最后法院在宣判的时候，发现那个合同不是我签的，也没有盖公司的章，所以判定它是无效合同，这个厂又正常运转起来了。

也是机缘凑巧，这以后不到两个月，邓小平同志视察南方，整个海南岛的地产业突然兴起，原来我12万买的土地，一个星期一个价，所以那3块地，最贵的一块卖出去时，大概一亩300多万。一下子不知道怎么的，我就财务自由了。

跨界投资信用社，辗转山东经历失败

赵　燕：有了这么大的资金量以后，我就在想，怎么能够把产业资本和金融资本结合，变成垄断资本，可能这样你才有免疫力。这也是我学《政治经济学》唯一记住的经济学概念。所以我们开始做投资，我和几个朋友一起创办了一个信用社，开始做金融。

何　伟：做信用社需要牌照吧？

赵　燕：有牌照，当时我们是和别人合作，给他们投资，他们出专业人士来做信用社。

虽然华熙当时只在海南岛上发展，但已经是全国排名前 30 的房地产公司。那时从北京到海南的老板很多，很多人在房地产项目上赚到了钱，之后很快就离开了，一拨一拨的人这样来来去去。

看到大家都不建房，只是一笔一笔地去倒卖地皮，谈项目的时候拉开包，拿出来都是项目的复印件，我就感觉这个事情比较危险。我觉得任何事情的发展，一定有它的规律，这样倒卖土地创造的价值到底在哪儿，我看不到。我还是比较理性的，到 1993 年，我就撤出海南了。

之后我就到了山东，回到老家威海，也投资创立了一个信用社，花 2 亿投资建了威海的国贸大厦。我上个星期还带着员工去看过这个大厦。这个项目今天来看在当地都不过时，当时我的设计理念还是非常超前的。那时候中韩刚建交，企业有钱都要自己建个小楼，没有人会到写字楼里办公。但是我不太懂，凭着理想要做一栋 28 层的综合性写字楼。

这个项目的土地不是我的，是一家公司拿出来跟我合作的，但是没交土地出让金。我把楼建完要卖的时候，才发现问题很难解决。我一看自己能力有限，这个项目救不活了，就把它送给政府了，我投的 2 亿不要了，所以在山东的投资做得一塌糊涂。

我觉得，人第一次成功可能很容易，因为你不怕，但是很少有人能在第一个高峰立住，大家都会往下滑，下滑到什么时候能够止住，这是比较考验人的。

那时候，我就带着剩余的钱到了北京，开始在北京做项目。

在北京站稳脚跟

何　伟：到了北京，一开始就做了长安街上的项目？

赵　燕：我在北京的经历基本上大家都知道，做的第一个项目就是华夏银行大厦。大家都认为在长安街上做项目，需要有很深的背景，其实我们刚开始进入北京的时候，真的就是因为没有关系，才要找一个市场化、不会出问题的地方。我那时候想着，在长安街上投资项目，肯定是不愁卖的，那里土地有限，是卖方市场。

何　伟：我总觉得您说得有点简单了，因为我对华夏银行那个楼有印象，盖得很漂亮。在长安街上做项目的，要么是国家部委，要么是央企，要么是特别知名的企业，您是怎么拿到这个项目的呢？

赵　燕：1993 年，北京日报社和一家香港公司合资拆迁印刷厂，后来香港公司退出，报社就打算找一个合作方接手。当时了解这个情况的地产商都不敢做，因为周边的楼面地价大概是一平方米 4000 多元，但是这项目算下来得一平方米 8000 多元。我家有一个亲戚知道了这个项目，建议我可以去看看。

我当时觉得，只要把它实实在在地建起来，肯定不愁卖，只是能挣多少钱的问题。事实证明，那个项目我也没挣多少钱。8000 多元的楼面地价，加上建设成本，加上 3 年的建设期，最后以 17000 元一平方米的价钱卖给了华夏银行，真的没赚多少。我做事永远给下家留余地，现在那个楼大概已经 20 万元一平方米。

何　伟：为什么要出手，您是遇到资金压力了？

赵　燕：因为刚从外地到北京，我想只有把“这”项目做出来，才能在市场上立住。

何　伟：我有些奇怪，别人都不敢碰的项目，您怎么就敢接手？当时有高人给您出主意？

赵　燕：那倒不是。我始终坚信一点，长安街上的土地资源是有限的。别人可能想的是，在长安街上建楼的成本太高了。但是那时候，北京还没有实行土地招拍挂政策，遍地都是做项目的机会，找其他企业合作的话，土地成本可能低得多。

这个项目能合作成，我觉得和我的思维模式、处理问题的方法有很大关系。因为是两家合作建设这个项目，所以我说双方必须先协商好，大家把责、权、利分清楚，资金我出，但施工分别进行，我这边的楼我来建，你那边的楼你来建，大家不掺和在一块。施工招标的时候也是这样，你招你的，我招我的。最后施工的时候，我把两家施工单位协调在一起，比如 1、3、5 层我跨过去多施工一块儿，2、4、6 层你跨过来多施工一块儿，这样楼才能建稳。所以你看那个楼虽然相对独立，但还是连在一块的。这些方法保证了这个项目能够成功。这也是北京市批的第一个合作模式建房的项目。

何　伟：我每次路过的时候看这楼，也觉得挺怪的。一栋大楼分两半，一半是华夏银行，另一半是新都酒店，原来是这么来的，您今天揭秘了。这个项目之后，您又做了更大的项目——中环世贸，也就是今天的华熙国际中心和北京 SK 大厦，这个项目又是怎么来的呢？

赵　燕：其实，这个项目和华夏银行大厦类似。这块地属于北京第一机床厂。当时重型工业工厂要迁出北京，机床厂跟首钢属于同一批要外迁的企业，机床厂专门成立了一个开发办来开发这块地。这块地后来建成了四个项目——建外 SOHO、北京银泰中心、大家保险集团总部，以及我的这个项目。

那块地的手续比较复杂，当时北京做房地产的投资方几乎都去谈过。投资方交了定金，开发办同意给你 3-5 个月时间去办手续，如果办不下来，定金开发办不予退还。虽然投资方一家一家地来谈，但最后都没做成。这个项目的定金也从开始的 50 万涨到了 200 万元。

我听说了这个项目，就去找他们谈。我当时说，可以出 6000 万定金，但是你得给我签一个 3 年的独家合作协议。你不用再找那么多家投资方了，我 3 年要是做不下来，6000 万定金归你。就是这么一个大手笔，颇有赌的味道！这样的风格，让他们觉得这个老板太不靠谱了。其实我的钱也是挣来的，不是风吹来的。但这个项目就是这样拿下来的。

我刚签下协议不到一年，北京市政府便决定这个地方将规划建设中央商务区（CBD），那块地正好是 CBD 的核心区。很多人都觉得我在长安街上的项目很神秘，其实没有那么复杂。

“国企总部”项目牵出五棵松体育馆，超前思维成就华熙 LIVE

何　伟：做完华熙国际中心和北京 SK 大厦这两个项目，就开始做五棵松那一片？

赵　燕：华熙真正在北京能够立住，是做了五棵松项目。做五棵松，也是偶然中的必然。我们在距离五棵松体育馆北侧 60 米外有一个项目，是 8 栋综合性的写字楼，当时是奔着国企总部去设计和建设的。

当年五棵松招标的时候，是 3 家单位——北京城建、中关村建设，以及海淀区国有投资公司，3 家国企联合拿到了这个项目，建北京奥运会期间使用的篮球馆，旁边设计配套了大概 30 多万平方米的写字楼、公寓和酒店。

2006 年初，负责我自己项目的同事发现，对面那个项目要把商业配套写字楼改成小商品批发市场，现在开始对外招商，外墙上都开始打广告了。

我当时脑子嗡的一声，我这 30 万平方米是奔着央企总部去的，如果 60 米外就是天天三轮车、小面包车来来往往拉货的小商品市场，哪个央企还会来这里办公？

过了不到两个月，中关村股份被黄光裕收购了，中关村建设是他 100% 持股的子公司，他一看奥运项目、体育设施，这么大的投入，后期的运营压力又那么大，就申请要退出这 35% 股权。黄光裕是潮汕商人，可能算账算得比较好。

这个时候，海淀区政府找到我，将 65% 股权给了我，要我负责来投资运营，等奥运会结束以后，另外一家股东单位北京城建退出就行。等于我拿着 65% 的股权，承担了 100% 的责任，就这么把五棵松体育馆项目给接下来的。

当时的想法很简单，为了挽救我原有 30 万平方米的国企总部大楼项目，结果又投了一个更大的项目。

奥运项目，是一个国家项目。我觉得从一个民营企业来说，不能有半点闪失，只能把它做好。我们那时候就想到赛后怎么办，因为当时测算，赛后这个场馆的运营，不算折旧，不算大型维修，就是水电保洁费这些，硬成本大概每年要 3000 万元。对一家民营企业来说，前期投入可以当作沉没成本，但是后期每年再投 3000 万，是投不起的，我们就必须去想赛后怎么办。

我没做过体育项目，就想全世界谁的体育做得最牛，尤其是篮球馆。自然首先想到了 NBA。所以我飞到美国，去找 NBA 总裁大卫 · 斯特恩，与他谈合作。他说可以，你给我交 100 万美元顾问费，我告诉你怎么做。我就交了钱。交完钱我才知道，NBA 就是一个完全轻资产运营的联盟，球队不是他的，球场更不是他的，人家就是一个组织者。对方后来又介绍一些有经验的合作伙伴让我取经，那段时间我比较郁闷，顾问费动不动就 100 万美元起。

我们根据大卫 · 斯特恩推荐的设计师的要求，结合国内的情况，把篮球馆改成了综合性场馆。不仅能打篮球，还可以快速转场打冰球，还能举办各种大型的演唱会。原来这个篮球馆大概需要投资 8 亿多元，改成综合性场馆，还要多投 4 亿多，不算土地，一共投了 13 亿的硬成本。

这么好的场馆，这么好的设施，但奥运会之后是真没人来。因为大家的印象当中，北京的文化体育活动都是在东面，在工体，没有人跑到西面的五棵松，尤其是在 301 医院对面。

但是，这么好的设施，总得把它用起来，否则我们就很麻烦了。因为我们想办法请国内著名的歌手，免费提供场馆给开演唱会，结果这些明星根本不愿意来，不仅嫌远，还说场地不知名。

然后我想，中国人知道北京的东边西边，老外不知道吧。我就问员工，现在全世界哪个歌手最牛？他们告诉我是碧昂丝，碧昂丝在美国前总统奥巴马 2009 年就职演说上献唱，很有名。我就说那去请碧昂丝来，3500 万给她做一场演唱会，还包机。当时碧昂丝要求不住北京，要住在香港，她觉得香港才是大都市，北京还不算。

这一场演唱会，我们 4 个小时就把票卖完了。五棵松有 30 个包厢，我就让我的团队把能够在五棵松这样大场地开演唱会的歌手挨个排名，挨家送包厢的票，请他们来看碧昂丝的演唱会。所以这一场演唱会结束以后，我们签下了王菲的 5 场复出演唱会和张学友的演唱会，就此才奠定了今天五棵松的地位。今天，一线明星想在五棵松开演唱会，要提前一年半预定场地。

除了娱乐、体育，我们还把 5 种业态结合在一起。我把时代美术馆搬过去，加上青少年的各种教育培训、体育培训、艺术培训，配套文化生活，包括一些网红的酒吧、餐饮、夜店、新的 VR 体验店，现在五棵松华熙 LIVE 已经变成了北京年轻人的一个活力聚集地，一个新的生活方式天地，这就是我们的华熙 LIVE 模式。

何　伟：您这个经历挺有意思，这个项目应该继续往下做。您做地产做得挺好，而且中国的房地产市场一直也是不错的，为什么后来突然又转型了？

赵　燕：其实从真正意义上说，我没有做过房地产开发。我没有做过住宅，我做的一直是写字楼和城市综合体，我一直把自己定位于做实业，像我的写字楼也是持有性运营的，我没把自己当房地产开发商。

做房地产开发的模式，是不停地重复：你在城市中心位置好不容易拿到一块地，就像我做华夏银行大厦，建好楼后，卖了拿到钱，到更远的地方再去买一块地，然后再开发，再卖了去更远的地方……这样好辛苦，我觉得价值也有限，项目卖掉就跟你没关系了，所以我还是崇尚做实业，其实我们五棵松也是做实体产业的。

1.5 倍溢价，接手亏损的透明质酸企业

何　伟：所以您转型到与房地产没有关系的行业了，是什么机缘让您又转做生物科技，进入生物领域的？

赵　燕：做生物科技，我觉得可能还是因为自己骨子里喜欢。因为我本身是学生物的，虽然毕业以后没有从事生物这一行，但是一旦碰上合适的机会，兴趣点就被激发起来了。

2000 年，我在北大读 EMBA，有一个同学叫凌沛学，他现在是山东大学的教授。应该是 1998 年，他作为山东药物研究院的领导带领 30 多个科研人员一起集资 800 万，成立了一个叫山东福瑞达精细化工业有限公司（简称“精细化工”）的企业，这个企业是用微生物发酵法生产透明质酸的。20 世纪 90 年代初，山东省生物药物研究院研究员郭学平，在国内率先发明了微生物发酵法生产透明质酸，他现在已经是华熙生物的首席科学家。当时这个企业买了设备，租了厂房，但是科学家们不擅长经营和管理企业，结果连着赔了两年。

在那前后，他们引进一个华裔美国人作为外方股东，就是福瑞达。福瑞达是这个华裔的名字，他占了 25% 的股权，中方股东占 25% 股权，1998 年集资的员工占了 50% 股权，企业变成中外合资，能享受优惠政策。这就是山东福瑞

达生物化工有限公司，也就是华熙生物的前身。

因为经营亏损，企业遇到了发展困境，凌沛学开始四处找投资。

我估计他也找了很多我们班的同学，里面有做证券的，有做基金的，都来看过。大家那个时候看不懂，看不到今天透明质酸的市场，都不知道它是什么物质，而且那时候透明质酸只是在骨科、眼科用，大家来这个企业看一圈就走了。

有一次，我们俩分到一个讨论小组，他听说我也做投资，就说让我去看看这家企业，能不能投。我就带助理过来看。

说实在的，我那时候也没有看得很懂，郭学平博士给我讲透明质酸的物质发现过程，分子结构，提取提纯工艺，听得我都快睡着了。后来我问他，这个物质到底在人体里有什么作用？他就告诉我，它最大的特性就是锁水，1 个透明质酸分子，能锁住 1000 个水分子。

就这一句话，我听完一下就记住了。我想，现在皮肤的问题很多不都是水油不平衡吗，如果今后我能把这个产品扩大到化妆品领域，用在皮肤上，那市场就大了。

我去看的时候，他们的工厂不到 500 平方米，是租的。办公室就两间，也是租的，等于什么也没有。我说我反正是民营企业，不像国企那样程序严格，我也不做尽调了，你不是 800 万的原始投入吗？我就给你乘 1.5 倍，1200 万。

总不能让这些科研人员拿自己的积蓄投资做企业最后血本无归吧。所以我是花了 1200 万，收了他们的 50% 股权，才进入这个企业，而且一干就干了 20 年。

引入现代管理制度，6 年后产能达到全球第一

何　伟：这 20 年，您是怎么把一个亏损企业，带到全球第一的位置的？

赵　燕：2001 年 1 月进来，我做的第一件事，就是委派一个总经理，把现代企业管理制度建立起来。因为是研发生产企业，研发一定要留痕，生产一定要有标准、有流程，所以我首先做 ISO9000 的认证。回过头来看，第一步非常关键，你不光要投钱，更多的是要投一种理念、一个方向、一个目标。

我请了一个做互联网医疗企业的著名管理人员，从北京到山东来给公司做

总经理，他的工资要 50 万元。当时开董事会，有股东说，这边大企业的总经理的工资也不过 30 万，这么小一个企业，总经理的工资最多不能超过 25 万，这样企业才能承担。但是低于 50 万，人家不来。后来我说，公司就出 25 万，另外 25 万我自己出。

我把这个总经理请来，主要目的就是建立标准流程和通过 ISO9000 的认证。花了一年时间，把 ISO9000 拿下来了。我们的研发团队重新招人，成立了研发中心。

到了 2003 年，我们要建厂。中方股东就说，你现在才 2000 多万的年收入，就要投将近一个亿来买地建厂，这事我们肯定做不了。中方一共就出了 75 万原始投资，我们不断增资，所以中方的股权逐步缩小，中外合资企业最后变成了中外合作企业。中方股东从 2003 年开始享受固定比例的收入分红，享受 20 年，到 2017 年，我们就全部收购了股份。

2003 年，我们开始投资建一厂区，累计投了 2 亿多。2005 年底一厂区投入生产，到 2007 年，我们已变成全球最大的透明质酸研发生产企业（在原料端）。那时候这个行业是卖方市场，都是别人打电话来订货，我们没有应收款。2008 年在香港上市的时候，一共不到 9000 万元的销售收入，税后利润 6000 万元，所以日子比较好过，团队没有压力。

何　伟：为什么 2007 年决定要去香港上市？

赵　燕：那个时候不是经济上的考虑，更多的是想把企业做起来，把行业带起来。带起来以后，人会站在不同的高度上去思考问题。因为我每次开董事会，高管都说，赵总的要求太多了，她每年分走那么多钱，为什么还有那么多要求？

我觉得光我一个大股东来管，很难管理他们，我把公司变成公众公司，就得承担社会责任，因为有股东、有投资者来要求。后来证明，那一步走得是对的。

2008 年正好赶上金融危机，我记得在香港路演的那一天，正好赶上雷曼兄弟宣布破产。我们是 10 月 3 日挂的牌，在这之前一个月和之后两个月的时间里，香港联交所没有一家企业上市，当时和我们同期路演的公司都暂停了，只有我们在继续。

我们当年一共融资了不到7000万港元，去掉中介机构的费用，不到6000万港元。这些钱我们全部投入到研发上，组建终端团队，药械终端的研发团队重新招人。到2012年，我们研发的用于医美整形填充的三类器械“润百颜”注射针剂成为获得国家CFDA批准的第一个国产产品，打破了国外的行业垄断。后来又相继拿到骨科、眼科的产品批文。

跟着事情走，如履薄冰地做事

何　伟：您这每一步走得都很专业，但您又不是这方面的专家，是怎么来做这些决定的？有什么团队在后面给您支招？

赵　燕：我觉得，战略是企业的灵魂，是要我自己定的。因为战略是你找别人定不了的，关键就是你的初心是什么，这一点和我们怎么做企业是直接相关的。

我做这个行业的初心，说大一点，是为人类的健康、美丽事业做出努力。华熙做的事就围绕6个字——健康、美丽、快乐：华熙LIVE是先健康，然后快乐，最后美丽；华熙生物是先健康，然后美丽，最后快乐。

可能我觉得我是做实业的，所以我考虑问题是跟着事情走，不是跟着钱走。

大家都在问我，你从2007年到现在，作为大股东，没有从华熙生物里面分回来钱？其实我都是在不断地投入。很多投资者是进来又出去，只有我在这地方不断投入。

尤其是在2017年，我决定从港股退市的时候，我把华熙国际中心都给抵押了，借了40亿港元私有化回来。到科创板上市有锁定期，我的股份又锁定了5年，实际上一直在投入。

现在我不仅是大股东，从2019年3月开始，我还重新回来做华熙生物的总经理，真是趴在地上干活，每天工作十几个小时。我现在90%的精力和时间放在华熙生物上，重心是抓经营，我要努力让华熙生物各项战略落地，一步步去实现目标。

实际上，我们做健康产业的企业，是没有抗风险能力的。一个负面的新闻能把我们多年的努力毁掉，所以我们始终如履薄冰地做事，抓每一个细节。

我们现在做C端的功能性护肤品，每一个新产品，我都亲自做产品体验官。我自己是敏感肌，只有我亲自使用过，证明产品的安全，才允许推向市场。我对我的消费者负责，对我的产品负责，对我的品牌负责！

我在公司告诉员工，一定要跟着事情走，判断这个事情是不是对的，值不值得我们去做，而不是跟着钱走。跟着钱走，你会走歪、走偏。你只要确定了方向，跟着事情走，有时候可能慢一点，但是不会错。

何　伟：您这句话说得非常好，跟着事情走，不要跟着钱走，这样才能做正确的事。我觉得您每一步走得都很好，踩在了时代发展的节点上。而且，在好的机遇到来之前，都准备好了。

赵　燕：好多事情也没意料到会发展那么好，所以，好多人问我华熙的价值观，我说其实我无论做哪个板块，坚持的就是8个字：坚持、坚守、创新、担当。做一件事情，你的初心确定了，就得坚持、坚守；在这个过程当中，你要不断地创新。

再就是一定要有担当。作为企业的当家人，得替企业负责，替员工负责。作为一个社会人，得有社会的担当。所以，我觉得只要方向是对的，你坚持、坚守的东西是大家认同的，就值得你去做。

不要轻易跨界做金融，对资本要保持冷静

何　伟：我注意到您的每一步发展，其实是跟金融资本连在一起的，投资信用社，还有华熙生物的两次上市。资本是逐利的、讲求回报的，做实业可能要看得更远一点，更多的是讲究把这个事做成，要不断地投入。对于资本运作，您是怎么看的？

赵　燕：其实我觉得资本是双刃剑。企业发展需要资本去助力，因为资本对企业的认同、对员工的认同、对市场的认同，能起到很大作用。作为一家公众公司，很多情况不需要我们通过自己的口来说了，人们通过公共的渠道就能够获知。投资人、资本市场对你的认同，比我们自己去获得别人的认同，要来得更简单，可信度要更高一些。这是我对资本的认识。

我觉得把企业做到行业龙头地位，需要把产业资本和金融资本结合，才可能发展成垄断资本，才可能在整个行业获得话语权和定价权。华熙生物在出口业务上，都是由外方（买方）来承担关税，就是因为我们的产品质量高，在市

场上的地位无可替代。

但是同时，企业家要对资本保持清醒的认识。

第一，你要选择认同你价值取向的、愿意坚守、不会干扰你战略的资本。在做实业的时候，你得坚持、坚守，要选择对你价值取向比较认同的资本进来，这是重要的一点。有时还真的不能去做太多的资本运作，那样会受资本的干扰，可能会让你的方向走偏。所以，我在为华熙生物定战略的时候，就定了十年战略，大家就围绕着十年战略去做，战略之外的事一概不做。

华熙生物不做多元化的投入。现在看到的多元化，其实只是一种跨界的创新，比如像故宫口红，是想办法把科技和文化结合，打造出更好的产品，只是这种层面的跨界和多元。华熙生物不会进入化学药品、化工或者其他的领域，我觉得还是要坚持、坚守我们的东西。

第二，我觉得要顶住资本的诱惑，尤其是在市场很好的时候，各种各样的资本蜂拥而入，你要抵得住。比如很多人愿意做收购，但是有的资产，你得看买了以后的协同效应有多大，你是不是有能力真正地把两家企业经营到一块，能够做好。我觉得这是我们需要去考量的，尤其是在资本特别看好你的时候，我们需要的是冷静，梳理自己真正需要的是什么东西。

现在很多媒体说我是科创板首富，有多少财富，但是我说财富、股权市值不是我关注的，那些都是纸面和理论上的数字。我对自己的定位就是做实业的，无论是早期投资信用社，还是后来投资第一创业证券，我都是纯财务投资。我没有真正做过金融，做金融与做实业完全不同，金融最大的难点在风控，风控做不好，什么努力也没用，所以我不赞同做实体产业的企业家轻易跨界去做金融。

科技是发展引擎，面对竞争要爱惜羽毛

何　伟：华熙生物上市之后，这个毛利率能和茅台媲美的行业也受到更多关注。大量资本进入之后，行业的高利润还能不能保持，您如何看待行业未来的竞争？

赵　燕：我希望行业能够保持良性竞争，不同企业能够发挥各自的优势，永远不要打价格战。如果透明质酸行业陷入价格战的恶性循环，大家都没有利

润，没有足够的资源投入研发升级，无法保持竞争优势，结果就是拱手把市场让给别人，甚至完全丧失行业话语权。中国的原料药行业就是一个例子，所以我们一定要爱惜自己的羽毛。

但是，食品、化妆品、护肤品，这些对透明质酸生产技术要求相对较低的行业，一定会经历一个洗牌过程。这也倒逼企业一定要持续地升级技术、迭代产品。所以我们说，科技是发展的引擎。科研上，单单我们自己团队的力量是远远不够的，我们需要储备充足的科研成果。华熙生物建立起一种“内生+外援”的合作研发模式，我们内部有几十个研发工作室，我要求每一个工作室至少对接一个外部的顶级专业研究机构，让这些专业机构成为华熙生物强大的技术储备库，为我们的产品研发提供基础研究的支撑。

实际上，这也是一种借力，借力外部机构的基础研究，华熙生物能够更多地投入在产业转化、市场转化这些科研成果上。比如说我们合作实验室里最先进的给药渗透技术，正在应用到华熙生物透明质酸渗透肌底液中，解决透皮吸收问题，这不是随便谁都可以做到的。比如，我们在4年前已经开始布局计生领域、口腔领域等，超前布局，应用范围更广，这都是华熙生物的优势。

华熙生物不是单纯卖透明质酸原料的企业，我们提供的是综合解决方案。我们用不同的配方，来为客户精准定制透明质酸产品，这是华熙生物的撒手锏。我们是带着市场、用户的痛点，再反向定制研发方案、生产方案，不是盲目拍脑袋，或者跟随潮流来生产。

我认为做企业，一定要在高端产品上争夺话语权。在我们这个行业，医药级透明质酸的准入门槛高，对产品纯度要求高。所以，能不能在医药级获得市场份额，才是考验企业高端制造能力的核心。现在，华熙生物是在医药级原料市场获得全球资质认证最多的中国透明质酸生产企业，医药透明质酸的出口量是世界第一。

保持原料市场的全球领先，是我们的深度；在医药及医疗器械领域得以发展，是我们的高度；进军C端市场，为客户提供功能性护肤品和功能性食品，是我们的广度。这三个“度”就是华熙生物的护城河。

努力让每一个生命都是鲜活的

何　伟：刚才您谈到有一个十年战略，战略规划肯定要有一个目标、愿景，华熙现在已经做到行业老大了，那么下一步发展，您自己定的目标是什么？

赵　燕：现在华熙主要聚焦功能糖和氨基酸两大类生物活性物质，这一块儿的市场前景非常大。我希望华熙生物能够做出至少两个国民品牌，至少出一个国民产品。

我希望通过华熙生物的这种科技力，提供更多的产品，帮大家调理好健康，尽量少迈进医院的门槛。我们现在的三条业务线都是围绕着这个目标来做的，华熙生物的使命就是让每一个生命都是鲜活的。

鲜活是什么？活到 120 岁，你也能蹦能跳、能吃能喝能睡。

‖作者手记‖

与时代共振

何 伟

创业30年，赵燕的商业轨迹贯穿海南、山东和北京，产业版图横跨地产、金融、文体娱乐和生物科技，堪称同时手握old money和new money的企业家。但她并不喜欢被“市值”和“财富”定义，而更愿意外界关注自己所做的事情。从22岁闯海南开始，赵燕的商业逻辑始终是跟着事情走，脚踏实地一个项目接一个项目地做，在困难中积极寻找解决问题的方法。

近年原本身为华熙生物董事长的赵燕，亲自担任总经理，趴在一线抓经营。没有午休习惯的她，每天工作十多个小时，亲力参与重要产品的研发，是华熙生物首席产品体验官，“拼”是她的工作常态。赵燕坦陈，做C端品牌要非常谨慎，一个负面新闻可能毁掉企业多年的努力，自己始终如履薄冰地做事，为产品负责、为品牌负责、为消费者负责、为员工负责，专注每一个细节，对产品品质“吹毛求疵”，爆款产品背后是上千次的修改和调校。

赵燕极少理论性的言辞，言谈之间都是解决具体问题的实战细节。勇于下重注在核心竞争赛道，精于提升技术壁垒，擅长以“让利共赢”的方式解困，乐于为长远的战略目标勤奋付出，这大概就是赵燕总能把事情做成的关键。

一个企业家的坚韧创业，能够与时代的发展共振，这是赵燕的幸运。

赵燕：“玻尿酸女王”的30年创业史——扫码观看对话华熙生物赵燕

第二章
执着者的故事

一条路要走多久？10年、20年、30年……这是曹德旺等6位企业家的故事，这也是无数个执着者的故事。

一、曹德旺：七十而已

凯歌声中夹杂着的阵阵杂音，有如秋季的落叶，预言着冬天即将到来，预示着我们需要经受严寒的考验。然而，寒冬、雪景、冰川，在给我们带来寒冷的同时，也净化了空气，灭除了害虫。

——福耀玻璃曹德旺

福耀玻璃集团创始人、董事长曹德旺

福建，福清，福耀工业区II区。

曹德旺的办公室在主楼五楼，面积很大，像是一间教室。

我们一行早晨7点30分抵达，他的房门紧闭着。

福耀玻璃工业集团有限公司（简称“福耀玻璃”或“福耀”）证券事务代表张伟迎了过来，客气道：“辛苦了。董事长正在开一个会，结束了咱们就可以开始。”他随手递过来一张名片，尤其显眼的是名片右下角的一行加粗黑体字：**使命创造未来**。

（一）

清晨开会是常态。

公司的人都知道，曹德旺有早起的习惯。翻开他的自传《心若菩提》，开篇便是这样一段话：

“我起早是少时随我父亲做水果生意落下的。那时觉多，每天凌晨2点，母亲总是坐在床前，不断地喊着推着酣睡的我，才起的床。就是到现在，我都时常会闪过，母亲坐在床沿边，含着眼泪喊‘德旺，起床了’，一手轻轻地推在被子里的我，一手抹着止不住的泪。”

那时，曹德旺 15 岁；而今，他 74 岁。

容颜已改，然而，坐在他面前时，似乎仍能依稀看到 20 世纪 60 年代那个在山路上咬紧牙关蹬着单车运水果的倔强少年。

这种倔强，在纪录片《美国工厂》里体现得淋漓尽致。

不论是否刻意为之，但纪录片导演，分明用镜头语言表达了一种近似于“对立”的紧张感。

比如，福耀翻译对美方人员说：“董事长说门不要面对这边，得改。”美方人员答：“我们才签合约，这是数额很大的合约，他们已经装门了，我们需要改，是吗？这样要花 3.5 万美元。”

又比如，工厂要办一场庆典，美方人员建议花 22 万美元布置一顶大帐篷。曹德旺当即拒绝，并且坚定表示“不会下雨”。果然，天高云淡、阳光普照……

这张慈祥的东方面孔，仿佛总是在倔强地坚持着，不断与美国式思维“交锋”。“unbelievable”（不可信的）——成为贯穿全片的主线。于是有人发问，“中国式管理”是否在美国水土不服？

面对非议，他显得云淡风轻。

“福耀走进美国很成功的经验是：原则必须坚持。我在这里建工厂，你就来成立工会，法律允许我不成立——它后来不是投票来解决？这不就是美国

2003 年 8 月 4 日，福耀玻璃 A 股增发网上路演中的董事长曹德旺

式的管理？当然这是我的权利，我要善于保护我自己的利益，我可不会迁就你的，对不对？”

“该给你的，我给你做得非常圆满。比如为了（应对）美国这一次疫情，河仁慈善基金会捐了100多万美元给他们，买了125万个口罩，3万副医用眼镜，还有鞋套、手套等捐给他们，也得到美国各界的好评。该做的我们会一样地做。”

对于《美国工厂》所引发的争论，曹德旺坚持自己的判断。在他眼里，国际与国内，管理本身是没有本质区别的。

“中国原本没有会计，是洋人进来以后教我们做的，他们的管理哲学就是落实权责发生制，就这个原则。他们叫资产负债表，我们叫资金平衡表；来源跟占用，他们叫资产跟负债。就这些区别，还有什么区别？名词调换一下，账是一样做。”

正因为如此，他并不在意纪录片中的那些“unbelievable”。“福耀在全球11个国家，有投资、有工厂、有项目。我很高兴，很受他们的尊敬，包括《美国工厂》，那是奥巴马拍的，还拿了奥斯卡奖。”曹德旺说。

作为当事人和“主角”之一，曹德旺感觉自己在福耀美国工厂的管理顺其自然，不存在所谓“中国化”。恰恰相反，他的企业观是国际化的——福耀进一步国际化，不断地向各界学习而提升自我。这是“一个方向性的问题”。

因为疫情，目前包括美国工厂在内的福耀海外项目，均受到了不同程度的影响。部分数据也直接体现在了福耀玻璃的半年报中。但曹德旺并不担心，他始终坚信自己的战略布局。况且，美国工厂产能目前已经恢复了九成——虽然，《美国工厂》将他塑造成了一位“unbelievable”的倔强中国老头，但他仍是一个精明的商人。

（二）

曹德旺的精明仿佛是与生俱来的。

时光再次倒转，15岁的他在农场里做过一份数树坑的工。别看只是数数而已，但这是件成年人很不喜欢的活——因为常常会数错，错了就要重来，所以大人们宁可挖树坑也不干。只见曹德旺手捻一根树枝，一个坑一个坑地点数过去，清晰明了。凭此，他每天可以挣五角钱。大家都说："这依弟吖聪明。"

这段故事，也被收录在《心若菩提》里。

如今，福耀玻璃的生意遍布全球，而曹德旺似乎依旧只是捻着一根树枝，举重若轻地指挥着这家市值近800亿元的企业。哪怕今年他已经74岁了，但头脑里的算盘始终拨得清清楚楚。

"我们不买人家溢价的东西。（对）美国和德国的投资，（我们）当时购买的资产价格都很低。"曹德旺说。

当被再次问及海外项目受疫情冲击而拖累福耀玻璃上半年业绩表现时，他毫不讳言自己的生意经，甚至提及了部分细节。

曹德旺说："在德国，我们收购了SAM资产，改造清楚了。因为疫情，耽误了一些整顿的事务性工作。公司虽然亏损，但我认为（收购）是战略性投资。按道理，我们是收购一家破产企业来改造，改造费用和人工应该算净资产的，但是按照当地法律，只能做每个月的开支。"

于是，反映到半年报中，SAM汽车饰件项目整合期及受疫情影响产生的利润总额为-2617.12万欧元。这使福耀玻璃利润总额同比减少1.48亿元。但曹德旺的算法是：SAM正逐步恢复正常，后续可以依法按照亏损抵扣所得税的方式，慢慢把账面上的浮亏"拿回来"。所以，即便是破产企业，即便其因疫情影响亏损的时间有所延长，它也是个"好东西"。

总之，曹德旺相信福耀的海外投资既是健康的，又是谨慎的。

无论是国际买卖还是国内生意，经营管理企业40余年，他最关心的数据始终集中在两点：一是毛利率，二是投资与产出的比例。

曹德旺说："我是（从事）制造业（的），每年要想：明年要增长10%，去年就要开始投入，因为投资要一年的时间才能建好。要看投资怎样跟盈利同步，跟增长同步，这是很关键的数据。要不断创造新的增长，来保证来年的增量，这是很关键的事情。"

于是，对于自己算不清楚的账，曹德旺的办法是根本不去算。所以，即便被问及福耀玻璃上市多年，却与某些"风口概念"公司的估值鸿沟越拉越大时，他仍气定神闲。

"各行各业是不同的。做金融业的、做互联网的人，开发一种新的产品就完了，因为他的知识装在大脑里面。我们命不好的人做传统产业，说设备、说产量。明年是通过涨价，还是什么别的办法来实现增长？我们只能通过新的技术、新的投资来支持它增长。”

1993 年，福耀玻璃获准在上海证券交易所挂牌上市；27 年间，逐步成长为今天 A+H 的白马股福耀玻璃。始终作为企业领军人物的曹德旺，几乎经历了中国资本市场从无到有、从小到大的全过程。

多年来，福耀的分红持续而稳定，若算总账，早已超出了它在资本市场募资的金额。照理说，这与曹的精明并不相称。但他自己没有太多抱怨，至于未来该如何去平衡福耀的稳健性与成长性，曹德旺亦有自己的盘算。

“怎么去平衡？心态唯有淡定。因为追求的东西不一样，实际上是很无奈的事。资本市场本身是一个虚拟经济，它虚构了未来会增长多少，才会有 1000 倍、2000 倍的 PE（市盈率）。消费品、金融产品……它们涨得比较快，这个事情我们不羡慕，羡慕也没有用，因为又没有能力做，只能望洋兴叹。但我相信赶时髦没有什么好赶的。”

福耀玻璃集团生产场景

（三）

2006年12月，福耀向全体员工发出危机警告。

2007年10月，曹德旺为公司内刊《福耀人》写了一篇文章，题目是《一叶知秋》："凯歌声中夹杂着的阵阵杂音，有如秋季的落叶，预言着冬天即将到来，预示着我们需要经受严寒的考验。然而，寒冬、雪景、冰川，在给我们带来寒冷的同时，也净化了空气，灭除了害虫。"

2008年初，他甚至叫停了福耀玻璃的增发。投行问其缘由，他的答复是："股市要跌，增发是浪费公司的钱"。

当时，福耀不仅叫停资本市场的动作，还停止了扩张性再投资，以促进现金回流；全面清理应收账款，收窄销售信贷规模，严控风险。与之同步的是，福耀展开了一场旨在提升产品质量，降低成本的全员培训活动，推动精细化管理。

随之而来的是，2008年的全球性金融危机。

那以后，在许多场合都有人问他，到底是怎样做到避开危机冲击的？究竟是什么让你能做出这个"神预测"？曹德旺哈哈一笑："不是求签，也不是卜卦。"

但他并不得意，反而显得有些自责，因为他认为自己还是"搞错了"。哪里出了错？他没有预料到会出现那样庞大规模的政府救市局面。

"2008年的危机是房地产造成的。房地美和房利美两个是专业的房地产贷款的金融机构，把贷出去的钱、债权打包完以后委托给雷曼兄弟发行全球的垃圾债。美国怎么处理这件事呢？就是叫雷曼倒掉。第二步修改会计法，你如果买了雷曼的债券，不要担忧它跌，不要减持，不要卖，就保持在账面上，就为了保护企业不倒闭。第三就是印钞票，实行量化宽松的政策。中国也要救市。因为救市的钱是紧急投放，以国家投资项目为主——做企业都知道，一个项目可行性研究要做一两年，那么用于救市的国家投资有论证的吗？"曹德旺对美国宏观政策很不以为然。

曹德旺说，乡下老太太有句话叫"天窗不盖，灾祸迟早来"。而"下猛药"式的救市，看似是在"补天窗"，实际却会把窟窿越捅越大，遗患太多。

而今，全球经济再次陷入危机，却与2008年的不同。今年的“导火索”从房地产变成了新冠疫情。和10年前类似的，是在2018年，曹德旺又在某些场合“预言”过两年后可能出现经济“拐点”。福耀当即进行了一些策略调整，包括提前归还一批银行贷款等。只是，他本人并不认为这是什么“预测”，恰恰相反，从写下《一叶知秋》开始，福耀就一直在“补天窗”。

“第一是停止大规模扩张性再投资，减少资本支出。第二是减轻负债。原来我们负债率达到60%，现在报表上虽然负债率还是40%多，但是我们存款100多亿，减轻了财务费用的支付。第三是生意做得比较健康，不欠钱做事情。严格讲是从2007年调整到现在，我们没有放松过这个政策，所以会显得比较轻松和健康。”

换言之，曹德旺的理解是，即便没有新冠疫情，全球经济也将面临重大的困难。12年前的全球金融危机因为各国政府的强势救市举措而迅速缓解，但毕竟易治标难治本。所以，福耀必须坚持走自己的路，走最稳当的路。

至于预测，其实是一种商业嗅觉，而这种嗅觉源于企业家的自信。曹德旺说：“作为企业家要培养自信能力，信仰自信和文化自信。要有信仰，要有经验，还要有知识，特别是数据应用、管理统计学。我开始承包工厂之前是学做会计，会计是老板的参谋长，他要正确使用科目来达到数据精确，落实权责发生制。我就去研究数据的运用，来比较分析、查找原因……我每一项工作都是以这种方式来实现的。”

“神预测”并不神，只是透过现象看本质。

（四）

在《心若菩提》中还有一个故事：

1970年，曹德旺在江西跑生意被扣了货，欠下一身债。1971年春节过后，他不得已去了县里的水库工地做工，没几天，还遭遇了一场火灾，眼看工程要黄。特别是运输用的板车，原本损耗就大，烧过一轮后更是几近报废。一片混乱中他主动请缨，找人写了块牌子：高山修理所。在此之前，他从没修过车。

从开始摸索到成为一个修车行家，曹德旺花了28天时间。这些天他没有离开过修车棚，没刷过牙洗过澡，没刮过胡子；同时，也没收过一分钱修理费。这一切最终被工地负责人知晓后，他不仅拿到了火灾损失的补偿，还得到了他们的帮助，拿回了在江西被扣的大部分货款，最终还清了欠债。

“苦力不苦。”曹德旺如是说。而且，当年的苦，赋予了他“钻牛角尖”的特别技能，日后也成为他的处事风格。从零开始，28 天成为修车行家。从零开始，37 年把一家乡镇玻璃厂做成“世界汽车玻璃大王”。福耀的战略就是心无旁骛，钻汽车玻璃的“牛角尖”。

当然，眼前的市场环境并不好，特别是在全球经济疲软和美国逆全球化的政府行为影响下，汽车行业正在经受重压。但曹德旺仍初心不改，且保持乐观：

“我的运气好，是做汽车玻璃的。因为汽车不仅仅是交通工具，它还是国民经济的晴雨表。发达国家曾经统计过，GDP 增长跟汽车工业的增长是相关的，GDP 增长一个百分点，汽车工业要增长三个百分点。如果汽车工业受影响的话，意味着所有经济体都受到影响、受到冲击。因此也没有什么好埋怨的，这是一个整体环境的问题。”

作为中国企业家，他并不认为福耀的海外处境会因为外界影响而变得更艰难。在全球产业过冬时，所有企业都将面临困难，不仅仅是中国企业。曹德旺看的是更长的周期，看的是疫情和中美贸易摩擦以外的原因：

“没有疫情，今年也会产生全球性的经济危机。什么原因呢？这是几十年以来的和平建设，整个地球上的人透支了未来，各国为了保护自己的利益引发了冲突，这是正常的。比如美国，原来它做得好好的，但后来他把一些产业转给落后国家去做，它可以进口。现在没有钱进口了，经济衰退了，收入减少，消费能力降低了，那么有的东西必须收回来自己做——是这个问题。这是正常的事情，不应该归为哪一个国家的责任。”

所以，即便给自己定义为民族企业家，曹德旺的字典里也没有“狭隘”二字的，他并不担心福耀的海外项目会遭遇所谓“不公”。谈到部分中国企业正在经历的一些海外窘境，他坦言没有一蹴而就的解决途径，毕竟一个民族、一个国家的进步需要一个过程，要总结一些经验。没有经验的话，走一些弯路也是必然的。使企业立于不败之地的办法，是不断地提升自身经营管理水平。对此，曹德旺则有一番“中国化”的解读：

“中国人语言很丰富，比如‘改革开放’两个词连在一起讲。改革与开放都是动词，并不相干。改革是革除旧弊，过去的事情觉得不合理的拿来改；开放是把门打开，引进资金、引进技术对不对？”

于是，中国人办企业，也喜欢讲“强化经营管理”，可在曹德旺眼中，经营和管理两个动词也是分开的，他把经营管理拆开做。

“经营是没有规矩的，完全靠嗅觉，靠敏感，靠你平常对现象的判断。通过现象的变化，从量变到质变。你在变化过程中的时间节点上面怎么设计，做战略性的工作，这叫经营。在经营上是失之毫厘，谬以千里；经营决策的时候，要很慎重地去做。而管理是一件讲规矩的事，没有规矩，不成方圆。有很多的工具书，对管理有帮助；而我们从工具书里搬出来的东西，也只能用在管理上，而不能用到经营上。”

我们也谈及了“百年老店”和“企业传承”的话题，曹德旺的话不多，但很中肯。

“要成为百年企业——首先要有决心，这才是企业的利润基础。其次要坚持敬畏之心，就是要遵纪守法，尊重天下所有人。不能说我整天就为了自己的一点私利。最后要谦虚谦逊，让整个社会、整个天下都是自己的老师，学习他们的长处。”

“希望你们媒体不要批评中国的家族企业，国际上许多名牌企业都是这样的。比如福特汽车，就是家族企业。”

“我告诉这些年轻人，他们整个班子要避免战略性的错误，要花一点时间带他们。”

仍在那条赛道，福耀的接力棒，正从曹德旺的手中传递下去。

（五）

都说人生七十古来稀，曹德旺却仿佛并未受到年岁的羁绊。刚刚和我们谈完，他又无缝连接上了一位生意伙伴。此时，福耀玻璃的副董事长曹晖，也出现在他的身边。

有一个细节，出现在道别前：

我们等电梯时，恰好曹德旺和他的客人走了出来。他客气地让我们一行将大包小包的设备塞满了唯一的电梯轿厢，自己则拉着客人走下了楼梯。

很快，我们又在大堂见面了——五层楼，74 岁的他走得毫不费力，气定神闲。

曹德旺：七十而已——
扫码观看对话福耀玻璃
曹德旺

二、杨崇和：芯片设计海归第一人　30 年报国“芯路”

当时在投资领域，有很多人希望请我加入一起做 IC 投资，思考良久，我还是决定继续做产业，过程虽辛苦，但回头看，很值得。

——澜起科技杨崇和

澜起科技董事长杨崇和（左）与全景网董事长何伟（右）

无论是 20 世纪 90 年代的“909 工程”，还是 2000 年之后上海张江的集成电路产业爆发，每一代芯片人都身负理想、踌躇满志。当今，虽然中国芯片产业的前行道路仍很漫长，但在一些领域已崭露头角。

中国工程院院士倪光南在谈及中国与美国的芯片差距时曾概括：芯片在设计方面最容易赶上，其次是芯片“生态”建设，最难的则是芯片制造。其中，在芯片设计方面，中国进步很快，不仅拥有全球数量最多的设计公司，而且具有相当高的水平，并设计出一批优秀产品。

科创板首批挂牌企业之一的澜起科技股份有限公司（简称“澜起科技”）便是芯片设计公司的代表，创始人是素有国内“芯片设计海归第一人”之称的杨崇和。

全景网董事长何伟（右）对话澜起科技董事长杨崇和（左）

忆往昔，在内存接口芯片这一细分领域，杨崇和曾带领澜起科技经历“十年磨一剑”的苦熬，直到DDR4（一种内存技术）时代，才从跟跑者成为领跑者，其芯片架构亦被采纳为国际标准，一举改写了在该领域我国的无“芯”时代。眼下，经过多年研发和积累后，公司还瞄准了市场更为广阔的CPU、服务器平台等新领域。

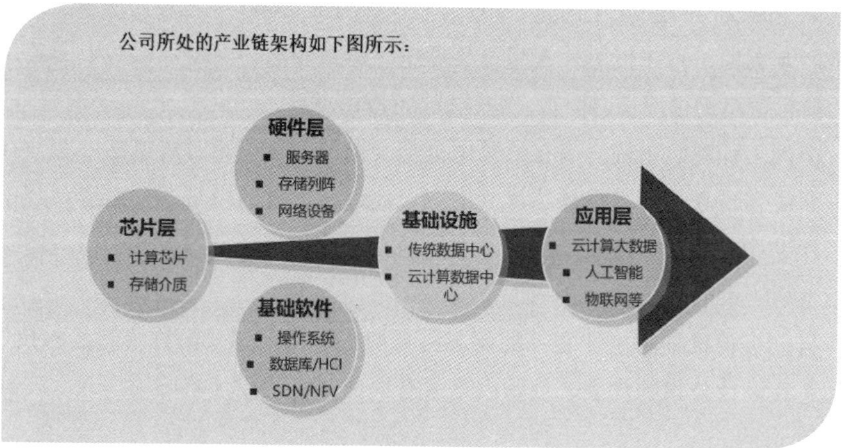

“我回国已有25年，现在集成电路、芯片产业真正的风口已然到来。”杨崇和在谈及行业前景时这样说。而对于中美贸易摩擦带来的影响，他的分析则更为理性和专业，“集成电路是典型的全球化分工合作的产业。目前为止，没有任何一个国家或地区拥有完整的产业链。而且基于产业链的复杂性，要达到全产业链自给自足更不现实。所以，在这个‘你中有我，我中有你’的产业中。当对方要跟你脱钩时，你更要练好内功，让对方越难以脱钩”。

史前海归的“芯”路历程

当时光回溯至20世纪80年代。1981年，24岁的杨崇和背起行囊，踏上了充满未知的美国求学之路。8年后，从美国俄勒冈州立大学毕业，已获电子与计算机工程学硕士及博士学位的他前往硅谷，并先后在美国国家半导体等多家公司从事芯片设计研发工作。对杨崇和来说，硅谷的5年是一个快速积累知识和能力的时光。

志当存高远。1994年，正值硅谷IC设计火热，相关人才待遇丰厚的时候，他做出了一个令周围人意外的决定——回国。然而，彼时中国半导体产业的前景尚不明朗。

“有时候我开玩笑说自己是‘史前海归’，因为回来时还没有海归这个词。”杨崇和谈及回国初衷时说。彼时看到日本、韩国、新加坡和中国台湾地区等地IC产业发展不错，而中国大陆有优秀人才和巨大市场，他坚信中国的半导体产业一定会发展起来，并有自己的用武之地。

在回国蛰伏三年后，他与同仁共同创建了新涛科技［全称新涛科技（上海）有限公司］，作为国内首家以“风险投资＋硅谷模式”运作的IC设计公司，新涛科技的发展速度很快。1999年4月便拿下了松下的订单，开启了中国IC出口发达国家的先河。2001年，新涛科技被美国半导体大鳄IDT公司以8500万美元收购，这项并购亦名列当年“中国10大并购案”。

首次创业成功给杨崇和个人带来了丰厚的回报。2004年，依据协议在IDT工作三年期已满，他眼前并非没有其他选择，例如改行投资，这样不仅轻松得多，还更能赚钱。但他仍选择追逐自己的芯片梦，开启了更为曲折的二次创业。

“当时在投资领域，有很多人希望请我加入一起做 IC 投资。思考良久后，我还是决定继续做产业。过程虽辛苦，但回头看，这 15 年仍很值得。”他回忆说。

澜起科技是杨崇和创办的第二家芯片设计公司。在参观澜起科技总部时，《证券时报》作者看到，公司会议室、办公室的命名颇具古风，这源于杨崇和对中国古代艺术鉴赏与收藏的浓厚兴趣。而“澜起”本身引用的是苏辙的一句诗“动作涛澜起”，既寄予了杨崇和对新涛的延续之意，亦有“长江后浪推前浪”之期望。

二次创业，杨崇和瞄准的是研发内存接口芯片（Memory Buffer，简称“MB”）。MB 芯片是内存模组（又称“内存条”）的核心逻辑器件，作为 CPU 存取内存数据的必由通路，其主要作用是提升内存数据访问的速度及稳定性，满足服务器 CPU 对内存模组日益增长的高性能及大容量需求。

“做内存接口芯片相当于把储存数据的内存和 CPU 之间做了高速连接，可以想象成数据在高速公路上传输。”杨崇和阐述说。与短平快产品不同的是，做 MB 芯片不论是技术面还是商业面都面临很高的门槛。

好比一场马拉松

据悉，内存接口芯片需与内存厂商生产的各种内存颗粒和内存模组进行配套，并通过服务器 CPU、内存和 OEM 厂商针对其功能和性能（如稳定性、运行速度和功耗等）的全方位严格认证，才能进入大规模商用阶段。因此，研发此类产品不仅要攻克内存接口的核心技术难关，还要跨越服务器生态系统的高准入门槛。

谈及为何一开始便选择挑战高难度业务，杨崇和认为，或许潜意识中也受到艺术鉴赏时的启发，自己更为欣赏的是乍一看或不起眼，实际却是有内涵、有深度，需要花更多功夫才能完成的作品。在开发产品时，他亦倾向于做一些有真正技术深度的产品，虽然可能会花去更长时间，比如在内存接口芯片上做到“十年磨一剑”。

创业初期，澜起科技在 MB 芯片领域的技术被大公司认可，曾有这样一则故事：2006 年，杨崇和带着刚开发出的芯片去美国拜访英特尔，实测数据令对方吃了一惊。在不牺牲其他指标的前提下，澜起科技芯片的功耗比业界顶尖水平低了四成。几天后，英特尔派人飞到上海考察，在认可澜起科技的能力之后，它决定投资，并停止研发自己的内存接口芯片。

但前行之路亦非坦途，行业形势时好时坏，赛道上亦不乏实力竞争者。在DDR2时代，全球有包括德州仪器、英飞凌、NEC（日本电气）等巨头在内的十几家供应商，澜起科技尚是追赶者，亦曾面临自身产品刚量产却跟不上市场的窘境。到DDR3时代减至四五家企业，公司成为并跑者。在DDR4时代，澜起科技方才实现了崛起，这得益于公司发明的“1+9”分布式缓冲内存子系统框架，突破了DDR2、DDR3的集中式架构设计，最终被采纳为国际标准。这时，全球只剩下3家企业，澜起科技占了近一半的市场份额，成为行业领跑者。目前，公司正积极参与DDR5内存接口JEDEC标准的制定。

内存接口芯片的发展演变情况

内存接口芯片世代	技术特点	主要厂商	研发时间距度
DDR2	最低可支持1.5V工作电压	TI（德州仪器）、Intel（英特尔）、西门子、Inphi、澜起科技、IDT等	2004—2008年
DDR3	最低可支持1.25V工作电压，最高可支持1886MT/s的运行速率	Intel（英特尔）、IDT、澜起科技、Rambus（蓝铂世）、TI（德州仪器）等	2008—2014年
DDR4	最低可支持1.2V工作电压，最高可支持3200MT/s的运行速率	澜起科技、IDT、Rambus（蓝铂世）	2013—2017年
DDR5	最低可支持1.1V工作电压，可实现4800MT/s的运行速率，并在此产品基础上，继续研发5600MT/s、6400MT/s的产品	澜起科技、IDT、Rambus（蓝铂世）	2017年至今

杨崇和将这“十年磨一剑”的过程比喻为一场马拉松。他说中间会有痛苦的阶段，但必须要坚持住。“最重要的是坚定信心，要确定这把剑磨出来的时

候，是市场正好需要的。如果市场当时需要的是一把斧头，那么剑磨出来也没用。”他谈道。

目前，公司的业绩几乎均来自内存接口芯片业务（2018 年占营收的比例为 99.49%），并凭借技术突破和创新能力，已拥有多项专利。截至 2019 年 6 月 30 日，公司已获授权的国内外专利为 94 项，已获集成电路布图设计证书 47 项，正在申请的国内外专利为 34 项。

借力科创板

技术上能够取得成绩，研发上保持高投入是关键因素之一。据招股书和半年报披露，2016-2018 年，澜起科技研发费用分别为 1.98 亿元、1.88 亿元和 2.77 亿元，占营收的比例依次是 23.46%、15.34% 和 15.74%。2019 年上半年公司研发费用达 1.50 亿元，同比增长 59.57%，研发费用占比为 17.07%。

同时，芯片设计是技术密集型产业，对技术人员高度依赖。澜起科技聚集了一批包括杨崇和、山岗、常仲元等在内的半导体行业顶尖人才。公司自成立以来亦十分注重人才的培养，目前已培养了数百名在高速、低功耗和数模混合电路设计方面的专业技术人才。

至此，澜起科技已成长为一家硬科技代表企业。2019 年 7 月 22 日，是值得载入史册的日子。当天，公司作为首批挂牌企业之一登陆科创板，发行价为 24.8 元 / 股。截至目前，公司股价较发行时溢价约 200%，总市值超 800 亿元，在科创板企业中位居前列，显示市场对这家硬科技企业的看好。

在挂牌约 100 天后，随着股权激励计划的推出，公司的长效激励机制将得以进一步健全。相关草案显示，股权激励对象几乎涵盖全员，并将部分外籍员工纳入其中。

前沿的技术和人才，加上资本先后投入，使澜起科技取得不俗成绩：2017-2019 年，澜起科技分别实现净利润为 3.47 亿元、7.37 亿元、9.33 亿元，同比增速分别为 273.81%、112.41%、26.6%。同期，公司的毛利率由 53.49% 提升至 73.96%。

未来增长势头能否保持？前述股权激励计划给出了成长轮廓，业绩考核指标之一的净利润目标值为：公司 2019-2023 年净利润值分别不低于 7.59 亿元、

8.40 亿元、9.22 亿元、10.03 亿元、10.84 亿元。

另一个考核指标则为，公司 2021 年、2022 年研发项目产业化累计销售额：自项目产品研发成功至考核当年年底的累计销售额不低于 1000 万元（公司 2021 年、2022 年对应的研发项目分别为 Gen4 PCI-E Retimer、第一代 DDR5 内存接口芯片）。

对于研发项目产业化指标的设置，公司董事长秘书梁铂钴阐述了两点考量：一是结合了科创板鼓励创新、硬科技的特点；二是 Gen4 PCI-E 为公司结合行业发展趋势决定重点布局的新芯片项目，其主要满足服务器等数据中心基础设施中的高速外设互联需求。此举是首次向市场传递一个信号，即公司上市后会在能力范围内不断拓展新产品线以促其成长。

将着重发力服务器市场

先做强，再做大，是澜起科技坚守的生存法则。

在奠定内存接口芯片“领跑者”地位后，澜起科技未曾止步：一方面加快研发新一代 DDR5 内存接口芯片技术；另一方面，除了新布局的 Gen4 PCI-E 项目，此前公司亦在着重发力服务器市场，后者为云计算和人工智能行业的基础设施。

“内存接口芯片是把 CPU 和内存进行了高速连接，现在我们要往 CPU 的方向跨一步。公司的津逮®CPU 经历了 3 年的联合研发，该业务正在加快推进。”杨崇和介绍说。

据披露，2016 年以来，澜起科技与英特尔及清华大学鼎力合作，研发出津逮®系列服务器 CPU。基于津逮®CPU 及澜起科技的混合安全内存模组而搭建的津逮®服务器平台，实现了芯片级实时安全监控功能，为云计算数据中心提供更为安全可靠的运算平台。此平台还融合了先进的异构计算与互联技术，可为大数据及人工智能时代的各种应用提供强大的综合数据处理及计算力支撑。

按此前公司 IPO 募资约 28 亿元的规划，津逮®服务器 CPU 及其平台技术升级项目将获得 7.45 亿元的投入。

津速®服务器平台基本情况表

产品类型	产品名称	描述	产品样图
津速®服务器 CPU	津速®服务器 CPU	采用预检测（PrC）和动态安全监控（DSC）功能的 x86 架构处理器	
混合安全内存模组	标准版混合安全内存模组（HSDIMM®）	LRDIMM 型安全内存模组、全面支持命令 / 地址信号和交互数据的示踪及动态管控	
	精简版混合安全内存模组（HSDIMM®-Lite）	LRDIMM 型安全内存模组、支持命令 / 地址的示踪和内存数据保护	

从进展来看，半年报披露，公司已于 2018 年底成功完成第一代津速®服务器平台产品的研发。2019 年 5 月，公司第一代各系列津速®CPU 已具备批量供货能力。目前，联想、长城等数家服务器 OEM 厂商已采纳津速®CPU 及其系统解决方案，研发出了一系列高性能且具有安全监控功能的服务器机型。同时，澜起科技也与中标软件、百敖软件等各方持续合作，共同完善围绕津速®服务器平台的软硬件生态建设。

面对规模数倍于内存接口芯片的服务器市场，澜起科技分管数据中心的销售部副总裁曾明透露：在 CPU 方面，目前英特尔至强系列 CPU 几乎占据了国内的 x86 服务器处理器市场，津速®CPU 也是类似的一款处理器，且在生态上完全兼容。但津速®CPU 的定位是面向金融、能源、交通等与国计民生密切相关的商用领域，与英特尔至强系列处理器会形成互补。

展望未来三年，公司的发展目标是通过持续不断的研发创新，提升公司在细分行业的市场地位和影响力。其中，公司的数据中心业务被描绘成：持续升级津逮®服务器CPU及其平台，为数据中心提供高性能、高安全性、高可靠性的CPU、混合安全内存模组等产品，持续提高市场份额。

‖作者手记‖

“史前海归”的三种特质

何　伟

借参加“一带一路”媒体高峰论坛的空隙，我与杨崇和把对话节目约在了博鳌渔村的椰树下。

身穿黑色休闲西装、蓝色条纹衬衫、黑皮鞋，戴着眼镜的澜起科技董事长杨崇和虽然已过花甲之年，但看起来也就50岁左右的样子。他较少主动发话，语速适中，谈到关键处的几句话点明“要害”。平静的神态下，他让人想起“定能生慧”这个词来。在国内芯片设计行业，杨崇和是“海归第一人”。他和他的公司在国内资本市场开始广为人知，是2019年在科创板正式起航。

大多数人都知道，中国每年会大量进口石油、铁矿石等大宗商品，但中国每年进口最大的，其实是芯片。缺“芯”，就像一个人缺胳膊少腿一样，一直掣肘着中国高端制造业和科技行业的发展。不过时至今日，国内芯片产业在一些领域已崭露头角，由杨崇和领衔的澜起科技亦在其中有所建树。在内存接口芯片这一细分领域，公司发明的DDR4全缓冲“1+9”架构被JEDEC采纳为国际标准，其相关产品也占据国际市场的主要份额。在芯片产业中，领军人物至关重要。对于澜起科技，创始人杨崇和就是这样的灵魂人物，他身上体现出的“三种特质”，或可诠释公司为何能屹立于世界“芯林”。

其一，前瞻性。杨崇和1981年赴美留学，念完博士后去硅谷从事芯片设计。1994年，“海归”这个词还不为大众所知，杨崇和就回国了，他笑称自己为“史前海归”。杨崇和之所以放弃国外的优厚待遇，一个主要的原因，是因为他看到中国经济的巨大发展前景，并坚信芯片产业一定也会发展起来。无论是选择在内存接口芯片上“十年磨一剑”，最终从跟跑者成为领跑者，还是现在瞄准市场更为广阔的CPU、服务器平台等新领域，杨崇和在产业发展和技术投入的判断上都先人一步，始终瞄准国际芯片发展的最前沿动向。

这种产业发展的前瞻性预判，让企业少走了许多弯路，减少了在黑暗和迷雾中摸索的时间成本。

其二，韧性。杨崇和回国25年，先后创办过新涛科技和澜起科技两家企业，都取得了成功。他本可以在新涛科技转手后投身当时炙手可热的房地产、金融等赚“快钱”行业，但他认准了一个理：对于中国的芯片设计行业来说，耐心和踏实的价值，并不亚于技术的创新。

他说，十年磨一剑，你必须要保证10年后你生产的产品是市场需要的，不能市场需要斧头，你提供的却是剑。他主张企业不要急于做大，而是要先做强。一定要在某个领域做到前两名。因为芯片行业中往往第一名是大碗吃肉，第二名是吃点排骨，第三名则只能喝点汤了。而要做到行业前茅，就必须具备相当的韧性，认认真真打磨产品，揣摩市场需求。以内存接口芯片这个细分行业来说，刚开始是十多家公司参与竞争，15年一路走来，全球只有3家企业真正生存下来了。

其三，灵性。谈起科技行业，很多人总觉得就是研发、程序、机器、大数据、云计算、人工智能，一切都有板有眼、中规中矩，来不得半点“诗情画意”。其实，不少科学大家，大多科学与人文兼通相济、互为促进甚至水乳交融。很多重大的科技发明创造，往往来自一个不经意的“天马行空”式遐想。无论是牛顿、爱因斯坦还是钱学森，都在科学与人文两大领域卓尔不群、相得益彰。

杨崇和在中西绘画、明清家具等艺术领域浸润日久、颇有造诣。他的《小中现大：王蒙〈青卞隐居图〉中的秘密》一文，旁征博引、纵横捭阖、史论结合、新意迭出，读来饶有趣味，怎么也料不到竟然出自一位芯片设计专家之手。

杨崇和说，他更喜欢看一些“一眼不是很吸引你，但是越看越有内涵的东西”，想做出一些真正有技术深度的东西。真正的艺术品是花了很多工夫的，真正的科技产品亦复如是。

这也正代表了国内优秀芯片从业者精益求精的工匠精神。

杨崇和：芯片设计海归第一人　30年报国“芯路”——扫码观看对话澜起科技杨崇和

三、于德翔：50亿“豪赌”背后的逻辑叫“未来”

二次创业过程真是挺苦的，风险也很大，实际上我们就是做了个“豪赌”，但“赌”背后是有逻辑和战略考量的。

——特锐德于德翔

特锐德出品的充电弓

2004年，于德翔从国家电网带出23名技术人员，在青岛创办青岛特锐德电气股份有限公司（简称“特锐德”），主攻箱式变电站。5年后，特锐德上市，成为创业板第一股，股票代码300001，市占率在高铁、电网及新能源高端箱式供电设备方面均超过60%。

2014年，特锐德二次创业，创办特来电，进入新能源汽车充电领域，5年砸进50多亿元，科研人员数量和科研投入金额均超过全行业50%。充电桩市占率达40%，再次做到行业龙头。

全景网董事长何伟（左）对话特锐德董事长于德翔（宋春雨/摄）

2018年，在北京成立的北汽特来电（北京）新能源科技有限公司（简称“特来电”）跨过盈亏平衡线，进入收获期。

年仅5岁的特来电使命是“实现新能源车充新能源电，让尾气和雾霾远离人类”。特来电，已超越单纯的企业利润追求，主动担负起更重要的社会责任。

与多数山东上市公司掌舵人稍有不同，特锐德创始人、董事长于德翔个性鲜明、思维敏锐、富有激情且善于表达，谈及“二次创业”及特来电，于德翔言语中充满着自信，与这家锐意进取的企业气质十分契合。

变更赛道：“豪赌”充电网

特锐德工业园位于山东省青岛市崂山脚下，松岭路336号，现代化的厂房上方印着大字号的“300001”，这也是特锐德标签之一：中国创业板第一股。

青岛地铁11号线从工业园旁穿过，疾驰在高高架起的轻轨上。透过车窗可以看到特锐德厂区，蓝天白云间，东依苍翠的崂山，南靠中国海洋大学。

一踏入工业园，早早等候的于德翔上前握手，白衬衫、蓝色西裤，一如既往的热情。从外貌上，很难判断他已经55岁，他会被人经常问起如何保持年轻态和旺盛的精气神。虽然看起来颇显年轻，但在山东资本圈，大家都喜欢称他为“老于”。对特锐德的事业来说，老于真的不老。

特锐德的工业园很有特色，现代感十足。每个车位都装有充电桩，停放的员工车辆大多是绿牌；7000平方米的新能源科技馆内，4年前就有3D裸眼视频，情景化、体验化的展示，让参观者身临其境，未来生活气息扑面而来。里面的场景布置和创意，融入了于德翔不少新思路。

所有这一切，源于5年之前的一个大胆决定。2014年，特锐德主动跳出舒适区，“二次创业”创立了特来电，进军新能源汽车生态充电网，走上了充满诸多不确定性的“险路”。有人称这次转身是一次“豪赌”。

“二次创业过程真是挺苦的，风险也很大，实际上我们就是做了个‘豪赌’。”于德翔对此并不否认，但“赌”背后是有逻辑和战略考量的。

从2009年上市到2011年，特锐德营收年均复合增长率28.09%，净利润年均复合增长率12.20%。“我们10年只专注做一个产品。”于德翔介绍，公司“赌”赢了中国高铁大发展带来的巨大市场，直到今天，中国每新建一条高铁，每两千米就有一台特锐德高端智能箱变设备。

“仅用10年，我们就做到百亿规模，触到了天花板，迫切需要新的发展空间。”于德翔说。

公司2014年年报显示，箱变产品收入占公司营收近50%，毛利率同比下降1.83%。

箱变产品和充电桩是关联产业，充电桩配电需要箱变，但电压比高铁箱变要小。也可以说，充电箱变是高铁箱变的“迷你版”。做高端电力箱变，特锐德做到国内细分领域第一。进军汽车充电网，特锐德的决心与行动更为果决。

经过5年耕耘，目前特来电在全国建成23万个充电桩，市占率40%，相当于第二名与第三名的总和。充电量近三年实现飞跃式增长，2016—2018年分别为1.2亿度、4.4亿度、11.3亿度，复合增长率超过200%。

2019年4月29日，于德翔给特锐德股东们写了一封信并在朋友圈转发，宣布特来电已跨过盈亏平衡线，进入收获期，开始盈利。

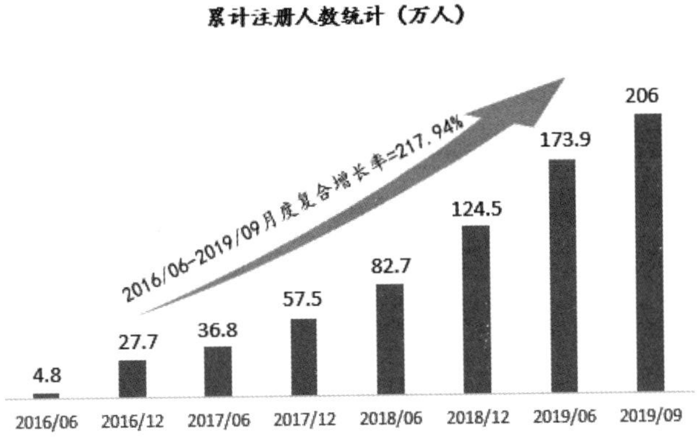

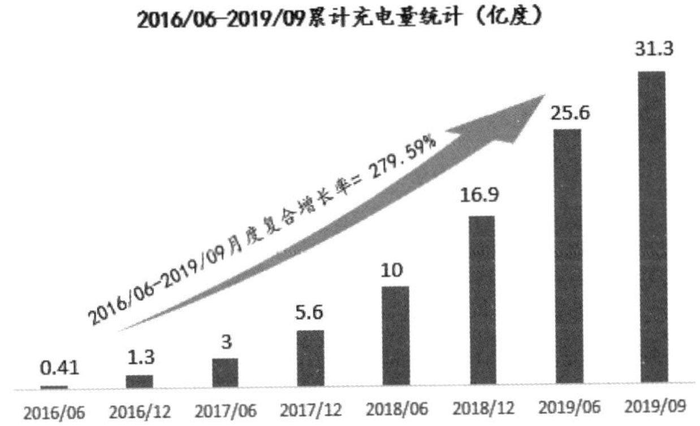

投入回馈：平衡的艺术

2004 年特锐德创立，5 年后上市，10 年后进军充电网，目前已做到充电桩国内市占率第一，高速发展意味着资金的大投入。作为一家上市公司，要时刻考虑回报股东，投入与股东回报的平衡问题摆到了于德翔面前。

“压力很大！我们这 5 年持续投入 50 多亿元，组建上千人的研发团队，占全国同行业研发团队 50%，研发费用超过 10 亿元，也占全国同行业研发费用 50%。前 4 年，我们累计亏损 8 个多亿，对于一家上市公司来讲，如此重金投入，确实沉甸甸的。”于德翔不否认此前的艰难。

高投入拖累了上市公司业绩。不过，对于近 5 年来的持续重金投入，于德翔认为“投对了”，公司已构建起极具规模的高壁垒和宽阔的护城河。

赢得技术制高点离不开人才和科研上的大投入。“公司打造了充电网的大数据运营平台，仅此一项，公司累计投入超 4 亿元，基于平台数据形成了对客户的理解、对汽车的理解、对能源的理解。”于德翔对公司后台大数据有清晰了解，目前平台注册用户超 200 万，要知道中国的新能源汽车总量仅为 334 万辆。可以说，几乎每一个电动汽车用户都下载使用了特来电 App。

公司新能源生态科技馆里的大屏幕上，展示着全国 23 万个充电终端的后台数据，包括每个城市、每个终端的实时状态及其每日每月的充电量等，甚至特来电服务的充电站内车辆实时充电场景都做到了实时连线联网。“大数据监控平台，会随时展现每个城市，甚至每一个片区的充电量高低，为充电桩的布局优化提供数据指导。”

凭借对车辆数据和电池数据的积累和分析，特来电还为新能源汽车安全问题提供了解决方案。“燃油车出了安全问题叫燃烧，电动汽车叫燃爆。未来小区里都会有电动汽车，一辆车燃爆会导致火烧连营，绝不能等电动汽车出了安全问题再去补救。”在于德翔眼里，电动汽车就是一个电子产品，每天都要充电，是一个刚性需求，每天都要进行数据和能源的实时交互，安全问题可以通过数据的监测分析做到提前预防。

2020 年 5 月 11 日，特来电把国内行业头部电池厂商、汽车厂商、业内专家等聚集到一起，在新能源生态科技馆召开“面向新能源车安全的充电网两层防护技术”鉴定评审会。专家团评审认为，特来电充电网两层安全防护技术体系，可有效将电动汽车烧车事故率降低 65%。

“大数据平台系统未来可能会做到，若系统认为车辆有烧车风险，就无法进入小区，直接隔离危险车辆。”作为一名技术出身的创始人，于德翔对此很有信心和底气。

特来电的企业团队文化很出色，充电网跨行业、跨专业、跨领域，必须要有一套志同道合的融合文化，聚合起不同能力、不同专业、不同性格的行业大咖。

面对行业的发展变化，特来电也在积极探索，与国家电网、南方电网、星星充电等共同探讨未来正确技术的发展方向，探讨新商业模式。目前特来电 23 万个充电桩中，自持资产大概 60%，公司推出共建合伙人加盟模式。“3 年之内，我们可能会把自持从 60% 调到 20% ～ 30%，5 年之内，调到 10% ～ 20%。”于德翔介绍，未来巨量资产是合伙人持有，特来电不是做资产持有公司，而是做资产管理公司。

“2018 年，特来电实现盈亏平衡，这是一个拐点，未来 3 到 5 年会有巨大的利润增长空间。”于德翔分析，从行业趋势上，未来收益可期，潜力巨大，相信对投资者、对股东、对共建合伙人来讲，这是最好的回报。

“我发自内心地感谢前几年，尤其前 5 年投资者对特来电的包容与忍耐，默默忍受着我们去亏钱。”于德翔真诚地向投资者表达谢意。

逆风飞翔：梦想变成现实

“思考、思考、再思考，直至把梦想渗透进潜意识——而把梦想说出来，也是实现梦想的行为之一。实际上我们是这么做的，结果一个超大的梦想几乎完全变成了事实。”日本管理学家稻盛和夫对企业家梦想如此论述。

梦想的魅力在于面向未来的大量不确定性，于德翔似乎天生具有这种洞穿未来，不断消除不确定性，把梦想变成现实的能力。

“现在可以对员工说，老于之前吹过的牛都实现了。”2014 年起步时，于德翔就梦想要做一张充电网，如今特来电在“世界最大的新能源汽车充电网生态运营公司”的路上越走越坚定。

特锐德工业园是一个小型的新能源微网，车位上装有充电设备，员工晚上回家充满电，电价约在 3 角钱一度；白天上班把车开到公司放电，高峰期高价卖电；中午把公司光伏 3 角 8 分钱一度的电再充到汽车；下午再卖几度后开车回家。利用电动汽车的储能特性，通过光伏“储能—充电—放电”的新能源微网调节峰谷差，进行能源的交互。

于德翔解释：“我们员工开电动车非但不花钱还能赚钱，实际上我们做的是一个新能源和新交通深度融合的物理网络。”

新能源生态充电网虽然已经实现应用，但新能源车规模总量还不算大。公安部最新数据显示，截至今年 6 月，我国新能源汽车保有量为 344 万辆，占汽车总量的 1.37%，其中，纯电动汽车保有量仅为 281 万辆。

特来电所处的行业环境，依旧存在不确定性，比如明确退坡的政府补贴以及新能源车的其他技术路径——氢能源。

于德翔认为政府补贴退坡是正常的。“道理很简单，孩子大学毕业了，父母还给钱就不应该了。补贴减少对行业短期是阵痛，长期是利好。断奶一定要趁早，让不干正事的企业离场，真正想干事的企业不会靠补贴存活。”尽管国家在新能源车的补贴上一降再降，但政府对新能源的基础设施建设仍旧十分重视。

新能源汽车的发展路径不只是电动汽车，还有在政策、资本市场上火热的氢能源方向。业界有人认为，电动汽车解决不了能源生产端的污染问题，只是一个过渡产品，氢能源才是未来。

对于氢能源方向，于德翔谦虚地表示自己了解不多。其实他也曾到日本，跟业界大咖取过经。于德翔认为，氢能源车技术，中国做得了但做不好，因为技术太复杂。“就氢能源来源来说，化工行业副产氢，但支撑不了大规模氢能源汽车的发展。制氢要靠电解水，一度电产氢，从能源消耗角度最多变成 0.5 度，氢再去发电，效率 80%，一度电最后变成 0.4 度电，而电动汽车充一度电就是一度电。所以，未来氢能车的运营成本可能是电动汽车的一倍。”

未来的电动汽车将绝大多数使用新能源电。特来电有个使命：实现新能源车充新能源电，让尾气和雾霾远离人类。于德翔表示，特来电要打造一个涵盖可再生能源、电动汽车、微电网，基于现在配电网支撑下的小闭环系统，让可再生能源得到进一步消纳，提高可再生能源的使用比例，无论是对环境，还是对社会都贡献巨大。

5 年前创办特来电时，行业发展预期不确定，风险很大。5 年后的今天，于德翔相信行业预期稳定，风险基本消除，“我的信心来源是基于行业前景好，潜力大，而且已经站到了风口上，站到了行业潮头上，所以我认为，收获期到了”。

‖作者手记‖

“首席客户体验官”于德翔

何　伟

2009年10月30日，特锐德成功登陆创业板，成为创业板第一家上市公司。此时距离公司成立只有5年多时间。

能够拔得头筹，在强者如林的资本市场占得一席之地，有几分幸运，但主要靠实力。上市审核标准的严苛众所周知，一些明星企业经过漫长的准备后“折戟”在某个环节，折腾几年仍无缘资本市场。

上市前，这家公司就有很多“干货”，以创始人于德翔带头的技术团队建立了自主知识产权体系，拥有60多项专利技术，并两次获得国家科技部创新基金项目支持，已发展成国内箱变设备的龙头企业，连续3年净利润大跨度增长，分别比上年同期增长32.45%、232.12%和155.64%。上市后带来的资源让公司如虎添翼，10年间，从箱变龙头，到多个项目的全球第一，再到连接上下游产业链的布局，这家公司从一个极小的支点出发，徐徐织就一张大网，用于德翔的话说，“这上面流动的不仅仅是能源，更多的是工业大数据和能源大数据”。

于德翔有很多光鲜亮丽的头衔，但他递过来的名片上只有两个称谓：教授级高工、首席客户体验官。他是电力科班出身，在行业内摸爬滚打多年。他是专业且具有话语权的从业者，是资历最深的“体验官”，也是极具感染力的“讲解员”。

在带领我们参观展馆的过程中，从智能箱变研发、汽车群智能充电网、充电网四层架构，到特来电技术路线图、充电网四维防护技术、新能源微网系统，再到有序智能充放电与电网协同调度、无感知并离网切换、光储充智慧车棚等，于德翔对每一项产品、每一项技术都了然于胸，如数家珍。要解决的痛点、发展现状、未来愿景、实现路径，他的讲解以点穿线，以线连面，聚面成体。

于德翔对行业的理解深入浅出，三言两语就能讲明白一些复杂问题，让听者顿感“原来如此”。比如对于备受关注的电动车安全问题，他认为靠产品质量只能解决部分问题，电动汽车本质上是个电子产品，电子产品就可以监测和预防，切入点就是利用充电这个刚性需求进行能源和数据导入，从而高频率监测安全状况，防患于未然。“所以我们越做充电越兴奋”。

熟悉于德翔的人觉得他很“疯”：15 年前，好好的国企高管不干，非要自己折腾着创业，结果 5 年就创出一个上市公司。上市 5 年业务发展如鱼得水，他又跨界搞“二次创业”，真金白银大手笔投入电动汽车充电生态网，回报周期很长，公司业绩不好看，股民不叫好，于德翔背负的压力难以想象。但行业的未来是什么，他或许比任何人都清楚。他对业务的讲解环环相扣，走进他精心布置的全景展厅，如若置身未来的智慧城市。在特锐德展厅入口处的醒目位置，有一句显眼的话：“不是市场需要什么，我们就研发什么；而是我们创新什么，市场就需要什么。”

54 岁的于德翔好似不知疲惫，总能很好地保持仪容，各个场合都是西装在身。头发有些斑白了，但精神头很足，声音洪亮，看起来比同龄人年轻不少。于德翔笑称，他头上每一根白发就代表特来电建的一根充电桩。

对话过程中，于德翔既当发言人，又当解说员，说起业务，滔滔不绝讲了 3 个小时，没有一点疲倦。

于德翔：50 亿“豪赌”背后的逻辑叫“未来”——扫码观看对话特锐德于德翔

四、鲁先平：十年磨剑创新药 风雨中走稳“钢丝绳”

做原创新药研发好比走钢丝绳，尽管风险巨大、困难重重，但经过长期专业训练后，最终能够赢得那鲜少的万分之一的成功，在钢丝绳上实现很好的平衡。

——微芯生物鲁先平

2019 年，我国第一款治疗阿尔茨海默病的原创新药甘露特钠胶囊有条件获批上市，填补了该领域全球 17 年无新药上市的空白，原创新药再一次从专业领域走向公众视野。一时间，原创新药开始在我国九成以上医药企业为仿制药的大环境下崭露头角，并逐渐站上风口。

“其实美国很多生物技术公司估值远高于微芯。”深圳微芯生物科技股份有限公司（简称“微芯生物”）董事长鲁先平表示，未来几年，我国一半仿制药企业将被迫调整，越来越多的企业将转型研发原创新药，微芯生物希望借助

2006 年 12 月的深圳微芯生物总裁鲁先平

资本的力量跑出中国原创新药加速度。

深圳最新一期政府公报显示，鲁先平被深圳市政府批准授予2018年度深圳市科学技术奖“市长奖”。18年来，这位自称国内原创新药拓荒者的科学家，带领团队苦心研发原创新药，突破国内制度壁垒，闯关资本市场，甚至不惜血本，不顾投资人反对，4年捐出上亿元药品，义无反顾地走出一条原创新药企业创新发展的非凡之路。

一场源于海外的心动之旅

一个患有白血病的农村小孩，因为治疗费用太高，家中父母被迫选择带孩子回家，放弃治疗。

这样的案例，在国内并不鲜见。然而当这样的镜头数次出现在《人民日报》（海外版）上，又恰巧被身在海外的留美医学博士、科学家或创业者们看到时，或许一个梦就开始了。

约20年前，微芯生物董事长鲁先平的创业，便由此而来。“我们是从事这行的，从大学毕业、攻读博士学位、出国留学，再到成为科学家、成功创业，当我们看到一个个患者因为付不起医药费而被迫等待命运安排的时候，真的非常心痛。”鲁先平感慨地说。

据了解，我国乃仿制药大国，药品市场规模约占全球10%，但仿制药占比高达90%以上，原创新药市场普遍被国际大企业垄断。而仿制药主要满足人们基本的医疗需求，如头疼感冒发烧、血压高等，但大病慢病如肿瘤、心血管病、糖尿病等，都需要更好的治疗手段或药品。这就意味着，一旦患上大病，很多家庭都将面临难以承受的高昂医疗费问题。

机缘巧合。在一次美国留学生聚会上，鲁先平与大家谈起中国改革开放迅速发展，但医药领域发展停滞不前。虽然中国拥有世界上最多的制药企业，但绝大部分制药产品是仿制药，没有创新能力。鲁先平、程京、宁志强等几位微芯生物创始人决心回国创业，改变中国制药业的落后局面。

2000年，鲁先平率先回到清华大学与当时已是国家生物芯片中心主任的程京院士一起完成了微芯生物的第一轮融资，随后宁志强博士、石乐明博士、胡伟明博士陆续回国。2001年，这支资深留美归国团队融资成功创立微芯生物，由此开启了我国原创新药研发的拓荒之旅。

“之所以回国，是希望将我们在国外所学、所掌握到的先进理念与技术等，转化为科技创新成果，让中国的患者能够用得到、用得起全球最先进的药物。”鲁先平谈到他回国创业的初衷。

在鲁先平看来，所谓原创新药，是指一种全新的作用机制，它提供了一种新的临床治疗定位，而目前国内大部分企业所做的创新为模仿跟踪创新，如跨国企业在一种治疗机制下已经上市几个药，他们在后面跟随，又做了一个药。

做原创如走钢丝绳

作为我国原创新药研发的先锋，微芯生物在成长过程中，没少折腾。

“原创新药领域有两个行业既定规律：第一，一个药品从研发到上市，大概需要花十年左右；第二，成功率只有万分之一。”鲁先平淡定的眼神中，透着坚定与自信。

“这期间你的团队必须忍耐10年甚至更长时间收入很低的困境。”尽管鲁先平说出这番话时，微芯生物已头顶中国原创新药研发拓荒者、科创板原创新药第一股、科创板市盈率第一股等多重光环，市值最高曾站上500亿元，鲁先平自身在微芯生物所持股权的最高市值也接近200亿元，但对当年兄弟们一起吃过的苦，他仍记忆犹新。

“第二轮融资融不到资时，我们被迫将公司所有海归团队的工资砍了60%，所以那时候有团队流失。”鲁先平说这话时，嘴角同时透露出一丝欣慰，因为“那些一直跟随微芯生物一起成长的员工，如今大部分已在深圳南山买了房，工作也很稳定”。

而国内医药机制体制所带来的一系列不适应性，也一度成为微芯生物发展的拦路虎。

“18年前，我们以为我们懂技术、企业管理，懂《药品注册管理办法》、市场，也懂融资，再回到中国来运营，应该是很容易的事。”可回国后，鲁先平和他的团队发现，国内医药行业所有的体系体制、规章制度，都是为仿制药经济、“三来一补”经济设置的，跟创新经济完全挂不上钩。

“回过头想，当时我们真的很天真，仅凭着一腔热血就干起来了。”鲁先平说，过去18年中，从药监局、卫生健康委员会（原卫生和计划生育委员会）、科技部，到财政部，微芯生物提出了很多改革诉求，包括知识产权局等，对推进我国医药相关的政策制度改善没少作贡献。

即便产品上市后，微芯生物依然面临比其他仿制药企业更多的困难，“我们需要去引导医生、患者、市场，而仿制药几乎不需要”。鲁先平将做原创新药研发比作走钢丝绳，尽管风险巨大、困难重重，但经过长期专业训练后，最终能够赢得那鲜少的万分之一的成功，在钢丝绳上实现很好的平衡。

一个药捐一亿

正是在鲁先平团队对原创新药矢志不渝的创新研发下，2004年11月，在中国遍地都是仿制药，跨国药企尚处于“赴华淘金”热潮中的局面下，微芯生物自研的糖尿病药“西格列他钠”向中国药监部门提出临床研究申请。

一年后，中国首个用于治疗罕见病的原创新药——微芯生物的肿瘤药“西达本胺”，也向中国药监部门递交临床试验申请。也正是这款2015年上市的新药，让微芯生物一夜之间声名鹊起。

“这一次对整个行业的鼓舞是巨大的。”鲁先平说，在这之后，大量海归回到中国，国内创新药企业如雨后春笋，风险投资也蜂拥而入。

据了解，西达本胺是我国唯一治疗外周T细胞淋巴瘤的药物。上市前，该药曾经历12年数万次试验，当时上市定价2.65万元/月，约为美国同类药物价格的1/10。

当然，鲁先平清晰地知道，就是这样的药价，对中国家庭而言，依然有点“高不可攀”，因此鲁先平顶着各种反对声音，坚持实施患者买西达本胺三个月，送三个月，再买三个月，则送终生的销售政策，一直沿用至今，且每年免费治疗40名低保患者。

很快，2017年西达本胺降价进医保，成为中国有史以来以最短时间纳入医保的药品，西达本胺销量也开始明显提升。

然而，“随着销量的扩大，买送政策对公司带来的成本压力是巨大的，哪怕已经进了医保，而微芯生物累计向社会捐赠的药品价值目前已超过一亿元。”鲁先平感慨地说，“但如果患者用这个药对他有效，我们不可能因为他买不起而不救。”

目前，西达本胺销售及技术许可授权，已成为微芯生物主要营收来源。2016年、2017年、2018年，来自西达本胺产品的收入分别为8529万元、1.1亿元、1.46亿元，占公司营收比例均超过99%。

估值之最的心声

2019年8月12日，是微芯生物载入史册的日子。

当天，微芯生物在众投资者的期待中正式登陆科创板，发行价20.43元/股，对应发行市盈率按发行市盈率常用扣非摊薄后计算为467.51倍，刷新了科创板及A股市盈率记录。

上市之后，微芯生物股价再一次冲高，上市首日开盘价125元/股，是发行价的6.1倍，最高时公司总市值曾冲高至512.5亿元，市盈率最高达2000倍。

显然，微芯生物的上市及估值定位，具有“开天”意义，而对于其估值是否过高，市场也存在颇多争议。

“太高了。”国内某券商研究员忍不住向《证券时报》作者表示。

但鲁先平对公司估值有着自己独到的见解，“其实美国很多生物技术公司估值远高于微芯，而且大部分是亏损公司，产品线还没我们多，所以如果按照美国公司来讲，其实我们估值还很低”。

鲁先平亦坦言，相对于中国资本市场而言，微芯生物估值确实有点高，而这主要由于过去中国的估值是很简单的按照利润来计算，即PE估值法。

“试想，如果一个研发型企业，它不做研发，它的PE不就改变了吗？但是不做研发，企业可以持续发展吗？不能持续发展，没有小的公司，没有这种高科技的小公司存在，永远不会有大企业，所以科创板推出的意义也是支持科技创新型企业发展。”鲁先平就PE估值法提出反问。

当然，鲁先平深知，微芯生物估值低于美国同类企业的原因，“美国生物技术企业估值比微芯生物高，有它高的原因，比如研发的产品更多，未来国际化程度更容易，如果未来我们实现国际化，估值也可以跟美国持平。”

针对高市盈率，微芯生物保荐机构安信证券在微芯生物上市投资者交流会上曾作出这样的回应：微芯生物属于原创新药公司，国内目前上市企业中尚无完全类似的医药企业。对于原创新药企业来说，短期的盈利能力是一方面，但更吸引人的是企业长期持续的科学能力、新药研发能力、管线产品的储备与市场潜力、商业化能力等要素。因此，传统的针对成熟企业的市盈率等估值方法，对于快速成长期的创新药企业不一定是最合适的。

原创新药站上风口

科创板上市，为微芯生物插上了腾飞的翅膀。而在未来，借助资本的力量，微芯生物将走向何方则备受瞩目。

“微芯生物的未来很明确，我们将专注于肿瘤、代谢疾病和免疫性疾病三大治疗领域的原创新药研发。”鲁先平向作者表示。

据了解，目前微芯生物已上市销售的产品为西达本胺，2018 年提交了西达本胺应用于实体瘤乳腺癌适应症的上市申请。同时，公司还在开展西达本胺在艾滋病、急性髓细胞性白血病等适应症的临床研究。而 2019 年 9 月，微芯生物第二个创新药西格列他钠二型糖尿病药物的上市申请也已获国家药监局受理，正处于评审中，该药物是全球最早完成 III 期临床的 PPAR 全激动剂。

此外，微芯生物还有 6 个在研项目处于临床试验阶段，其中西达本胺（非小细胞肺癌）项目处于 II/III 期临床试验阶段，西达本胺（弥漫性大 B 细胞淋巴瘤）项目准备开展 III 期临床试验，西奥罗尼（卵巢癌）、西奥罗尼（小细胞肺癌）、西奥罗尼（肝癌）、西奥罗尼（非霍奇金淋巴瘤）处于 II 期临床试验阶段。

谈及未来，鲁先平表示，“我们希望最近三到五年，每两年有一个新的适应症或新产品上市，五年后每年有新药上市，由此带动公司销售收入、净利润同步增长”。

然而，在原创新药行业高风险背景下，微芯生物凭什么推动公司持续稳健发展？

这不得不说微芯生物的“独门绝技”——微芯生物自主创建的“基于化学基因组学的集成式药物发现及早期评价平台”。

据了解，微芯生物该平台原理是通过基因芯片技术建立化学基因组学去帮助公司发现原创新药中的科学风险及与现有药物的差异化，可显著降低新药的后期开发风险，目前已研发多种针对恶性肿瘤、糖尿病等代谢性疾病及自身免疫性疾病的药物，平台自公司成立初期便已搭建，而微芯生物的名字“微芯”二字也因此得名，即微阵列芯片。

“原创新药研发越到后期投入越大，如果能在早期通过平台提示风险、发现可能，提前终止或开启项目，无疑将大大提高公司的研发成功率。”鲁先平补充道。

另据了解，微芯生物过去18年共融资10亿元，上市前还剩1.5亿元，此次科创板募资约10亿元，计划三年内投入。这意味着未来三年在高研发投入的驱动下，微芯生物有望跑出中国原创新药加速度。

至于行业大环境，鲁先平认为，随着4+7药品带量采购的实施，未来我国医药行业将面临洗牌，一半仿制药企业将被迫调整，市场将出现少数几个仿制药巨头，这类企业以薄利多销为主，而多数有实力的企业则将转型研发原创新药。

‖作者手记‖

平易近人的科学家

严 翠

微芯生物办公室坐落在深圳市南山区高新中一道10号深圳生物孵化基地2号楼601-606室，高新中区也曾是深圳很多科技企业的早期办公地点，如华为、腾讯等。

前去对话微芯生物董事长鲁先平前，已有熟悉的资本圈朋友告诉我们，鲁先生非常朴素、健谈。

对话后，我们发现，他的朴素，不仅体现在待人接物的平易近人上，更体现在科学家对简单、专业、极致的精神追求方面，正所谓“居高而不自恃，行远而不忘初”。

鲁先平1963年出生于成都，今年已56岁，但看起来精气神远胜同龄人。

他给我们的第一印象是大学教授、科学家，这与他以往的履历——四川大学生物化学学士、中国协和医科大学硕士博士、美国加州大学博士后、美国生物医药企业创始人等过往背景相当吻合，而在他白色衬衫、淡蓝色西裤、一副半黑框眼镜的映衬下，鲁博士儒雅、睿智的气质展露无遗。

“我的办公室虽然小了点，公司办公环境也简陋了点，但我很喜欢，我们在这都办公十多年了。”与我们一见面，鲁博士健谈、爽朗的性格就溢于言表，他主动向我们介绍起微芯生物的办公室、一起奋斗过的员工等，一下子我们之间的话匣子就打开了。

他的办公室就在前述楼内六楼的一个整体不足20平方米的小房间里。一进门，首先映入眼帘的是门口略显紧凑地摆放着的一套围坐形沙发，大约能坐下五六人，再往里看，一张棕色办公桌上整整齐齐地摆放着各种文件，周围环绕着各种绿植，旁边一个书柜、一台看着有十几年工龄的老式白色冰箱安静地陪伴着。

“别看我们这里小，但我们的核心产品比如西达本胺等都是从这里研发出来的。”鲁博士希望通过话语再次告诉我们，我们当时对话所在位置，乃微芯生物的核心基地。

据介绍，目前微芯生物共有150名研发人员，“深圳生物孵化基地2号楼601-606室”为公司总部及总部研发基地所在位置。目前，公司正在深圳坪山及成都，同步建设公司较大规模的生产研发基地，“只是有点远，我们很多员工把家安在南山附近了”。

简单交流与参观后，我们的面对面深度对话才正式开始，最后要录制视频等，竟然由于鲁博士的办公室太小等原因，我们被迫中途调整阵地，转乘电梯前往孵化基地另一栋楼的公共区域。

一个令人钦佩的细节是，我们在乘坐电梯转换地点的过程中，身为董事长的鲁先平，亲自快步前往电梯口按下电梯，然后进去按住电梯开门按钮，待所有人员全部进去后，再松手，而出电梯时，他也是按住电梯按钮待所有人都离开电梯后，方才最后一个走出电梯，绅士风度十足。

深圳最新一期政府公报显示，鲁先平被深圳市政府批准授予2018年度深圳市科学技术奖“市长奖”。

谈及当年选择在深圳创业，鲁博士说最主要的原因是被深圳当时一位秘书长在酒店等鲁博士等到凌晨两点的精神所打动了，随后又被深圳如加州般的移民文化吸引，于是便一直留在了深圳。

也许，这就是吸引力法则。大家都为了做事，深圳市的那位秘书长为了吸引鲁博士来深圳创业，鲁博士也是做事之人，所以至今对办公环境等排场性的元素并未看得太重。

鲁先平：十年磨剑创新药　风雨中走稳“钢丝绳”——扫码观看对话微芯生物鲁先平

五、李逸飞：创业5年逆袭富人榜 "玩心"驱动的人生"马拉松"

中国资本市场有很多所谓的"资本玩家"，他们在某个阶段通过并购去拉高市值，进行资本运作，但我们的理念不一样。我希望我们做的所有投资或并购，都是为了这家企业能够长线运营、持续增长。我还有一个坚持的底线，就是绝对不允许造假的东西存在。

——三七互娱李逸飞

三七互娱创始人李逸飞

创业5年逆袭富人榜，10年间从200万元资本金到公司市值破1000亿元，李逸飞（又名李卫伟）带领芜湖三七互娱网络科技集团股份有限公司（简称"三七互娱"）为网游造富新增了一个代表案例。

2020年7月9日，三七互娱股价突破50元/股，市值冲上1000亿元，成为A股市值最高的网游股。2011年，李逸飞与投资人曾开天首期分别出资100万元创立上海三七玩网络科技有限公司（简称"三七玩"）。一路成长为1000亿元市值的网游巨头，三七互娱只用了10年时间。

2019年度，三七互娱营业收入合计132.3亿元，同比增长73.3%；利润总额26.96亿元，同比增长121.12%。在2019年易观智库的中国游戏公司营收规模榜中，三七互娱排名第四位，仅次于腾讯、网易和世纪华通。前两者是网游界无可撼动的巨头，后者是通过外延并购不断扩张的网游头部公司。

游戏，从人类诞生便相伴相随，其巨大的商业价值在互联网时代被发挥到极致。网游这个小小的赛道，不仅撑起了市值万亿的互联网巨头，还从陈天桥到马化腾，屡屡上演首富传奇。2020年《新财富》500富人榜中，与网游相关的富人有10人，他们多数是在近10年间上榜。巨大的造富效应也照见了行业变迁。每一次技术突破、商业模式或玩法的创新中，都不乏一鸣惊人的创富故事，套现离场、悄然陨落也是常态，而持续经营一家公司数年并不断做大的，则是少数派。三七互娱用10年时间，在日渐头部化的网游产业里，从零起步，做到千亿市值，跻身腾讯、网易巨头之外的中国网游第三极。其创始人李逸飞更是在创业第5年、年仅39岁时便登上《新财富》500富人榜。

2020年7月，《新财富》对李逸飞进行专访。他认为，移动时代网游产业格局下，很难再出现第二个类似的案例。除非出现新的娱乐终端，产业格局被打破，新的机会才会涌现。

即便新的契机到来，游戏创业历程依然是九死一生。剖开三七互娱这个或许无可复制的案例，对创业者们来说，在下一次机会到来时，他们能获得什么启发？

两次借势，精准切入页游运营和手游研发

李逸飞毕业于四川大学管理系，辗转后加入新浪，负责移动增值服务运营事务。2007年，网页游戏在国内萌芽，急速增长的用户规模促使一批互联网创业者纷纷抓住传统端游公司尚未涉足其中的契机，切入页游领域。

数据显示，2008—2012年，国内页游收入规模迅速从4.5亿元增长到81.1亿元；端游用户增长率则自2011年开始不断下滑，2015年甚至出现负增长。

李逸飞也看中页游市场爆发的红利，在2011年携手老朋友曾开天创立三七玩，注册资本1000万元。二人分别认缴500万元，首期分别出资100万元。

拆分网游的产业链条，大致可分为上游的研发、中游的发行、下游的分发等环节。在端游时代，发行环节一般都由研发公司自己做。PC时代，流量入口多且分散，一款游戏全面推广到玩家手上，需要做好产品定位、市场宣发、营运、客服、运维、数据分析、商务等多方面工作，研发公司往往没有足够的精力完成，第三方发行代理商的重要性凸显。三七玩正定位于此。

创业初期，三七玩主打页游的发行和运营，但是，由于难以获得页游研发商的信任，找不到合适的产品代理，前半年几乎“无米下炊”。李逸飞给团队打气：“未来我们一定有机会做到月流水过百万。”多年后，团队成员告诉他，当时大家都觉得“老板在吹牛”。

为了让市场了解自己，李逸飞团队决定不做独家代理，转而做联合代理，“产品荒”逐步得到缓解。随着深圳第七大道科技有限公司制作的《神曲》、成都墨龙科技有限公司研发的《秦美人》等越来越多游戏敞开合作的大门，三七玩逐渐在页游运营方面生出竞争力。

一方面，三七玩与一些广告效应显著的投放平台建立了合作关系，通过固定的大额投放、优越的付款条件、长期的合作方案，增强了对渠道商的议价能力，从而在保证广告投放质量的同时，有效控制了用户获取成本。其旗下的37wan游戏平台用户数很快呈现爆发式增长，截至2013年7月31日，累计注册用户突破2.5亿人次。

另一方面，三七玩在不断吸纳新用户的同时，注重用户群体数量、活跃付费用户的培养，设立了VIP专员，服务大额付费玩家。2013年上半年，三七玩旗下平台月均新增付费用户达到9.5万人次。

至今，这一套持续改善精进的运营体系，依然是三七互娱驰骋网游江湖的核心竞争力之一。在产品选择方面，三七玩确立了以精品游戏和IP定制游戏为根基的战略。单款网页游戏的生命周期大多在两三年，三七玩避免游戏周期性影响收入的办法，就是在平台上运营足够多的游戏，以规模优势化解单个游戏周期的衰竭。截至2013年7月31日，三七玩旗下平台的页游产品总数超过120款。

2012年，三七玩营收由上一年的106.98万元暴增至5.87亿元，利润由−93.92万元增至6955万元；2013年上半年，营收增至8.13亿元，利润1.15亿元。易观智库产业数据库发布的《2013年Q1中国网页游戏运营平台竞争格局》显示，37wan平台的市场份额为8.2%，行业排名第五，跻身页游运营平台第一梯队。

尽管是从运营切入，不过李逸飞有个初心：“做出具有中国文化特色的原创游戏，并把它发行到全世界，让全世界的年轻人喜欢上中国文化。”

生于20世纪70年代末的李逸飞，1996年上大学后玩的第一款游戏是日本光荣游戏公司制作的《三国志》。此后，他又接触了一系列以三国为背景的游戏，制作方都是日本公司。21世纪初，风靡国内的第一代端游《传奇》《天堂》和《魔兽》等，都是由韩国人或美国人制作的。这在游戏发烧友李逸飞眼里，无疑是一大遗憾。他希望做出一款有代表性的游戏，让网游公司赢得广泛的尊重。因此，从创业开始，三七玩一直期望切入原创游戏研发领域，并一度尝试建立页游研发中心，不过受限于人才、资金及经验等因素，未能有起色。

2013 年，国内网游市场因为移动时代到来迎来大变局，手游快速增长，页游厂商纷纷布局新业务。三七玩也不例外，第一时间成立了 37 手游发行平台，延续页游发展模式，从代理起步，走精品化游戏的战略。

很快，李逸飞便判断，手游时代只做发行是不够的。一方面，市场对产品品质要求更高，另一方面，手游入口会逐步形成垄断趋势，单纯做运营，难以立足。

李逸飞和团队做了一个决定：投入网游原创研发，走“研运一体”的道路。三七玩于 2013 年 8 月在广州重新建设了研发中心——极光网络，并从厦门挖来一批创始团队成员。半年后，极光网络自研页游产品《大天使之剑》大获成功，其上线两个月，流水便达 3.2 亿元。

在当下移动端流量被腾讯、头条、百度、UC 等巨头把持的行业态势下，回望过去，李逸飞认为，这是他创业 10 年来做得最正确的一个决策，它直接成就了三七互娱的今天。

资本力量加持，精进“研运一体”方法论

由于爆款手游月流水可观，容易在短时间内带来业绩增长，2013 年，二级市场掀起手游并购潮，资本市场一度热炒“手游概念股”，不少公司只要沾上手游概念，便股价腾飞。

李逸飞的三七玩也被一家上市国企盯上，他们找来商谈并购。平均年龄仅 30 岁出头的三七玩创始人，一度达成一致，将公司卖掉套现。就在临近签字的关头，李逸飞转变了想法，“企业就像自己亲生的孩子，卖掉之后，可能无法永续经营，创始团队很可能几年后就得退出，公司自此和自己没有关系”。

几个月之后，李逸飞遇到了一个更好的机会：通过被收购上市，并由其控股上市公司。李逸飞立刻意识到，这更符合他的初心。

“我们当时在投入做研发，这是一件很费钱的事，需要人才沉淀、技术引擎持续投入。光靠每年经营利润，是远远不够的。如果能够利用资本平台，拓

宽融资渠道，能起到借力的效果。”李逸飞称，粗略估算，2020年三七互娱的研发成本就需要投入10亿元。

另一方面，李逸飞认为，资本平台能放大企业价值，上市后，成为一家公众公司，这距离他“做一家受人尊敬的公司”的目标更进一步。

2014年，上市公司芜湖顺荣汽车部件股份有限公司（简称“顺荣股份”）收购三七玩60%股权，顺荣股份更名为芜湖顺荣三七互娱网络科技股份有限公司（简称“顺荣三七”）。2015年，三七玩更名三七互娱，顺荣三七收购三七互娱剩余40%股权，三七互娱整体装入上市公司顺荣股份。2016年1月，顺荣三七更名为三七互娱（大股东为原实际控制人吴氏家族，李逸飞任首席执行官负责经营）。2019年，三七互娱实控人变更，创始人李逸飞成为第一大股东，并当选为董事长。

整体上市后的三七互娱，开始加大研发投入。2015年，公司研发人员从上一年的433人增加到813人，研发投入从0.29亿元增加到2.7亿元，此后逐年劲增（表1）。截至2019年末，公司研发人员已超1500人，研发投入达8.14亿元。

表1　三七互娱2014—2019年研发投入

	2014年	2015年	2016年	2017年	2018年	2019年
研发人员数量（人）	433	813	1004	1461	1379	1582
研发人员占比	24.96%	40.96%	45.72%	54.05%	60.94%	56.14%
研发投入金额（元）	0.29亿	2.7亿	3.17亿	4.39亿	5.4亿	8.14亿

数据来源：三七互娱财报

得益于“研运一体”的模式，2016年下半年，三七互娱自研手游上线，立刻成为爆款，其手游业务毛利率也因此不断提升，从2015年的18.3%提升至2017年上半年的77.77%。

在赛道选择上，三七互娱的自研产品以ARPG（动作角色扮演类游戏）为主。这类游戏玩法大体可概括为“任务+副本+挂机+打boss”，其玩家特征明显：25～40岁男性群体为主，有稳定收入，氪金能力强。

因此，游戏推出后一定时期内的收入都较为稳定。三七互娱自研的《永恒纪元》和《大天使之剑H5》等于2017年上线，到2019年依然能提供稳定的现金流。横向对比腾讯及各网游公司财报，中年玩家支撑的ARPG类游戏，月

ARPPU 值（每付费用户平均收益）最高，可达 600 元 / 人；而面向二次元玩家的游戏，月 ARPPU 其次，约为 200 ～ 300 元 / 人；面向更广泛用户的腾讯游戏，月 ARPPU 约为 100 ～ 200 元 / 人。紧紧抓住中青年男性群体的三七互娱，在选择代言人时，也以成龙、陈小春等偶像为主。

手游的崛起对页游用户造成分流。2014 年，国内页游用户连续 4 年负增长。2017 年，手游收入占全游戏市场收入的 57%，端游占 31.9%，页游降至 7.6%。

三七互娱的收入构成也发生变化，页游收入从 2015 年的占比 78.82% 下降至 2017 年上半年的 39.38%，手游收入占比从 2015 年的 11.01% 增加至 2017 年上半年的 50.09%（表 2）。三七互娱“页转手”的标杆事件，是 2017 年 3 月其自研手游《永恒纪元》的月流水超 3.5 亿元。

表 2　三七互娱近年游戏收入及市场占比（亿元）

	2012 年	2013 年	2014 年	2015 年	2016 年	2017 年	2018 年	2019 年
三七互娱游戏收入	5.9	17.2	28.2	42.1	46.2	56.2	72.8	132.3
国内游戏市场规模	602.8	831.7	1144.8	1407	1655.7	2036.1	2144.4	2308.8
市场占比	1%	2.1%	2.5%	3%	2.8%	2.8%	3.4%	5.7%
三七互娱手游收入	—	—	—	5.1	16.4	32.8	55.8	119.89
国内手游市场规模	32.4	112.4	274.9	514.6	819.2	1161.2	1339.6	1581.1
市场占比	—	—	—	1%	2%	2.8%	4.2%	7.6%
三七互娱页游收入				36.7	29.5	23	16.5	12.3
国内页游市场规模				219.6	187.1	156	126.5	98.7
市场占比	0.29 亿			16.7%	15.8%	14.7%	13%	12.5%

数据来源：三七互娱财报，中国音数协游戏工委（GPC），国际数据公司（IDC）

与此同时，公司产品整体向精品化发展，研发和运营集中度走高。三七互娱也继续做精产品，其自研的明星产品《大天使之剑》持续创收，在页游市场整体向下的情况下，其页游研发和运营的市场排名不断靠前。

事实上，摸清游戏用户从 PC 向手机端转移大势，试图从中找到布局网游机会的还包括百度、阿里巴巴等流量巨头。

2014 年 8 月，华为、OPPO、酷派、联想等硬件厂商组成硬核联盟，在渠道之战中大挫流量巨头，百度手游更是大伤元气。2016 年，布局手游的有淘宝、支付宝、UC 和新浪流量的阿里系，也一直未能打造出现象级的爆款游戏。

论及自身相对于巨头们的优势，李逸飞思索后回答：“我们是一家研运一体的公司，我们愿意不断地给新产品导流、测试和微调，这对顶尖研发人才有很大的吸引力。新员工面试时见到的都是老板，这让他们感受到公司对自己工作的重视。我们决策更快，创始合伙人一直和员工战斗在业务线，看见市场新机会能够快速切入，有任何变化也可以快速调整。”

股权投资拓展品类，丰富产品供给侧

大部分游戏产品都存在生命周期，源源不断地保证优质内容的供应，无疑是保证企业可持续发展的重要因素。三七互娱运营能力价值最大化的背后，除了不断磨砺、提升自制游戏的成功率，还在于通过投资、并购等手段，与众多不同类别的研发商合作，丰富产品供给侧。据新财富不完全统计，三七互娱近年对网游相关公司的股权投资高达 30 余起。

李逸飞介绍自己的投资逻辑：“游戏有很多品类，我们最终的目的是尽可能多地覆盖更多的细分品类，补足自己的短板或完成品类拼图。”

从三七互娱历年上线的重点网游产品可以看出，除了 2018 年因游戏版号暂停外，三七互娱代理发行的网游产品逐年丰富。2020 年，三七互娱计划发行 30 余款精品游戏，涵盖 RPG（角色扮演游戏）、卡牌、SLG（策略游戏）等不同品类。

股权投资之外，三七互娱也试图对优质企业进行并购，例如 2016 年 8 月，收购上海墨鹍数码科技有限公司（简称“墨鹍科技”）68.43% 股权以及江苏智铭网络技术有限公司（简称“智铭网络”）49% 的股权。

墨鹍科技是一家网游研发公司，与三七互娱旗下的极光网络擅长 MMORPG（大型多人在线角色扮演游戏）类产品很不一样，其更擅长一些细分品类的游戏，推出的第一款 3D ARPG（动作角色扮演类游戏）产品，由腾讯独家代理运营，上线当月即登上畅销榜前十。

智铭网络主营网游代理和联合运营，曾经代理过两款现象级手游《传奇霸业》和《梦幻西游》。在李逸飞看来，同样是做发行，与三七互娱的买量发行模式不同，智铭网络是跟腾讯做联运，这一直是三七互娱的短板。并购智铭网络，三七互娱完成了在发行板块的最后一块拼图。

受 2017 年 3 月至 12 月版号审核暂停影响，大量新游戏无法变现，游戏行业集体面临寒冬。走流量运营模式的三七互娱对新产品依赖度高，受影响尤其明显，李逸飞感受到创业以来第二个艰难时刻。

三七互娱的产品团队不得不持续更新旧款游戏，拉长产品周期，发行也及时更换打法，找新的代言人，创新广告拍摄模式。最终，老项目帮三七互娱渡过了难关。

2019 年，三七互娱公告，将墨鹍科技股权以 1.1 亿元出售给北京朝夕光年信息技术有限公司，后者为北京字节跳动科技有限公司（简称“字节跳动”）的子公司，三七互娱完全退出，墨鹍科技法定代表人变更为字节跳动高级副总裁张利东。面对“高溢价”并购的质疑，李逸飞表示：“中国资本市场有很多所谓的‘资本玩家’，他们在某个阶段通过并购去拉高市值，进行资本运作，但我们的理念不一样。我希望我们做的所有投资或并购，都是为了这家企业能够长线运营、持续增长。我还有一个坚持的底线，就是绝对不允许造假的东西存在。未来只要有好的机会，依然会选择并购。”

扩展泛娱乐布局版图

当下，移动领域流量已经见顶。在存量竞争时代，随着国内玩家品味和付费能力的提升，精品游戏越来越成为主旋律，游戏开发成本也不断提高。在李逸飞看来，未来行业进一步走向头部化是必然趋势。

激烈的竞争之下，IP 属性的游戏产品，是夯实市场的重要工具之一。对网游公司来说，一方面，储备优质 IP，能扩充优质内容的造血能力；另一方面，将影视、动漫、文学作品等 IP 改编为游戏，也可以利用其客户群体，获取较大的流量。过去几年，《花千骨》《仙剑客栈》《屌丝男士》《十万个冷笑话》等均是影视 IP 改编手游的典型案例。

“围绕 IP 打造精品游戏，推进泛娱乐产业布局”的战略，5 年前就出现在三七互娱的年报中。2017 年，三七互娱储备的知名 IP 包括《传奇》《天堂 2》《楚乔传》《择天记》《琅琊榜》《武神赵子龙》《航海王》等。

为进一步布局游戏 IP，李逸飞开始计划收购在 IP 浪潮中备受关注的深圳中汇影视文化传播股份有限公司（简称“中汇影视”）。中汇影视由前盛大文学CEO侯小强等影视、资本大咖掌舵。2016年4月，其对外发布影视片单，公布了33个IP，其中包括《嫌疑人X的献身》《神游》《听尸》等具有话题性的IP。

2016年8月，三七互娱披露重组预案，拟以12亿元收购中汇影视，这一度被认为是IP快速变现的典型案例。此后，因政策变化，这一收购取消。不过，三七互娱此前为确保收购，向中汇影视提供了3亿元借款，约定若收购未能如期完成，将行使债转股权利。2016年12月9日，三七互娱公告，拟以债转股方式取得中汇影视3.846%的股份。

IP战略是李逸飞打造泛娱乐生态圈愿景的一步："一家游戏公司最大的价值就是产生属于自己的IP。迪士尼、漫威等全世界最成功的文创企业，创造了很多不同的形象，这些IP的养成，都花费了很长的时间。米老鼠已经91岁了，漫威的美国队长也70多岁了。没有任何一个大IP是仅靠一个细分领域做出来的，如果仅靠游戏，只能持续经营10年、15年，影响几亿人，但那不叫一个IP。IP应该要在大文创领域都有体现，包括动画、电影、电视、小说乃至网剧等，从而把形象立体化。"

三七互娱的泛娱乐投资版图，涵盖影视、音乐、经纪、动漫、社交等。

在影视与音乐领域，其自2015年起，陆续与芒果传媒有限公司、新线索（北京）影视投资有限公司、天津魔威影业有限公司、河北优映文化传播有限公司以及上海风华秋实文化传媒有限公司等公司达成投资与合作，陆续出品制作了《捉迷藏》《南极之恋》《无问西东》以及由肖战和杨紫领衔主演的剧集《余生请多指教》等作品。动漫方面，2015年起，三七互娱先后投资了包括武汉艺画开天文化传播有限公司公司、上海绝厉文化传媒有限公司在内的多家国内动漫制作团队。前者制作了精品国漫《疯味英雄》和科幻动漫《灵笼》，并获得B站投资负责承制《三体》动画版。后者制作的"拳皇"系列3D格斗动画季播剧《拳皇命运》，于2017年8月上映，首日即取得播放量破千万的成绩。

VR方面，2016年起，三七互娱先后投资加拿大VR内容研发及发行商Archiact、虚拟现实内容开发及运营商天舍（上海）文化传媒有限公司。

经纪方面，先后投资前Tfboys制作人所创立的上海原际画文化传媒有限公司以及好好榜样（天津）文化传媒有限公司，旗下的艺人何洛洛以及刘些宁分别在热门选秀节目《创造营 2019》以及《创造营 2020》高位出道。

社交方面，投资了新生代陌生人社交平台积目，并在投资后半年获得了上市公司北京蜜莱坞网络科技有限公司（简称映客）的收购，实现了高倍数回报，2020 年加码参投了在“00 后”群体中颇受欢迎的社交平台唔哩星球。

除去重点发起并购的 2016 年，三七互娱每年长期股权投资金额占其总资产的比例都在 3.7% ～ 6.6% 之间。

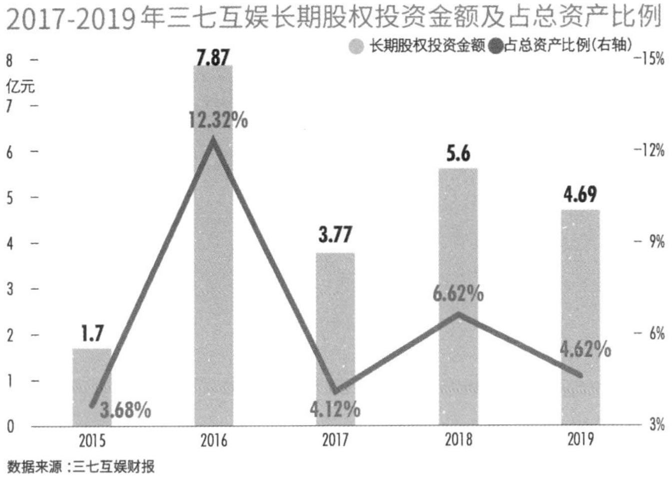

李逸飞当前分管公司的战略、企业文化和生态布局，游戏研发和发行则由另外两位合伙人分管。在投资布局上，李逸飞会细致过问每个拟投项目，“哪怕只投了 100 万或 500 万，我都会亲自去和创始人沟通至少两次”。

未来，李逸飞还计划重点布局在线教育板块，着力将其培养为三七互娱的第二主业。因此，三七互娱参投了中国排名靠前的幼儿绘本平台 Kada，并在 2019 年底并购了之前参与两轮投资的幼儿编程在线教育平台妙小程。

用马拉松精神做企业，追求跑下去而非跑得快

如今，国内网游市场变数频出，字节跳动流量占比持续提升，悄然改变国内游戏竞争格局。凭借“流量 + 智能算法 + 用户年轻化”的组合优势，字节跳动旗下平台已经成为游戏厂商投放广告的第一选择，而其自身则从 2018 年起便加码游戏研发，入局网游发行，被认为是下一个挑战腾讯、改变游戏行业格局的选手。

在李逸飞看来，字节系对用户作出了精准的标签定位，游戏发行公司可以轻松匹配用户，能精简不少运营人力。根据App Growing数据，2019年上半年，全网广告投放数量前四名平台依次是巨量引擎（字节跳动旗下）、百度信息流、腾讯广告以及百度百意，一贯重视精准运营的三七互娱，这四大平台为其主要投放渠道。

字节系的崛起及全市场流量格局的演变，让李逸飞警醒，游戏厂商自身需要不断进行流量精细化运营、投放手段的优化升级。三七互娱从2017年开始，便在内部布局智能投放平台“量子”以及智能运营分析决策系统“天机”，花了一年半时间，投入1000多万元做研发，还给其投喂了20亿元广告费进行系统“养成”。

三七互娱2019年财报显示，“量子”和“天机”已投入使用。其中，“量子”可以对接所有主流渠道，实现快速、自动化投放，并通过大数据分析以及AI算法提升推广效率和效果。“天机”则可以通过对数据进行统计分析，对游戏生命周期进行预测，支持运营团队采取差异化的活动营销，进一步挖掘用户价值。

李逸飞介绍，智能投放平台是流量集中化的产物，过去流量分散的情况下，“量子”很难发挥作用，因为每一家的投放规则都不一样。“量子”平台当前最大的应用场景，是在字节和腾讯的旗下平台。

随着国内市场流量增速放缓，拓展海外市场是多数互联网公司突围的重要手段，尤其在2018年国内游戏版号限制下，网游公司已成为互联网公司出海潮中的重要分支。三七互娱布局境外的时间更早，2012年便落子中国港澳台地区市场，后延伸至韩国、泰国、马来西亚、新加坡、印度尼西亚等国家。

2020年，公司在保持东南亚、日韩等区域优势的同时，将结合本地化的产品选择和营销方式重点开拓北美等高潜力市场。

三七互娱在境外的主要平台是以37.com为统一域名的37GAMES国际平台。此外，其还通过投资入股的方式，与境外公司合作开拓市场，推动产品更好地实现本土化。2019年，海外收入占其总收入的7.93%。

李逸飞在创业的第二年入读长江商学院，学习EMBA课程。在那里，他习得一项改变人生的习惯：跑步。从最开始跑3千米，到10千米，到至今每周至少跑70千米，跑马改变了他的性格、工作习惯，也融入了三七互娱的经营理念。

他不仅鼓励员工跑步——年会奖品包含跑鞋，在公司设置跑道……还倡导用跑马拉松的精神去做企业：“三七互娱在发展壮大过程中，几次赶上互联网发展的红利。每一波红利过后，能够留下来的公司其实不多。三七互娱能留下来，因为始终没有过于追求利润率，而是想办法永续经营下去，最终在中国乃至全球游戏、文创市场留下影响力。我不在乎跑得有多快，而是一直跑下去。”

李逸飞：创业5年逆袭富人榜　“玩心”驱动的人生“马拉松”——扫码观看对话三七互娱李逸飞

六、梁耀铭：新冠疫情中的“健康哨兵”

有两个行业你要赚快钱是不太现实的。一个是做医疗，一个是做教育，不能急功近利，一旦急功近利了就歪了。

——金域医学梁耀铭

第一次见到梁耀铭，眼前这位董事长更像一位技艺精湛的医生。在广州医学院（现为广州医科大学）学临床出身的他，如果不是因为筹办校办企业的机会，中国第三方医学检验行业的历史恐怕将改写。

“有两个行业你要赚快钱是不太现实的。一个是做医疗，一个是做教育，不能急功近利，一旦急功近利了就歪了。”谈及金域医学的理念，梁耀铭有着独到见解。如今，金域医学已建立了37家中心医学实验室，为超过2.2万家医疗机构提供2700项医学检验及病理诊断服务，成为国内第三方医学检验行业的龙头企业。

金域医学董事长兼首席执行官梁耀铭2017年在上市仪式上致辞

病理切片机起家

现在的金域医学已经是第三方医学检验行业中的佼佼者。谈起金域医学的创业史，梁耀铭表示，其实来自大学同学“无心插柳”的一句话。

1988年大学毕业后，学习临床医学的梁耀铭兴趣却不在从医，当时校办企业初创，梁耀铭随即投身到企业经营中。

梁耀铭所在校办企业主要从事一些检测试剂配制工作。当时一位同学在广州大医院进修后回到基层医院工作，发现自己“不会看病了”，因为在基层检验条件太差，很多检验无法开展，病人甚至不得不跑到广州的大医院做检查。

当时的梁耀铭熟思良久，有没有一种办法能够填补基层医疗检验条件的不足，让病人少折腾、少麻烦呢？当时第三方医学检验这个模式，在国内还没有形成，但梁耀铭的脑中已经慢慢有了雏形。后来到新加坡国立大学学习期间，梁耀铭系统地接触到国外第三方医学检验的运作方式，这让他下定决心“大干一场”。

在金域医学的展厅中至今摆放着一台英国进口的病理切片机。“创业做病理切片没有设备，学校也没有钱采购，我们员工自己集资 9 万元购买了这台切片机，那还是 20 世纪 90 年代。”梁耀铭回忆起创业的艰辛还历历在目。

创业过程中的曲折并不少，金域医学最困难的时候是 2005 年，当时梁耀铭为接轨国际标准，投入大量资金进行世界顶尖的实验室质量认证认可，几乎“无米下锅”，但坚持下来的梁耀铭终于迎来了 2009 年医改政策的春风，高质量标准的第三方医检机构的黄金时代终于到来。

“我当时在想，我虽然没有当医生，没有直接帮老百姓看病，但我可以通过帮助更多的医生做好诊断来帮助病人。”梁耀铭描述金域医学的发展，正是来自“帮助医生看好病”的理念初衷。

全国连锁规模化经营

从校办企业到上市公司，金域医学“摸着石头过河”，殊为不易。

“要做强做大，需要有资金去发展业务，而且经营也要更加灵活。刚好广州也支持校办企业的转型，所以在广州市委市政府的指导下，我们校办企业就改制了。”

回忆起 20 世纪 90 年代金域医学的发展，梁耀铭表示，当年钟南山院士还是广州医学院院长，“钟院士听到金域医学发展的情况，他也认为这是好事情，能够帮助很多医院提升诊断水平。”梁耀铭表示，钟南山院士对金域医学第三方医检这一新生事物的发展给予了绝对支持。

金域医学发展的另一位“贵人”则是联想当年的掌门人柳传志。

“金域医学的发展需要上规模，走全国连锁道路。但各地开设分公司资金压力不小。”梁耀铭表示，柳传志获悉金域医学的发展理念后，马上就投资了一笔钱，从 2007 年起金域医学就启动了全国连锁的布局。

“我还记得，柳传志当年说，小梁你这个事业是利国利民的事业。我做了一个民族品牌企业出来，希望在我有生之年，扶持更多有追求、有情怀的企业家，创造出更多的民族品牌企业。这是他对我的勉励。”梁耀铭忆述道。

走上连锁规模化的快车道。金域医学最新发布的 2019 年度企业社会责任报告显示，过去一年，依托覆盖全国的服务网络和具有国际质量标准的医学检验、病理诊断优势，金域医学已在 31 个省、自治区、直辖市帮助超 1.1 万家基层医院提升卫生服务能力。

与此同时，2019 年，利用覆盖全国 90% 人口所在地区的 37 家中心医学实验室网络，以及 2000 多个医疗冷链物流网点，金域医学服务全国 2.2 万家医疗机构的 90 万名医生，为其提供医学检验及病理诊断支持。

勇当新冠疫情“健康哨兵”

2020 年 1 月 22 日晚，梁耀铭突然接到一通紧急电话。电话来自广东省科技厅，通知他次日参加广东省科技厅和卫健委召开的新冠病毒防控联合攻关项目座谈会。

参加座谈会后，1 月 23 日晚 10 点多，梁耀铭紧急召开总裁办的电话会议，他分析道：“钟院士 80 多岁的高龄还被派到武汉去，我觉得疫情绝对不一般。”

梁耀铭在会上说，金域医学参与抗疫必须有两条原则：一是大难当前不能想着赚钱；二是必须保证所有员工安全。

大年三十（1 月 24 日），梁耀铭发出致全体员工的一封信，动员全体员工投入“战斗”，并进行生物安全防护培训。同时，紧急采购相关物资，随时待命。

总动员一声令下，不少员工主动放弃节假日，纷纷请战。大年初一，便有 50 多名员工报名并从各地赶到广州总部。大年初三投入学习，进行生物安全防护的培训。通过线上线下，金域医学对 200 多名持有 PCR 上岗证和检验技师职称证的检验人员开展培训。在支援一线的同时，这些学员也回到各地子公司对其他人员进行转训，以满足不同地区的检测需求。

面对疫情，金域医学不是“临时上阵”，而是有备而战。

早在2018年，金域医学便在广州呼吸健康研究院专家团队的指导下，按照P2+实验室建设标准建设了“临床呼吸道病毒诊断与转化中心”。该中心还是呼吸疾病国家重点实验室病毒诊断研究分室，是全国领先的呼吸道病毒临床和实验室诊断的第三方精准检测平台。当时设立该中心的初衷之一，就是要在应对急性、突发性传染病时能发挥至关重要的作用。

此外，金域医学还拥有规模强大、覆盖网络宽广、运输时效快速的生物样本冷链物流，组建了一支近3000人的医疗冷链物流团队，目前已经在31个省、自治区、直辖市及香港地区的700多个城市构建了物流网络，县级网点超过2300个，可深入基层开展生物样本运输。

大年初一（1月25日），金域医学完成了首个新冠肺炎核酸检测任务。来自地级市的3例标本从进入实验室到核酸提取检测再到出具报告，仅用3个半小时。

此后，随着样本量的大量增加，金域医学不断改进检测方法，提高检测效率，迅速制定了一个规模化、标准化的检测方案，目前全集团单日最大产能超过15万例。而金域医学也先后承接包括雷神山医院及武汉市、湖北省其他城市等关键区域的病毒核酸检测重任，并随广东医疗队支援湖北荆州，助力全国各省市复工复产复学检测，内防反弹，外防输入，以第三方医检的社会化力量勇当“健康哨兵”，为全面打赢这场疫情防控阻击战提供强有力的检测支持。

防控常态化下的火线驰援

“健康哨兵”是梁耀铭对金域医学的定位。“无论普通疾病还是传染病，检测都必须放在第一位。检测冲在最前线，金域医学就是一名健康哨兵。”梁耀铭指出，第三方实验室正是通过规模化降低整个运营成本，而流程化的运作可以大批量提高效率，这很符合公共卫生安全防控需求，也为第三方实验室发展提供了想象空间。

当前疫情防控已由应急状态转为常态化，然而作为全国病毒核酸检测的主力军，金域医学时刻保持“战斗”状态，积极承担发热门诊、密接人群及住院病人筛查，以及对复工复产、复学、入境人员的核酸检测工作。同时按各地政府要求，应对各种突发疫情。从黑龙江绥芬河、吉林舒兰地区，再到北京、乌鲁木齐、大连、香港……应对突如其来的聚集性疫情，金域医学都以最快的速度，采取全国一盘棋调配资源方式，火线驰援，再次彰显了“健康哨兵”的战斗力。

如在北京新发地疫情阻击战中，按照北京市、朝阳区两级政府的部署，金域医学北京公司冲在战“疫”一线，以3万的日核酸检测能力承接了朝阳区大规模街道社区筛查任务，满足政府和市民“应检尽检”“愿检尽检”的需求，成为北京核酸检测的一支重要队伍。

而在新疆乌鲁木齐市突发疫情时，金域医学又迅速调集人员和设备，支援金域医学新疆公司。金域医学作为当地最大的第三方医学实验室，将日检测产能提升至4万例，承担了重点地区的核酸检测重任，并助力政府开展大规模筛查。

从2020年7月14日起，金域医学香港实验室开始承接香港特区政府委托的检测任务。按照政府的要求，集团紧急调集设备资源，升级实验室，持续扩大产能，协助香港开展大规模核酸检测筛查。目前实验室单人份检测产能每日超过2000例，为香港当地日核酸检测产能最高的实验室之一。

“对金域医学而言，仍紧绷着一根弦，复工复产、复市复商，学生们复学返校，境外人士入境等，都需要开展筛查。”梁耀铭说，金域医学的“战斗”还未到结束之时。

截至7月中旬，金域医学已在包括湖北、广东、北京、上海等29个省、自治区、直辖市及香港地区获授权，陆续开展核酸检测和抗体检测，累计检测超过1200万例。

技术创新寻突破

规模优势需要技术创新的支撑。

“金域对科研投入非常重视，每年营业额的7%左右，作为研发经费。”梁耀铭介绍，金域医学顺应国家新基建的发展，进行数字化转型变革，下一步将建设“一库二中心一基地”。

在梁耀铭的描述中，“一库”主要是指国家生物医学样本资源库。“那是保存生物医学样本的地方，我们会分门别类地将罕见病、呼吸道疾病、传染病、肝脏、肾脏等样本留下来，进行回顾性研究，以求不断发现新的指标。”梁耀铭认为，这些样本从预防到诊断到治疗康复，支持疾病研究的全流程，而且积累的数据越多价值越大，“就好比茅台酒，放得越久越值钱”。

“二中心”是指国家区域性医学检验与病理诊断大数据中心、智慧医检与大健康技术创新中心，利用样本库数据与生物技术结合，研发出下一代检测产品。最后的“一基地”，则是第三方医检数字经济产业示范应用基地。

“一库二中心一基地”的建设，将为国家公共卫生疾病防控、基本医疗服务和医学科研提供支撑。

不久前，国外一篇关于“用AI做新药研发”的报道，引起了梁耀铭的关注，也让他敏锐地意识到未来的发展方向。

2018年，金域医学与华为达成战略合作，在第三方检验、病理诊断和基因分析的信息化、自动化和智能化，以及智慧城市、智慧医疗建设方面开展深度合作。

梁耀铭介绍，双方首次基于病理形态学，通过深度学习技术，训练出精准、高效的AI辅助宫颈癌筛查模型。通过AI辅助，每例病理判读仅需36秒，效率是人工判读的10倍。

不断学习，与时俱进，是梁耀铭谈得最多的词汇。通过不断向国外同行学习，同时要把其他行业的一些先进的管理理念融进来。

金域医学的人才梯队培养显得尤为重要。“这几年每年招了近千人，形成了比较完善的人才梯队。企业文化很重要，特别是金域的管理团队大部分都是自行培养的，相对稳定。事业是认人的，不一定认钱。要赚快钱是不太现实的。人才梯队要沉淀，决不能急功近利。”梁耀铭谈到。

追赶世界第一

被问及为什么金域医学近10年能够取得如此快速的发展，梁耀铭回答:“社会有需求，政策有支持。”

“有些罕见病，一家医院可能一年才遇到一两个病人，因此不可能专门去购置昂贵的检验设备，基本上都是送到我们这里来检验。”梁耀铭表示，金域医学目前服务了超过2.2万家医疗客户，服务网络覆盖全国90%以上人口所在区域，庞大的客户基数让罕见病的检验也能做到一定程度的规模化。

医保改革，医疗收费下降，对金域医学而言更多是利好。看病难、看病贵，是社会上普遍的痛点。由于全国最优质的医疗资源主要集中在大城市的大医院里，基层医院的条件相对较差。医改政策提出的一个重心，就是医疗资源下沉，“让90%病人看病不出县”。

“随着规模化运作扩大，金域医学的成本还可以进一步降低，这是我们的优势。”梁耀铭表示，规模化优势让金域医学面对医改的发展更从容。随着医改深入，既要质量好、覆盖广，又要价格便宜，这些需求都是连锁规模化的第三方实验室的强项。

“术业有专攻”，正是由于在检验上的专业化提高，许多第三方医学检验机构在运营效率和成本管控上已经比医院检验科更高更好。同样是一台检验设备，放在医院可能开机率并不高，但在金域医学手里甚至可以“满负荷”运转。如今，由于规模和成本上的优势，越来越多的医院选择将检验项目外包给金域医学等第三方。

除与医疗机构的合作外，金域医学也将目光瞄向了互联网医疗的ToC端。

为协助各地开展常态化防控工作，2020年4月，北京金域医学实验室与京东健康上线了首个新冠肺炎核酸检测的在线预约服务，上线后4天预约访问用户数超过300万人次。

4月22日，金域医学旗舰店在京东正式上线，核酸检测线上预约服务由北京扩展至广州、上海、郑州、成都、杭州、合肥、昆明、南京、青岛、济南、海口等15个城市，用户线上预约、线下采样，24小时内即可拿到检测报告。目前，金域医学旗舰店已同步在支付宝和百度健康等主流电商平台上线。

ToC端的尝试效果，超出梁耀铭的预期。在梁耀铭眼中，中国的第三方医学检验还只是在起步阶段。“目前中国将医学检验外包给第三方的外包率大概只有5%～6%，美国的外包率接近40%，欧洲接近50%，日本则更高达60%～70%的水平，这也是日本的医疗保健水平在全世界排名领先的原因之一。”

目前，国内检验市场总量大约为3000亿元，国内第三方医学实验室的市场规模在150亿元左右，相当于整体市场的5%左右，行业发展任重道远，但前景广阔。

“我觉得我们可以帮助国家医疗、公共卫生，为老百姓的健康做更多的事情。”梁耀铭表示，金域医学26年的发展，对其本人来说就做一件事。“我有这个愿望，希望能够做到中国第一、全球第一，我对这方面充满信心，因为我们有强大的中国后盾，所以我希望要走得踏实。我相信我们能做得更好。世界上应该有我们的舞台。”

梁耀铭：新冠疫情中的“健康哨兵”——扫码观看对话金域医学梁耀铭

第三章

前进！以中国制造的名义！

一块玻璃、一块电池、一个激光器……无数个微小的零部件被中国企业做成了行业第一，这无数个微小的“第一”推动着“中国制造”不断前进。

一、国内首次将纳米技术成功应用到电池材料

我 12 年来只做基础研究，在国内首次将纳米技术成功应用到电池材料中。我就是灵感多一点，想法多一点，然后找到优秀的人去实现，不是说我自己就能实现。

——德方纳米吉学文

德方纳米董事长吉学文

他，毕业于自动化专业，在空军长春飞行学院（现中国人民解放军空军航空大学）做了 10 年科研工作，毅然转业来到深圳创业。从深圳市拓邦电子科技股份有限公司（简称“拓邦股份”）的采购员到董事，再到成立深圳市戴维莱传感技术开发有限公司（简称“戴维莱”）专注半导体气体传感器的研究，最后到创办深圳市德方纳米科技股份有限公司（简称“德方纳米”），吉学文传奇般的经历，最终将德方纳米带进了资本市场。

德方纳米是我国第一家将纳米技术应用到制备电池正极材料的企业。2019 年 4 月 15 日，德方纳米登陆深交所创业板，即在它诞生的第 12 个年头里迎来了上市的高光时刻。

放弃部队光鲜身份，转业做实业

1984年，吉学文毕业于吉林工业大学自动化专业。为了一心报效祖国，也为了圆自己参军的梦想，他毕业以后选择了空军长春飞行学院，接受了几年正规训练。而后当了10年的参谋，并带领科研团队从事科研工作。如果在大学继续发展，他成为技术管理干部的前景将是可期的。

吉学文军装照

不过，在吉学文看来，这份工作与自己的兴趣相悖，也与自己不喜欢受约束的性格相左。1994年，吉学文毅然放弃光鲜的身份，转业来到深圳。

转业之后的吉学文投身到实业中，合伙创办了生产控制板的拓邦电子。2006年，拓邦电子在深交所挂牌上市，吉学文的身价也翻了几番。

在此期间，因为对气体传感器感兴趣，他一边自学，一边跟着中国科学院长春应用化学研究所的老师学习这方面的知识。2001年，他创办了戴维莱，专注传感器的研发与应用。但这并不是吉学文的第一家传感器公司，据他介绍，“进拓邦之前，我就在做传感器研发，失败了3次，最后才有了戴维莱，但都是同类技术的延续”。

当被问及经历了3次失败之后的感受时，吉学文表现得很淡然，他觉得失败并没有什么，人就是要不断钻研、不断学习。直至现在，吉学文还保持每天学习的习惯，就连在出差飞机上都在看关于技术方面的书。他开玩笑说，学习就是为了“老年不痴呆，不给后代添麻烦”。

因为兴趣，投入纳米技术研究

2006年，机缘巧合，吉学文结识了王允实、张立德、师昌绪等几位纳米材料领域的泰斗，激发了他对纳米技术的浓厚兴趣。于是，他不断地学习并实验，并对有“中国纳米专家第一人”之称的张立德的相关技术进行了投资，用纳米氧化铝等技术做了一套污水处理装置，但最终没有走向产业化。

之后，他找到了在研究金属材料领域已经非常具有知名度的王允实，并通过王允实的介绍认识了孔令涌。1938 年出生的王允实、1962 年出生的吉学文和 1978 年出生的孔令涌，这样一个老中青的组合碰到一起擦出了“火花”，2007 年，他们联合创立了德方有限，也就是德方纳米的前身。

吉学文回忆称，德方纳米成立的时候主要研究纳米材料的制备工艺，比如生产纳米的粉体、纳米氧化铝和其他一些纳米技术的应用，以及纳米技术材料的合成。

面对低碳经济带来的巨大节能与环保需求，基于对新能源材料应用领域的预测，吉学文说，公司团队认为未来新能源材料的市场前景广阔，但是缺乏对磷酸铁锂弱点的了解。于是，自 2008 年起，公司尝试将纳米化技术应用在磷酸铁锂的合成上。

在一次实验中，公司研发团队发明了自热蒸发液相合成法，虽然当时技术还不够成熟，但是吉学文预测这项原创技术将非常有价值。为了提高纳米磷酸铁锂的一致性、导电性，公司又发明了非连续石墨烯包覆技术。

德方纳米控制人之一王允实（右）和师昌绪院士（左）合影

吉学文介绍，德方纳米发明的“自热蒸发液相合成纳米磷酸铁锂技术”属于世界首创，具有能耗低、产品性能优、批次稳定性好、生产成本低等优点，明显优于国内外现有的其他纳米磷酸铁锂正极材料工艺技术。

不下八次搬场地，换车间

回忆这个将想法付诸实践，并实现量产的过程，吉学文感触颇多。他表示，技术是慢慢练出来的，整个过程比较复杂，厂房不够用，设备也要不断更新，“搬场地，换车间，我们有不下八次这样的经历”。

德方纳米最早的办公地址、最早的注册地址——南山知识服务大楼

“开始从科技园一间小实验室，到老兵工业城里一栋几百平方米的实验厂房，再到西丽的宏发科技园，之后到机场那边又干了几年，然后又到佛山，分一、二、三期扩产，现在进行第四期。”吉学文说。

虽然经历很多困难，但在吉学文心里，这个过程是必然的。“这就是产业化的过程。”他说，“不怕出现问题，就怕克服不了问题。”

12 年，只做了基础研究

回顾历史，德方纳米成立时只有 4 人，经过 12 年的发展，到现在已有 800 多人。其间经历了探索期、成长期和稳定期。

由于前期研发投入较大，德方纳米成立的前几年一直处于亏损状态，但吉学文脑海中从没产生过放弃的念头。“我们的目标非常坚定，这源自我们过硬的技术。这种感觉，从来都有；这种思想，何谈放弃。”吉学文说。

正是有了这份坚持，在新能源汽车产业持续向好的背景下，德方纳米凭借“产品好、服务好”的口碑获得了宁德时代（宁德时代新能源科技股份有限公司，简称“宁德时代”）等下游客户的高度认可。吉学文还表示，德方纳米与宁德时代相伴成长，宝马是宁德时代的客户，为满足宝马对工厂的环境认证，德方纳米和宁德时代在设备的改造和环境方面都做得非常漂亮。

在谈到行业竞争时，吉学文说，德方纳米做了12年，其实相当于做了一个基础研究。从2016年到现在技术都已成熟，到了一个稳定的发展期。德方纳米合成技术具有独到优势，技术壁垒高。在技术研发过程中，德方纳米曾失败了很多次，这个过程很难再被复制。

同时，他会告诫竞争对手要集约化生产。如果控制不住成本，就会存在巨大的市场问题；没有高利润，自然就会被淘汰，这也是一个行业洗牌的过程。

上市只是起点，未来的路还很远

2019年4月15日，德方纳米在创业板上市，正式登陆资本市场。

作为第一家将纳米技术应用到磷酸铁锂的公司，德方纳米利用募集资金的方式，投资年产1.5万吨纳米磷酸铁锂项目、锂动力研究院项目、信息化建设项目等，以增强公司的未来成长性和自主创新能力。

2019年4月15日，吉学文在深交所敲响上市宝钟

在谈到未来的目标时，吉学文说，上市只是起点，未来的路还很远。他表示，储能市场是一个规模巨大的市场，未来储能业务或将成为公司持续快速增长的新动力，希望未来 5 年德方纳米能借此契机，在铁锂行业上做到世界级的水平。

吉学文当过兵，做过控制板，开过气体传感器公司，之后投身纳米材料技术。因为兴趣，他去学习各种技术和知识，并将想法付诸实践。他说，德方纳米一直专注于纳米材料制备技术，目前已经进入稳定发展时期，未来只要方向没有错误，坚定一个方向发展下去，相信一定会越走越远。

对于成功，吉学文也并没有自满，他觉得自己“就是灵感多一点，想法多一点，然后找到优秀的人去实现这些灵感和想法”。

首次将纳米技术成功应用到电池材料——扫码观看对话德方纳米吉学文

二、不走寻常路的激光技术控

在光伏行业的跌宕起伏中，帝尔激光经历了借钱发工资、随时可能倒闭的困境，最困难的时候，就像“一个人在小船上，但不知道岸在哪里”。

——帝尔激光李志刚

他博士毕业后放弃国外高薪工作机会回国，投身应用于光伏产业的精密激光加工设备的研究。

在光伏产业的跌宕起伏中，他创立的公司经历了借钱发工资、随时可能倒闭的困境，最困难的时候，就像“一个人在小船上，但不知道岸在哪里”。

2019年5月17日，他带领这艘“小船”在深交所创业板成功上市。作为掌舵人，武汉帝尔激光科技股份有限公司（简称“帝尔激光”）董事长、总经理李志刚在回忆自己的创业历程时颇有感触。他认为，创造奇迹的关键是掌握核心技术，而掌握核心技术的关键不是盲目跟风于市场，而是科技创新。

2019年5月17日，帝尔激光正式登陆创业板

归国博士用奖学金积蓄创业

现年43岁的李志刚，曾是华中科技大学的硕士研究生。2004年博士毕业于华中科技大学和新加坡南洋理工大学联合培养的激光专业。

2008年，李志刚决定回武汉创业。他拿着自己在读书时期攒的奖学金，与几名研发人员一同在武汉光谷投资注册了“帝尔激光”。他们租下华师科技园里的一间小厂房，按照“科技创新”的长期规划，开始研发和生产光伏太阳能的大型激光设备。

帝尔激光成立之初，恰逢光伏产业陷入小低谷时期，李志刚却放弃了当时市场上最赚钱的“激光打标”设备的生产，瞄准了光伏太阳能的大型激光设备。但是由于研发成本和生产成本高，生产周期长，不到一年的时间，不仅资金都花光了，还需要借钱发工资。

李志刚表示，假如想很快赚钱，技术门槛会比较低，但也会很快面临激烈的竞争。从短期来看是赚钱了，但是可能一年，也可能半年后，就变得不赚钱了。一家公司想要保持长远的发展，拥有技术优势，保持行业竞争力，必须同时具备市场前景和技术创新。

他认为，光伏行业低谷只是暂时的，越是在这个时候，越会有新的技术出现，反而是一个好的突破机会。那时候，李志刚基本上吃住都在公司，与研发团队一起专心研究，既当设计人员研发设备，又当技术人员到客户现场调设备、装设备。

帝尔激光成立初期，主要为太阳能电池生产企业提供电池提效研发设备，并与客户共同研发电池提效的加工工艺。在此过程中，公司形成了一定的技术积累和行业知识储备，包括激光刻槽技术、基于电镀的激光开膜与掺杂技术等。

随着新型高效太阳能电池生产技术趋于成熟及行业整体回暖，新型高效太阳能电池产能扩张需求迅速增长。得益于多年来的行业经验、技术积累和客户资源储备，帝尔激光的激光加工设备产品迅速占领市场。

面临欧盟“双反”冲击，转型突围

2012年，美国和欧盟对中国光伏产品采取巨额惩罚措施，这对中国光伏企业发展产生了巨大的负面影响。部分企业停产，甚至濒临破产，美国和欧盟的政策对本已身处寒冬的光伏业来说，无疑是雪上加霜。

李志刚坦言，当时心里其实是很恐惧的，虽然自己对光伏行业充满信心，但是不知道公司能不能撑到那一天，相当于“一个人在小船上，但不知道岸在哪里”。

为了保证公司正常持续运营，公司在继续研发太阳能电池激光加工设备主要产品的同时，对外销售陶瓷、玻璃加工等消费电子类精密激光加工设备。

公司积极寻找转型机会，研发并掌握了手机触摸屏激光切割技术。这种技术可以对智能手机触摸屏完成更精确的切割。传统的方法需要用刀具进行切割，之后还要磨边，而且在切割和磨边的过程中，手机触摸屏很容易破裂，用时也较长，一个屏完成约需 5 到 6 分钟，成品率约 80%。手机触摸屏激光切割技术基本不需磨边，完成一个手机屏的切割只需要25秒，成品率达到90%以上。

当时全球手机用户量达 60 亿，而且手机在不停地更新换代，李志刚预计手机屏的生产是一个超级大市场。于是帝尔激光迅速将手机触摸屏激光切割技术转换成产品，一时间接到了多家手机生产商的订单，公司也很快从困境中突围。

PERC 激光消融技术终被市场接纳

到了 2014 年，公司的产品已包括单晶硅激光刻槽、激光掺杂、电池背场打点、硅片激光打孔、激光划片、激光清边设备等。也就是说，在生产太阳能电池的过程中，一些传统的打孔、切边等设备，李志刚的企业都可以用激光代替，且将其做成专用设备提供给生产厂家，这样既能提高效率，又能降低成本。也正因优势明显，帝尔激光的设备销售规模不断扩大。

与此同时，帝尔激光的 PERC（发射极和背面钝化）激光消融技术开始被市场接受，并开始试量产。相对于传统太阳能电池制造的工艺，PERC 高效太阳能电池制造只需要增加氧化铝镀膜设备、激光加工设备及其他少量辅助设备即可完成生产线的升级和改造，可以兼容现有生产线，有利于以相对较低的成本提升电池技术参数和生产效率，对太阳能电池制造企业具有很强的吸引力。

谈到当初推广 PERC 激光消融设备时，李志刚表示，帝尔激光的定位非常清晰，一开始瞄准的服务对象就是光伏行业全球前十位公司。因为一直投身于技术研发，他深入了解目标客户的产品，通过不断尝试和测试，研发出一套适合客户的工艺，提高客户的产品使用效率，用技术优势去吸引更多的客户。

2018年，公司与晶科能源控股有限公司、天合光能股份有限公司、晶澳太阳能有限公司、西安隆基绿能科技股份有限公司、阿特斯新能源控股有限公司、韩华新能源（启东）有限公司、东方日升新能源股份有限公司等全球光伏组件出货量前十企业开展了合作，签订的在手订单税后金额达4.66亿元，占公司在手订单的46.53%。

“531新政”中遇逆境发展机会

2018年5月31日，国家发展和改革委员会、财政部、国家能源局联合发布《关于2018年光伏发电有关事项的通知》，光伏装机市场受“531新政”影响有所减缓。不过，帝尔激光并未因此受到不利影响。

李志刚表示，“531新政”以后，客户受到一定的压力，传统电池竞争会加剧，如果有新高效电池技术，那么它的收益会更高。正因如此，帝尔激光的订单量、需求量较以前反而出现更快速的增长。公司在2017年、2018年、2019年的营业收入分别为1.65亿元、3.65亿元、7亿元，保持了较快增速。

继2017年PERC电池生产线升级爆发后，2018年，光伏行业迎来了PERC+SE电池产线升级需求的大幅增长期。SE技术能在与现有PERC电池线兼容的基础上，提高产出电池的光电转换效率。PERC+SE电池较普通PERC电池的光电转换效率绝对值提高0.2%至0.3%。因此，“PERC+新工艺”成为光伏行业提升电池效率的重要选择方向。

截至2018年底，主要光伏电池厂商的PERC工艺产能中约77%采用了帝尔激光的设备，SE工艺产能中约86%采用了帝尔激光的设备，占比很高。

李志刚称，光伏发电平价上网趋势明显，电价不断下降，将进一步加快光伏发电行业增长速度，光伏发电企业面临市场机遇。与此同时，竞价上网使光伏发电电费中标价格持续下降，行业竞争压力增大。未来光伏太阳能会越来越多，可能会取代传统能源的份额，所以它未来的空间会非常大。

2019年5月17日，帝尔激光在创业板上市，成功登陆资本市场。

作为全球PERC太阳能电池激光加工设备龙头企业，帝尔激光会使用本次募集资金投资“帝尔激光生产基地项目”和“帝尔激光精密激光设备生产项目”，从而促进公司的收入和利润水平持续增长。

李志刚表示，在技术日新月异的今天，即使公司已成功上市，但是他仍然处于“如履薄冰”的状态，只有不断地实现科技创新，具备先发优势，才能保持公司的竞争力。

不走寻常路的激光技术控——扫码观看对话帝尔激光李志刚

三、20 年诚信和匠心打磨出“中国好精机”

诚信立身、创新发展，只有做到这两点，个人和企业才能立于不败之地。

——宇晶股份杨宇红

在我国改革开放进程中，无数来自各行各业的人才，砥砺奋进、搏击前行，在市场经济大潮中开创新事业。湖南宇晶机器股份有限公司（简称“宇晶股份”）董事长杨宇红就是其中的典型。

宇晶股份董事长杨宇红

工程师出身的杨宇红，曾长期主持校办工厂“大局”，最终选择投身商海，实现社会和个人价值。他创立的宇晶股份，已经发展成为国内线切割和研磨抛光设备领先企业、国家级高新技术企业，2018 年 11 月 29 日成功登陆深交所中小板。

从“体制内”到“体制外”，从工程师到创业家，杨宇红如何跟随时代浪潮，成就一番事业？

追求个人兴趣，放弃体制内“金饭碗”

谈起创业初心，杨宇红表示，兴趣和信心起了主导作用。20 世纪 90 年代，杨宇红出任益阳市高级技术学校校办工厂厂长。凭借此前在益阳橡胶机械厂 7 年里积累的制造业一线经验，他将校办工厂的工作开展得如鱼得水。在当年的人们看来，劳动局主办的技校校办工厂带有事业编制，是个值得羡慕的单位。如果继续发展，就此进入政府部门任职也是可以期待的。

不过，在杨宇红看来，这份工作与自己的兴趣相悖。作为技校附属单位，校办工厂主要功能是对学生进行职业实习培训，与实业有一定距离。同时，基于对个人能力和经验的信心，杨宇红认为自己脱离体制反而有机会创造更大价值，因而毅然放弃大家眼中的“金饭碗”，辞职创业。

20世纪末，国内互联网狂潮由盛转衰，创业者进入短暂的迷茫期。此时“下海”的杨宇红却坚定地选择了他的“优势项目”——制造业。早在技校期间，他就发现国内以水晶为主的硬脆材料研磨机和抛光机行业存在空白。恰好湖南益阳本地一家零配件加工企业南方机电正在寻找收购方。于是，1999年，杨宇红倾尽积蓄，募集了一部分人员和资金投入该公司，将其更名为“湖南宇晶机器实业有限公司”，也就是宇晶股份的前身。

初入硬脆材料加工设备行业，面临的首要问题就是寻找客户。常规途径是通过每年行业协会，将公司产品资料分发给潜在客户，以及通过行业协会推荐由上至下地接触潜在客户。但在杨宇红看来，用产品质量说话，是开拓市场的终极之道。经过一番研究，他发现，竞争对手产品质量存在较多缺陷。因此，宇晶机器对产品着力打磨后投入市场，很快就打开了局面。杨宇红回忆，公司成立的1999年，宇晶机器就实现，300万元左右的销售，净利润超过60万元。

1999年宇晶机器办公楼

专注硬脆材料精密加工设备，获蓝思科技认可

随着智能手机浪潮兴起，宇晶机器也迎来重大发展机遇。成立之初几年，宇晶机器专注于硬脆材料抛光机、研磨机的生产制造。其中，研磨机主要应用于压电水晶行业。手机部件中用于接收信号的谐振器，其制造就需要用到研磨机和抛光机。

然而，当时的手机玻璃研磨机行业主要被国外产品占据。作为为数不多的国产厂商，宇晶机器在价格上拥有天然优势，对国内最早的手机玻璃生产商蓝思科技集团（简称“蓝思科技”）产生了极大的吸引力。2003 年，蓝思科技成立不久，宇晶机器就成为其研磨抛光机重要供应商，双方最终确立了战略合作伙伴关系。

谈及双方合作的基础，除了价格优势、质量过硬之外，杨宇红认为，作为设备供应商，诚信是关键因素。2015 年，公司已经更名为“宇晶股份”，蓝思科技也成长为“全球手机防护玻璃大王”。这一年，蓝思科技为公司颁发了唯一一个“最佳忠诚奖”。杨宇红认为，这个奖反映出上下游供应商与客户之间携手同行将近 20 年的互相信任。

从商近 30 年，创立宇晶股份 20 年，杨宇红回忆，作为客户，公司从未拖欠供应商货款；作为供应商，公司也坚守契约精神，按质、按量、按价为下游客户供货。因此，在市场开拓过程中，杨宇红坦言并未感受到过多压力。他坚信，只要提供好的产品和服务，老客户的口碑就是最好的品牌效应。事实上，蓝思科技作为手机玻璃盖板龙头企业，行业影响力显而易见；而宇晶股份作为蓝思科技最大的研磨机、抛光机供应商，获得业内认可也就顺理成章了。

智能手机产业链升级，带动上游面板加工设备需求

目前，宇晶股份的研磨抛光机产品主要应用于智能手机防护玻璃的研磨、抛光。随着苹果 iPhone 8 系列及 iPhone X 产品采用双面玻璃带来的示范效应，智能手机行业对于双面、3D 玻璃设计的青睐，以及随着 5G 应用的来临、无线充电的普及，非金属机壳材料在通信信号传输方面的巨大优势，使得玻璃、陶瓷甚至蓝宝石材料的智能手机防护面板需求大幅增长。

智能手机产业链升级，带动宇晶股份业绩实现快速增长。招股书显示，2015—2017 年，公司营业收入复合增长率高达 75.24%，收入增长主要来源于研磨抛光机产品的增长。

不过，杨宇红强调，公司一直走在追求收入多元化的道路上。2013 年，宇晶股份营业收入首次过亿。随后，公司将产品应用领域从手机触摸屏及后盖向外拓展，涉及玻璃、蓝宝石、硅材料、磁性材料和陶瓷材料等硬脆材料的去除加工。截至目前，公司知名客户众多，除蓝思科技以外，还包括江西合力泰科技有限公司、欧菲科技股份有限公司、比亚迪股份有限公司、烟台正海磁性材料股份有限公司等。对此，杨宇红笑言："公司各行各业客户，都是国内最大的客户，并且都是很好的合作伙伴。"

不过，在下游领域的选择上，宇晶股份也不是漫无目的、全盘接收的。杨宇红认为，未来公司战略重点仍将是手机面板玻璃加工设备。首先，作为移动互联网时代的智能终端，手机是未来人们必备的产品，市场空间巨大；其次，5G 通信的实施带来手机更新换代需求。可以预见，未来手机迭代速度将加快，材料种类也将翻新，相关精密加工设备也会迎来更新需求。

2017 年，比亚迪集团采购中心总经理何志奇与杨宇红等宇晶股份高管洽谈业务

作为智能手机产业链上游供应商，行业中一个绕不开的话题就是苹果手机。近年来，苹果手机全球出货量出现下降趋势。业界忧虑，负面影响将通过作为苹果玻璃屏幕重要供应商的蓝思科技，一路传导至上游面板加工设备领域。对此，杨宇红并不担心。自从 2010 年，中国智能手机进入大发展，国内传统手机厂商和互联网公司都前赴后继，争相在这一行业高歌猛进。他指出，随着智能手机普及、市场持续增长，苹果出让的市场份额最终将流入各大国产品牌手中，而国产厂商对面板乃至更上游的研磨机、抛光机需求仍然是刚性的。事实上，宇晶股份近期已收到不少来自新客户的新订单，智能手机行业新生力量正接踵而至。

杨宇红强调，这也是手机面板及后隔板加工设备行业的优势之一。随着下游产品更新换代、多元化发展，上游设备也必须跟上变化，下游需求将长期存在。他预计，今明两年，应用于手机面板及隔板的研磨抛光机需求将迎来更大幅度增长。

对技术痴迷，对装备制造业执着

在国产精密加工设备领域“摸爬滚打”20 年，杨宇红感慨良多。从进口产品占据市场、国内产品“一片空白”，到线切割机全面替代进口、研磨机大部分替代进口，硬脆材料精密加工设备经历白手起家、从无到有的跨越历程。

不过，工程师出身的杨宇红对现状仍不满足。他认为，与西方发达国家相比，我国核心差距仍然在于装备制造领域。许多关键性设备无法通过购买方式取得，只能依靠自主研发。为解决研发难题，我们还需要付出相当多的精力和时间。

杨宇红表示，最高端的研磨机、抛光机仍然依赖进口，在他内心仍然有遗憾。为实现行业 100% 进口替代，他将继续做着“微不足道”的工作，在追求技术进步的道路上前进。

除了已经完成上市征程的宇晶股份，杨宇红另一件得意“作品”就是儿子杨佳葳。杨佳葳自美国康奈尔大学电子与计算机工程学院硕士毕业后，回国加入公司，目前任研发总监。对儿子继承自己“衣钵”，主动加入公司、投身制造业，杨宇红格外欣慰。他表示，对儿子最欣赏的品质就是其对制造业的热情和执着，让他看到事业成功的希望。

除此之外，谈到对儿子的期望，杨宇红称，希望他始终贯彻“诚信”二字，无论对客户还是供应商，都“真诚相待”。在他看来，自己最突出的管理风格就是充分信任、充分授权，无论人、事、财权，都给予企业管理人员充分权力和信任。同时，对公司员工和管理层，杨宇红最看重的核心品质也是真诚。他认为，“诚实经营、开拓创新”是自己创业成功的最大心得。诚信立身、创新发展，只有做到这两点，个人和企业才能立于不败之地。

杨宇红一家在宇晶股份上市仪式留影，后排右二为杨宇红，左一为杨佳葳

国家主席习近平曾指出，中国是装备制造业大国，但同发达国家相比还有差距，实现中国梦，装备制造业这个基础必须打牢。装备制造业的核心是技术创新，一个国家综合实力的核心还是技术创新，不掌握科技创新最灵魂、最根本的东西，就掌握不了国家科技事业发展的命运。

而作为一名“技术咖”，杨宇红身上也始终背负着这种崇高的责任感和自豪感。在他看来，装备制造业是共和国的“脊梁”，是国家进步与发展的支撑动力。因此，杨宇红表示，让客户用宇晶的机器制造出更好的产品，这是宇晶人自豪感的源泉。

二十年诚信和匠心“打磨”出“中国好精机”——扫码观看对话宇晶股份杨宇红

四、秉持初心　七年成就红外滤光片全球领先

我对所有的事情都秉持初心和执着，我乐意跟大家一起分享。

——五方光电廖彬斌

“我们公司一直以来本着简单、规范、责任的经营理念，以技术研发为中心，以市场需求为导向，不断地坚持品质和服务的创新。”湖北五方光电股份有限公司（简称“五方光电”）董事长廖彬斌总结创业经验的语言简洁而有力。作为红外截止滤光片（IRCF）行业的后来者，五方光电成立短短7年便成为行业全球第二，实现了许多企业翘首以盼的上市宏愿。

五方光电董事长廖彬斌

廖彬斌性格乐观、温和、包容，热爱慢跑、慢走等运动。“我对所有的事情都秉持初心和执着，我乐意跟大家一起分享。我是一个非常执着的人，创业初期保持一颗平常心，只希望认真地工作，在行业的大背景下能够有所发展，有所突破。既然我们想做这个事情，一定要付出努力，哪怕付出努力之后，最终不成，我觉得也无怨无悔。”

初入滤光片行业——抓住行业变革契机

20年前，廖彬斌还是一名普通的打工者。1999年来到深圳后，他持续6年就职于一家传统电声企业，带领团队从事公司主要产品麦克风的国际贸易工作，因此获得了许多在全球各地参加大型电子展会的机会，能够接触、了解全球电子市场的前沿信息。这些经历加深了廖彬斌对电子产品的了解，提高了业务能力和管理能力，“更深远的意义在于它扩宽了我的视野，对我的格局有一定的影响。”

2005 年，廖彬斌开始了自己的创业生涯。与当时国内许多普通创业者一样，他创办的企业最初承担了一些外企在国内的“office”角色，帮助它们在中国开展组织订单、验货、研发和寻找新产品、出货等工作，廖彬斌由此积累了一定的生产、管理、订单服务等经验。

2010 年时，全球的 IRCF 市场已有充分的发展，韩国的奥托仑、中国的浙江水晶光电科技股份有限公司、欧菲光集团股份有限公司（简称“欧菲光”）等企业已是行业中的佼佼者，占据了较高的市场份额。进入滤光片市场之前，廖彬斌对这个领域完全不具备相关经验，但对整个市场进行充分调研后，乐观的他认为这个市场未来能有所突破，自己的公司也能找准发展方向。

不过他仍然意识到，一个初创企业进入这个行业，在技术研发、精细化生产管理、资金以及客户的认可度等方面，与上述企业都存在很大的差距。因此，他选择了从中低端市场入手，建厂初期主要经营应用于笔记本电脑的摄像头模组的红外截止滤光片等精密光电薄膜元器件产品。幸运的是，与当时笔记

2000 年，廖彬斌（左四）在印度与有关客户合影

2011年，廖彬斌（左四）与荆州市有关领导合影

本电脑市场的镜头龙头、中国台湾地区上市企业如亚洲光学股份有限公司、台湾极光先进光学有限公司等进行业务合作，五方光电起点相对较高，既增加了团队对产品的认识，也促使公司加紧研发，并建立了较高端的品质工艺、品质体系，顺利完成了前期的积累和铺垫。

2012年，五方光电前身湖北五方光电科技有限公司（下称“湖北五方”）成立，主要从事IRCF的研发、生产和销售。根据使用的光学基材不同，IRCF可以划分为白玻璃IRCF、蓝玻璃IRCF和树脂IRCF。

当时，手机摄像头模组的标杆企业舜宇光学科技（集团）有限公司（简称“舜宇光学”）找到五方光电，成为五方光电第一家手机摄像头模组客户，五方光电也借此进入了手机产业链。借助舜宇光学的平台，廖彬斌接触了越来越多的摄像头模组厂家。2013年，五方光电的产品出货规模已在国内市场位居前列。

廖彬斌回忆，舜宇光学对供应商要求较高，对公司的资格认证耗时长达三四个月，五方光电为此做了很多铺垫性工作。“舜宇来找我们，我相信不是完全取决于摄像头市场向手机转型的机会，其实跟我们自己的努力还是有很大的关系。”与舜宇光学成功合作，证明了五方光电此前的发展方向是正确的，产品品质获得了行业领军企业的认可。

实际上，当时滤光片行业的供应链较为缺乏，特别是中等档次产品的供应链，介于高端和低端之间的市场出现空白——对产品性能要求较低但对品质要求较高，五方光电的加入正好填补了这个市场空白，这也是他们当时很快进入角色的一个最主要的原因。

而五方光电进入市场的时候，又恰好是消费类电子对摄像镜头需求不断增加的时间点，当时无论是手机市场、笔记本电脑市场，还是监控摄像头市场，都对滤光片产品有一定的需求，并且摄像头模组的制程模式正在发生变革。

廖彬斌坦言，没有想到摄像头模组制程模式的颠覆给了自己一个巨大的机会。“当时整个摄像头模组的制程发生了改变，以前三个模式的制程以 CSP 为主，也就是说我们的产品主要是搭载在手机镜头上面的。但 2011 年，COB 制程开始兴起，我们赶上了第一波 COB 制程的前序。生产摄像头模组厂直接向 IR 场景，就是滤光片厂进行采购，应该基本上是从 2012 年才开始的。”

定位荆州，全力发展

廖彬斌将公司的发展历程大致分为三个阶段：2015 年之前，2015—2017 年，2018 年至今。

2010—2014 年，廖彬斌相继投资设立了苏州五方光电科技有限公司、东莞五方光电股份有限公司和湖北五方光电股份有限公司共三家公司，这一阶段，公司专注于技术研发和客户资源积累，为公司快速发展奠定了良好基础。但由于当时整个市场的产品以白玻璃 IRCF 为主，这三家公司的产品有一定销量但产值基数不大，且三家公司在管理、技术研发上相对分散，在一定程度上制约了公司的发展。

2015 年开始，廖彬斌下定决心对三个主体进行整合，以避免同业竞争和消除关联交易，同时降低生产成本、提高生产效率。五方光电的创业团队都来自湖北荆州，在荆州拥有产业园并获得当地政府的优惠政策，考虑到当地人力成本、电力成本相对较低，因此，最终决定以湖北五方作为主体进行业务整合，主要生产能力转移至湖北荆州。

众所周知，国内手机产业链主要集中在珠三角地区，而荆州所处的地理位置既不靠近客户，也不靠近供应链市场。但五方光电具备快速的市场反应能力，从接到订单到出货只需要一周时间，且得益于产品体积较小、便于运输等特点，物流环节并未给公司造成较大的影响，基本能够保证夕发朝至。

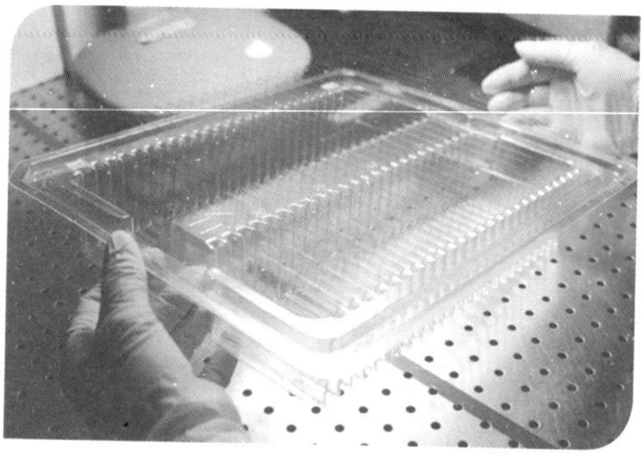
五方光电产品——蓝玻璃 IRCF

也是从 2015 年开始，五方光电开始生产和销售蓝玻璃 IRCF，在国内是首家生产蓝玻璃 IRCF 的厂商，当时是为一家中国台湾的企业白金科技进行代工，产品全部出口。2016—2018 年，公司积极推进“大客户”战略，在保持原有客户合作关系的基础上，陆续开发了欧菲光和旭硝子等新客户，至此与国内一线摄像头模组厂商全部建立了稳定的合作关系，同时成功开拓国际市场。在此期间，五方光电客户欧菲光、舜宇光学、信利光电等摄像头模组企业陆续停止了红外截止滤光片的自产，这为五方光电的发展壮大提供了更好的机会。

2015—2018 年，五方光电的营业收入快速增长，市场占有率不断提高。谈到公司的核心竞争力时，廖彬斌充满自信地说：“我们的技术研发能力、精细化生产能力以及对市场的快速响应能力，这些都是非常重要的。”

上市和 5G 应用——2019 年翻开发展新篇章

2019 年，历经 7 年发展的五方光电终于在深交所敲响上市金钟，迎来公司发展的新篇章。

2019 年也被称为“5G 元年”，当年国内已有多个手机厂商推出了 5G 手机。对此，廖彬斌的兴奋之情溢于言表：“5G 对于我们整个摄像头产业链来说，绝对是一个非常利好的消息。5G 的市场需求应该从 2020 年到 2021 年开始爆发。”

五方光电本次 IPO 发行募集资金 7.25 亿元，募集资金将用于蓝玻璃红外截止滤光片及生物识别滤光片生产中心建设项目、研发中心项目。

5G 应用加速了手机的迭代，也就加速了整个摄像头模组以及滤光片产品的

2019 年 9 月 17 日，五方光电登陆深交所中小板

迭代需求。廖彬斌表示，增加 3 亿片蓝玻璃红外截止滤光片的生产，是经过仔细演算的。从目前的情况来看，手机双摄的渗透率进一步提升，多个手机品牌出现了三摄及多摄的现象。保守估计，2020 年全球滤光片的市场需求约为 60 亿片，按照五方光电 2018 年的市场占有率 16.13% 计算，能够保证 10 亿片的需求，基本可以覆盖蓝玻璃红外截止滤光片扩产后的产能。截至 2019 年年中，该产品的产销率已达到 95.36%。

另外，5G 应用还加速了一些新产品如生物识别滤光片的应用。2018 年下半年，五方光电生物识别滤光片已实现小批量生产、销售，目前已具备批量供货能力。廖彬斌介绍，生物识别滤光片的应用非常广泛，5G 使很多设计功能变成现实，它们具有更广阔的前景和意义。

期待更多市场的开发以及新产品带来的新动能

招股书显示，五方光电红外截止滤光片最近 3 年的市场占有率从 8.59% 提升至 16.13%，居于行业前列，服务客户主要是舜宇光学、欧菲光、昆山丘钛微电子科技有限公司、信利光电等大型摄像头模组生产厂商，前五大客户的集中度超过八成。但与此同时，2016—2019年年中，该产品毛利率从50.58%下降至33.77%。

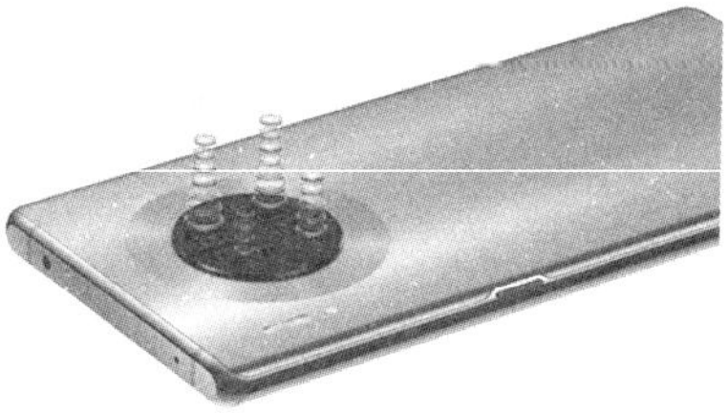

IRCF在华为手机的应用

廖彬斌对此表示，手机终端生产商主要是苹果、三星、华为、OPPO、vivo、小米、联想等，摄像头模组厂相对数量并不多，因此在一定程度上导致了公司客户相对集中，且集中化趋势还将继续凸显。而消费类产品价格下降是行业发展的趋势，每次价格下降也伴随着自动化生产的改善和集中化生产进一步提高。廖彬斌指出，2018—2019年这一年多时间，蓝玻璃产品的价格虽然还在下降，但降幅越来越小。

此外，五方光电在新的材料领域方面也不断研发高利润率产品，如2019年增加了树脂IRCF的出货，它作为一种新型材料的滤光片，单价基数也远高于蓝玻璃，这使得整个公司平均的产品单价并没有下降，2018—2019年的毛利率基本趋稳。

本次募投项目还包括生物识别滤光片，廖彬斌预计它将与5G同步，在2020—2021年迎来井喷。假设智能手机一年全球的需求量是15亿部，对红外截止滤光片的需求将是60亿片，而对生物识别滤光片的需求将会是30亿片，且手机在VR、AR领域的应用也有一定的需求。

随着产能的逐步释放，五方光电还会考虑在智能驾驶汽车市场、监控摄像头等市场进行布局。廖彬斌介绍，募投项目将为以后项目的发展起到一定的铺垫作用。而在更远的未来，五方光电也可能会围绕光学产业链、镀膜产业链等进行更进一步的投入。

廖彬斌表示，“上市对于企业来说，既是一种机会，同时也是一种挑战。担子更重了，责任更大了。”

秉持初心　七年成就红外滤光片全球领先——扫码观看对话五方光电廖彬斌

五、安防巨头的背后

“日本的产品无论是内在还是外在，都做得很精致、很完美。这对我以后经营企业有很大的影响，产品不能只注重外观，更要注重内在。”

——宇瞳光学张品光

福建福清，一个人杰地灵的地方，扎实的土壤孕育出不少优秀的民营企业家，包括福耀玻璃工业集团股份有限公司董事长曹德旺，融侨集团董事长林文镜、上海大名城企业股份有限公司董事长俞培俤……

张品光在日本打工时的照片

今天故事的主角张品光，同样出生于福建省福清市。从小受当地艰苦奋斗文化洗礼的他，高中毕业后，闯过日本，做过水产、房地产，多年的磨炼培养出了张品光敢闯敢试的性格。

在日系一统天下的安防监控镜头领域，他掌舵的东莞市宇瞳光学科技股份有限公司（简称“宇瞳光学”）敢于挑战行业的不可能，不但打破了日本的垄断，还俘获了全球安防巨头海康威视和大华股份的“芳心”，进而成长为全球最大的安防监控镜头供应商。2019 年 9 月 20 日，张品光敲响了上市宝钟，宣告宇瞳光学成为资本市场中的一员。

眼界决定了人生的边界

1987 年高中毕业，次年初，仅 20 岁出头的张品光就远赴日本打工帮补家用。他在日本一待就是四年。在张品光看来，自己最大的收获是开阔了眼界，特别是被日本的匠心精神深深地折服。

“日本的产品无论是内在还是外在，都做得很精致、很完美。这对我以后经营企业有很大的影响，产品不能只注重外观，更要注重内在。”

从日本回来的张品光，并没有安安稳稳地做一个打工仔，在那个下海经商成潮的时代，张品光选择了创业。开始是做水产，在做水产过程中也参与做过房地产。一个偶然的机缘，张品光进入了福建福光数码科技有限公司，从此与光学镜头行业结下了不解之缘。

2006年12月至2011年7月，张品光出任福建福光数码科技有限公司董事、副总经理，负责生产经营；2009年2月至2011年7月，担任福建福光子公司深圳天瞳光学有限公司（简称“深圳天瞳”）董事长，负责深圳天瞳的经营。

谈到为什么这么看好光学镜头行业，张品光说还是与在日本的见识有关。“2006年的时候，日本大街小巷，每个店铺里面都安装了摄像头，当时我们国内的摄像头还少，特别是像内陆企业，所以我觉得发展前景还是蛮好的。”

在深圳天瞳的时间里，张品光全身心地扎在工厂里，通过不断学习、实践，快速完成了从光学镜头的“门外汉”到“行家里手”的角色转变。

“我原来刚刚进入这个行业的时候，连晚上睡觉脑袋里都是镜片、镜头，都是镜头的线条、光的折射线条。”回忆起那段岁月，张品光感触良多。

在张品光的掌舵之下，深圳天瞳的发展越来越好。后来因为福建福光决定将深圳天瞳迁回福建的战略考虑，加上张品光此时对未来事业发展也有了很多的考虑和疑惑，于是他决定让自己先停下来，对人生进行新的思考。

俘获全球两大安防巨头“芳心”

眼界高时无物碍，心源开时有波清。从深圳天瞳出来之后，张品光用了相当长的时间去思考、去沉淀后，决定和以前的老朋友、老同事们继续做好光学镜头的事业。2014年，张品光成为宇瞳光学的第一大股东。

“前面20年是一个资本积累的过程，也是人生阅历的经验积累的过程，比如对产品的理解、看法。后面要做的是将想法付诸实践。既然看好光学镜头行业，就要寻找另一番天地去作为。”

坚守“匠心”打造高品质的产品，是张品光打出的第一张牌。“我们坚持以超越日本那种品质的理念来做光学产品，推出的产品品质达到日本水平，但成本比日本低很多。”

宇瞳光学生产的玻璃混合系列镜头
YT10042

内行看门道，外行看热闹。镜头，在外行人眼里都大同小异，但作为行内人的张品光知道，镜头想做好太难了。因为它牵涉的指标多，精度要求非常高，差之毫厘，谬以千里。为了提升品质，在张品光的坚持下，宇瞳光学一直坚持用全球最好的设备去做镜头。

在提升产品质量的同时，张品光对宇瞳光学的市场重新做了定位。“早期，宇瞳市场定位以深圳、广州为主，客户分散，要求低。而海康数字技术股份有限公司（简称“海康威视”）、浙江大华技术股份有限公司（简称“大华股份”）对零部件的供应体系要求非常高，所以早期没有进入它们的体系。后面重新定位后，把产品的品质往更高档次去做，就进入到它们的供应链。”

值得注意的是，在进入海康威视供应链之前，宇瞳光学的业务重心是放在小变焦镜头上的，为了更好地契合市场需求，在海康威视的引导下，宇瞳光学主动向定焦镜头发展。而这样一个改变，也让宇瞳光学成为全球安防监控镜头出货量最大的公司。

“定焦镜头量很大，占所有镜头里面的 90% 的量，所以做定焦镜头之后，量就发生翻天覆地的变化了。海康威视和大华股份太强大了，它们能够做到全球第一、第二，我们跟着它们做配套，自然而然就做起来了。”

紧跟大客户需求变化，不断迭代产品，是张品光始终坚守的，也是宇瞳光学得以迅速发展的重要因素之一。

2015 年左右，玻塑混合镜头因为性价比比全玻的高很多，逐渐成为行业主流。海康威视发起了玻塑混合镜头的研发，宇瞳光学快速做出反应，投入重金砸向了这一领域，并取得了较好的效果，宇瞳光学生产的玻塑混合镜头很快得到海康威视、大华股份的认可。

据悉，海康威视、大华股份是全球销售收入第一、第二的安防监控系统厂商。能够进入它们的供应链，对宇瞳光学来说，无疑是插上了腾飞的翅膀。

“我们以海康作为一个宣传点，其他安防供应商看海康用我们的东西，很快他们也用我们的东西了，那个时候发展非常快，基本是被客户推着走的。”

据招股说明书显示，2018年，宇瞳光学在全球监控安防镜头出货量的市场份额占有率为33.0%，超过第二位15个百分点。

5G将给行业带来新机会

2019年6月，中国发放5G商用牌照，意味着中国正式进入5G“商用元年”。在张品光看来，借助5G的发展，安防监控领域将迈入“看得懂”的时代，这是一个大的机会。

“2010年以前算“看得见”的安防时代，2010年到2018年是‘看得清’的时代，2018年以后人脸识别逐渐起来，就是‘看得懂’的时代。5G会带动人脸识别快速发展，使得原来早期布局的安防监控点都要升级更新，所以安防监控行业的发展空间会非常巨大。”

在以AI技术、民用安防等为代表的“未来”安防行业主流方向里，张品光深知，故步自封没有出路，必须要紧随时代的发展。2018年下半年，他再次对公司的市场做了重新定位。

“5G发展对智能家居，也就是民用安防这一块有很大的促进。去年下半年，我们又重新做了定位，在做传统安防镜头的同时，也要拓展民用领域。”

与此同时，在机器视觉领域，宇瞳光学也积极布局。“镜头就是机器的眼睛，在机器视觉上面，我们有比较深的布局，目前已经形成了产品的系列化，生产的规模化。”

上市是吸引人才的必由之路

人才者，求之则愈出，置之则愈匮。在张品光看来，人才对企业的发展至关重要。

2019年9月20日，张品光敲响了上市宝钟，宣告宇瞳光学正式成为了资本市场的一员。作者问，上市后最想做的事情是什么？张品光毫不犹豫地表示：吸引人才。

“中国光学行业研发人才还是比较缺的，虽然我们现在有200多个研发人员，但总体研发能力还有很大提升空间。登陆资本市场以后，我最想做的事情，就是可以有比较好的条件吸引高精尖人才来到我们宇瞳公司。”

张品光在宇瞳光电上市现场

根据招股说明书，宇瞳光学本次上市拟募集资金 5.44 亿元，将用于新建精密光学模具制造中心，研发中心建设、光学镜头扩产建设等建设项目。其中，建设精密光学模具制造中心，令不少投资者直呼——看不懂。

对此，张品光解释称：“公司每年模具费要花好几千万，切入模具制造可以节省很多成本。另外，模具是整个产业链的一个核心技术，我们主要的目的是研究前沿的技术，让其成为公司未来的核心竞争力之一。”

针对光学镜头扩产建设项目，张品光告诉全景网，公司产品目前处于供不应求的状态，扩产是必然选择。

“我们 2017 年占了全球份额的 38%，2018 年只占 33%，其实是因为市场的需求增量快于我们公司的增量。达产以后，我们每年将增加 3000 万支左右镜头的产能。”

共享发展成果

商业浮沉，管理不息，每一个令人惊叹的企业背后都有一位独具一格的掌门人。而张品光的独具一格则体现在分享上。

“我接手宇瞳之后，管理层持股更多了，大家一起创业，一起持股，一起分享经营成果。因为我觉得一家公司靠一两个人不可能把企业做强、做大，只有把团队力量凝聚在一起，才能把这个蛋糕做大做好。”

安防巨头的背后——扫码观看对话宇瞳光学张品光

孤身难行远路。在经营上，“微利做大”是张品光的一个核心理念。“这么多年，我们都坚持以诚信经营为主，永远保持 10% 左右的合理净利润。只要多出来利润，我就让利给客户，所以说经营成果跟客户也是分享的，客户对我们有比较强的信任感。”

六、石化专家二次创业 “左手传统 右手创新”

对于我来说，没把挣钱放在第一位，我还是坚持自己想做的一些事情，我们国家石油化工比较落后，还可以做很多工作，我希望我做的装置技术，在全世界，要么产能最大，要么工艺最先进。

——宇新股份胡先念

创业是一件艰辛且痛苦的事，选择了可能就是一场泅渡，如履薄冰。15年前，他第一次创业，为了攻克技术难关，曾七天七夜没睡，一年时间熬白了头发；11年前，他再次创业，把主战场放在了陌生的广东，从头开始，他说像再脱了一层皮。

他的付出换来了丰硕的成果——世界上第一个新型酯类溶剂SBAC被他研制成功。历经两次创业，他带出了两家年营收超过10亿元的公司。2020年6月2号，他敲响了上市宝钟，宣告湖南宇新能源科技股份有限公司（简称“宇

宇新股份董事长胡先念在公司上市现场

新股份”）成为资本市场中的一员。他就是胡先念，一位在石化领域奋斗了三十多年的连续创业者。

十七年磨一剑，不露也锋芒

1988 年，从大庆石油学院炼制系毕业后，胡先念便进入了石化行业工作，这一做就是 17 年。虽然没有在国有系统内坐上“大官”，但 17 年的艰苦磨砺，已经将他磨炼成为一位顶尖的石化专家。

“1988 年毕业后，我先进入了中石油辽河油田，从基层工人做到班长、技术员。1992 年，被当作科技人才引进到中石化长岭炼油厂，回到了家乡湖南岳阳。当时，我还要倒班，这种工作状态差不多持续了 8 年时间。”胡先念回忆称。

虽然一直在基层工作，但胡先念觉得这也是个机会，可以沉下心了，好好搞科研，好好学习。

“除了上班外，我几乎所有的业余时间都用在学习上。我们行业有两本杂志，从 1986 年上大学到现在，三十几年，我从来没有间断订这两本杂志。现在学了几十年之后，回过头来，觉得自己还是懂点技术的。”

凭着在石化科研领域的不懈学习和实践，1992—2005 年，他先后在国内外著名期刊上发表论文 6 篇，获得省、市和石化行业科研进步奖，2005 年获湖南省青年科技奖。

对一个取得大量科研成果的青年才俊来说，如果继续往下走，摆在面前的无疑是擢升的仕途。然而一直萦绕在胡先念心头的却是 2003 年他领衔研发的乙酸酯合成技术如何由中间性试验走向工业化。一旦成功生产，不仅能开发出新型环保溶剂产品，而且能为长岭炼油厂闯出一条新路。

2005 年机会来了。当年，中石化进行改制分流，只留下主业。胡先念承担起了带领分流的人闯出一条道的任务。

“当时，长岭炼油厂不出钱，就希望我带这个技术，把分流出来的人养活，减轻中石化的负担。我出来创业，说白了是组织派我出来的。”

下级领导上级的创业

2005 年，胡先念被委任为湖南中创化工股份有限公司（简称“中创化工”）

的总经理，这家企业由中石化当地系统的部分人员资产分流改制成立，包括胡先念在内的12个人的中创化工创始人团队，全部来自中石化体系。尽管原来的级别比同事们低，胡先念还是做起了企业当家人。

“出来之前，我的副经理是正处级干部，办公室主任也是副处。我当时号称是副科级。刚开始，他们肯定是不服的。”

这个由下级领导上级的创业，在管理上多少给胡先念造成了一定的压力。但胡先念清楚，让他们服气的方式只有一个，就是将创业项目研制成功。当时，胡先念团队主要的研发项目是环保溶剂产品——乙酸仲丁酯。乙酸仲丁酯，简称SBAC。主要用于漆用溶剂、稀释剂、各种植物油与树脂溶剂。

“在2005年之前，很多特色化学溶剂基本都是被国外垄断，正丁醇价格特别高，我这个可以替代它。”

为了早日攻克技术难关，胡先念带领着团队夜以继日地工作。对他们来说，这个项目是块硬骨头，啃下来不容易。但它只能成功。

2006年湖南中创化工生产装置建成

“整个项目固定资产投资是7500万元。投入这么多钱，又有这么多人出来，当时就是拼命了，破釜沉舟。最多的时候，我曾七天七晚不睡觉。这一年，像蜕了一层皮。我没出来之前，没有一根白头发。就是这一年，突然之间头发就白了。”想起初次创业的艰辛，胡先念至今仍历历在目。

好在功夫不负有心人。乙酸仲丁酯很快就被研发成功，不仅填补了国内空白，而且多个专利技术组合的工艺流程，还形成了独有的知识产权。

“SBAC这个产品，是我领导的团队第一次把它工业化的。整出来之后，一下子把正丁醇的价格打了下来，当时正丁醇卖14000元，我的只卖这个价格的80%。”

SBAC的成功上市，让中创化工的发展进入了快车道。2006年装置建成投产后，当年就实现总产值6000万元。时间到了2009年，胡先念面临他人生中的第二个抉择，离开中创化工。

“中创尽管不是国有的，但是至少是集体的。我离开的一个很重要的原因是，八项规定出来了。因为我一个亲戚来长岭任职，我必须回避。很舍不得，中创就好像自己生的孩子一样，付出了那么多心血。”

值得注意的是，到了2009年胡先念离开的时候，中创化工营收规模已超过10亿元，净利润将近1亿元。目前，中创化工是湖南省重点上市后备企业。

瞄准市场巧盈利

创业是一件艰辛且痛苦的事，选择了可能就是一场泅渡，如履薄冰。但经历过一次创业的胡先念，已经喜欢上了这种感觉，并拒绝了回到体制内的邀请。离开中创化工后，胡先念马不停蹄地开始了他的第二次创业。这一次他把目光对准了广东惠州。

“我们本来是卖技术给广东惠州的一家公司，后面我们到广东来，发现这个地方商机更好、原料更便宜，市场又在这边，就考虑到这边建厂了。刚开始到广东，我们有很多不适应，感觉像再脱了一层皮。不过，后来在这边也学会了很多东西，怎么样完全按照市场化的运作，怎么样抓安全、抓环保，进步很大。”

2009年，胡先念在湖南创立了宇新股份，2010年投资建设LPG（也就是液化石油气）深加工产业，生产基地建在了广东惠州大亚湾石化区，这里是我国七大石化产业聚集区之一。

“炼油，会有大量的伴生气。这种液化气比较便宜，把它做成一系列的化工产品、油品，甚至新材料，效益都比较好。我们紧邻大亚湾石化区，产品生产所需的 LPG 原料充足。另外，我们生产的产品 80% 左右可在深圳、东莞地区就近销售，竞争压力小、市场价格优势明显。”

2011 年，宇新股份惠州总部基地正式投产后，便实现了当年投产、当年盈利。此后，公司生产规模逐年扩大，LPG 深加工产业链越来越完善。目前，公司的主要产品是以 LPG 中的异丁烷、异丁烯、正丁烯等组分为原料生产的异辛烷、甲基叔丁基醚和乙酸仲丁酯。

“因为我本身的优势还是搞技术，所以装置建成了之后，就不停地把它优化，不断增加产能和品种。始终是一两年建一套装置，这么滚动着。”

伴随着宇新股份 LPG 深加工业务的发展。公司的业绩也非常耀眼。2016—2019 年，宇新股份实现营业收入分别为 19.75 亿元、27.79 亿元、33.32 亿元和 31.61 亿元，净利润分别为 1.61 亿元、1.47 亿元、1.77 亿元和 2.43 亿元。

宇新股份惠州生产基地

创新让传统行业不传统

虽然处于传统行业，但胡先念一向不墨守成规。他说只有勇于创新，勇于改变，才能让公司的发展更加健康、稳健。

“很多人都说自己在创新，其实创不创新，首先要看企业挣不挣钱，挣钱的企业肯定都是创新的。我们的核心在技术创新，从建设装置，怎样选工艺，选各种设备，每一个环节都会进行技术创新。”

当然，胡先念所做的创新，不止停留在技术创新上。对于产品的创新，他也从不含糊。

“我们对产品的创新也一直在进行。从油品转为化工品，再从化工品转为新材料。目前，正在研究做一些大湾区高端制造业、电子通信产业需要的原料。”

2020 年 6 月 2 日，洪亮的上市钟声响起，宇新股份正式登陆资本市场。本次 IPO 上市募资主要投向 15 万吨 / 年的顺酐项目，2020 年第四季度投产。对于此次募投项目，市场担心达产后产能会过剩。对此，胡先念直言担心多余了。

“IPO 项目，是一个原料项目，除了本身可以直接卖，还可以把它做成一系列的化工产品、新材料产品，简单说它不是最终的化工产品。这个深加工是符合国家发展方向的。华南地区至少有 20 万吨以上的市场，我的产能是 14 万—15 万吨，产能消化一点问题都没有。”

“一花独放不是春，百花齐放春满园”，对胡先念来说，带领宇新股份上市只是起点。作为中国石化行业的专家型人才，胡先念始终将推动整个行业的创新发展当作自己的责任。他的愿望是，推动中国石化行业以更加强大的姿态屹立于世界之巅。

“对于我来说，我没把挣钱放在第一位，我还是坚持自己想做的一些事情。我们国家石油化工比较落后，还可以做很多工作，我希望我做的装置技术，在全世界，要么产能最大，要么工艺最先进。”胡先念表示。

石化专家二次创业“左手传统　右手创新”——扫码观看对话宇新股份胡先念

第四章

在辽阔的大地上自由生长

辽阔的大地，不仅可以长出庄稼，不仅可以喂养牲畜，也能“刨”出能源，“画”出道路，描绘出充满希望的田野。

一、从高速公路工程队到新疆交通基建领军者

我白天在现场一线指挥作战，晚上要到办公室画图、计算、做安排，既是公司领导，又是施工队长，还是业务员。

——新疆交建沈金生

全景网对话新疆交建董事长沈金生

改革开放40年来，孕育了无数羽翼丰满的商业个体，也成就了许多目光高远的国有企业。新疆交通建设集团股份有限公司（简称“新疆交建”）从计划经济模式走向市场经济形态，适应市场发展潮流，经历近二十载风雨春秋，在地域辽阔、气候环境恶劣的新疆逢山开路，谱写了我国交通建设发展的历史篇章，留下了光荣的印记。

新疆交建董事长沈金生带领公司从无到有、从小到大，再到现在走上资本市场之路，他既是领航人又是业务员，有时候还充当施工队长，用智慧和汗水为新疆的交通建设立下了汗马功劳，也为公司的发展取得了令人瞩目的业绩。

从一个高速公路的工程队，到交通基础设施建设行业的领军企业，新疆交建是如何在沈金生的带领下一步步实现华丽变身的？

既是领导，也是业务员，又充当施工队长

1999年，为了满足新疆高速公路改革、改制的需求，新疆交通厅原下属一级公路管理处机械施工大队转制设立了北方工程处，这就是新疆交建的前身。

北方工程处是由沈金生一手筹办的，当时的定位是在遇到抢险、抗洪，或者其他突发事故时，负责保障交通、抵抗泥石流等。

沈金生介绍，北方工程处“在建设期从事一些工程建设，建设期结束后从事高等级公路的养护、保通工作，属于一种半企业半事业的工程处”。

北方工程处旧照

1999 年工程施工现场

沈金生回忆道，筹办初期公司员工只有六七十人，没有一分钱，没有任何资质，也没有业绩，就连参与工程建设的门槛都跨进不去。后来，借助政府的支持，通过各种合作模式，公司提高了管理能力。

北方工程处承建的第一个项目是乌奎高速公路的子项目，这是一个2000多万的路网养护工程项目。在没有资质、没有资金，技术力量、人才非常匮乏的情况下，公司通过合作的形式投标，拿下了项目。

沈金生白天在现场一线指挥作战，晚上要到办公室画图、计算、做安排，既是公司领导，又是施工队长，还是业务员。

沈金生称，当时流动资金少，一方面自己垫钱，另一方面要去借钱做流动资金；没有工程技术人员，公司临时到社会上招聘。“工程设备很少，市场当中的设备也很不丰富，租不到就去买，资金周转又很困难”，就是在这样困难重重的环境下，北方工程处逐步成长起来了。

沈金生在施工现场

10 年时间从 60 人变成 500 人

2002 年，北方工程处取得了二级总承包的资质，业绩得到了提升，专业性技术达到了要求。2004 年，又拿到了国家一级总承包的资质。从此，北方工程处开始介入新疆乃至全国的高等级公路的投标工作。

回顾一路走来的历程，沈金生印象中最难的项目是2006年的“312国道线—伊犁果子沟”项目，位于海拔 3000 多米地区，对边坡处理、防雨水冲刷处理等方面有特殊的要求。再加上冬季风雪比较大，经常封山，对路面的破坏性很大，因此技术要求也比较高。

通过不断研究和创新，沈金生团队采用了改性沥青混凝土路面施工技术，保证路面冬季的抗裂，用大纵坡面防止路面变形，打造了一条双洞并行的高速公路。在正常的地理环境下本该两年就完成的项目，他们用了四年时间才完成。

他回忆：“新疆的施工期比较短，只有六到七个月时间，所以施工就要采用“白天 + 黑夜，5+2”的工作模式，夏季几乎没有休息日，冬季时间长可以做培训，集中时间休息。”

2009 年，北方工程处用 10 年的时间，从 60 多人发展到了 500 人，大多数员工都是大学本科学历。

随着市场经济的发展，企业市场化、去行政化成为趋势，沈金生用现代企业管理、项目管理的思路，带领企业从国营转变成国有。

2009 年 10 月，北方工程处移交新疆维吾尔自治区人民政府国有资产监督管理委员会（简称新疆国资委）直接管理，同时，交通厅的六家企业都一起交给了新疆国资委管理。

2010 年 11 月，北方工程处改制为国有独资公司，成立新疆交通建设集团有限公司。2015 年 1 月，公司变更为新疆交通建设集团股份有限公司。

2016 年，新疆交建拿到总承包特级资质。沈金生说，拿到特级资质之后，公司进行了战略调整，开始实施“走出去”战略，在省外设立相关的办事机构、分公司。只要网上有招标的项目，不管是省内还是省外，公司都积极地参与。目前公司在西藏自治区、云南省、贵州省、湖南省、广西壮族自治区、内蒙古自治区、黑龙江省等都有一定的市场份额。

“321 国道线—伊犁果子沟”项目施工现场

沈金生称：“虽然省外的业务占主营业务收入的比例比较低，不到 10%，竞争也很激烈，但是也不放弃。”

2013 年以来，响应国家“一带一路”倡议，新疆交建抓住机会，努力走出国门，在海外开展业务。

目前新疆交建在乌克兰、塔吉克斯坦、蒙古国，及非洲的喀麦隆等国都有在建项目，同时，在哈萨克斯坦、塔吉克斯坦、格鲁吉亚、乌克兰等国设有分支机构。

沈金生称，海外业务主要是通过“借船出海、同船出海、划船出海”的方式一步一步发展起来的。

他解释道，最开始通过与央企、一些大企业以及在国外做得比较好的企业合作，采取专业分包的方式“借船出海”。后来，“借船出海”发展成“同船出海”，比如，新疆交建的第二大股东——特变电工股份有限公司在海外高压线输送方面的业务做得非常好，积累了很好的人脉和资源，可以利用它的平台“同

新疆交建塔吉克斯坦子公司的员工在开会

船出海”。后期，公司和一些在海外有资源、有办事处的企业共同开发海外市场。建立一定基础之后，公司就独自“划船出海”。

他表示，未来公司会在加大国内市场拓展的基础上，实施“走出去”战略，继续开拓国外市场。

市场机遇铸造新疆行业领军人

经过近 20 年的发展，新疆交建目前有员工 2500 多人，公司成为新疆交通基础设施建设行业的领军企业。2016—2018 年，新疆交建净利润分别为 1.48 亿元、2.46 亿元和 3.53 亿元。

沈金生表示，业绩向好一方面得益于公司“投资 + 建设 + 运营”的战略方针，公司从单一的施工企业成功转型为总投资商、总承包商、总运营商，这使公司的营业额大幅提高，利润规模也逐步提升。另一方面得益于政策利好。2017 年，新疆维吾尔自治区固定资产投资是 1.5 万亿元，其中交通基础设施建设投资要完成 2000 亿元，新疆交建作为新疆交通建设的主力军，抓住机遇，适应市场，抢占市场。

特别是，随着国家对PPP[①]业务模式的推广，作为自治区大型路桥施工企业集团，新疆交建从学习领会到主动践行，再到引领，最后起了示范和带头作用。

2017年1月，公司与博尔塔拉蒙古自治州（简称博州）交通运输局签订《博州交通建设项目PPP方式合作协议》，以更多参与到“十三五”期间博州的交通基础设施建设中。

2017年2月，公司与和田地区行政公署签订《和田地区交通运输基础设施项目投资建设战略合作框架协议》，协议约定双方通过采用PPP模式、股权合作等方式，运用委托运营、合同管理、BOT[②]、BOO[③]、ROT[④]、EPC[⑤]和政府付费等合法的模式进行和田地区的交通运输基础设施建设。

沈金生说，PPP是一个长期的投资项目，从投资、建设到运营的周期比较长，目前占公司份额的20%—30%，但随着时间的推移，份额会逐步拉大，预期未来与传统项目比较，份额将占到一半以上。

技术创新成就未来

沈金生表示，国家政策向中西部倾斜，新疆又是中西部的重要核心区位，未来新疆交建在这方面更要抓住机会，发挥主力军的作用。同时，很多大型央企和外省企业纷纷进驻到新疆路桥建设市场中，也加剧了市场竞争。

为了提高公司竞争力，新疆交建注重科技创新与技术研发工作，利用互联网技术、大数据，引进推广新技术、新工艺、新材料，并积极联络相关大学院校、科研机构共同合作研发技术。

沈金生介绍，在摊铺路面的过程中，以前是靠人工检测，现在路面的密实度、温度的控制和压路机碾压的遍数等方面都用大数据控制，所以路面质量非常均匀，非常饱满，均匀度非常好，这都是通过信息化实现的。

---

① Pubic-Private Partnership，政府和社会资本合作。

② Build-Operate-Transfer，建设—经营—转让的模式。

③ Build-Owning-Operation，建设—拥有—经营的模式。

④ Rehabilitate-Operate-Transfer，改建—运营—移交的模式。

⑤ Engineering Procurement Construction，工程总承包。

公司还采用了黑匣子技术，即在压路机上装入一个黑匣子，这相当于建立一个数据库，通过和计算机连接控制压路机，减少了人力和检测的频率，加快了工程进度，提升了质量。

新疆的冬天很冷，路面容易结冰，如何让冰雪早点融化一直是困扰大家的大问题。沈金生说，以前可能通过撒盐或者机械除冰，破坏了路面和构造物，现在可以在铺路面的材料中添加一些新型材料或者新型添加剂，通过物理或化学反应以及光的照射，很快就能融化路面的冰雪，保证了交通安全和路面畅通。

另外，沈金生还很骄傲地提到了公司的科技预养护技术。他说，本来一般公路的使用年限是 8 到 10 年，如果公司做一个预养护，就能把使用年限提升到 15 年左右，这样能使路面一直维持在一个良好的环境下，保证了公路的通行能力，这对公司也是长期的效益。

沈金生说，进入喀纳斯最美的一条生态路就是新疆交建修建的，于 2014 年完工。这是一条旅游景观大道，人在车中，车在路中，路在景中，使人沉浸在一个非常美的自然环境中。这是新疆第一条生态型的旅游公路，这条公路对环保要求非常高，需要很精细。

沈金生（左一）在深圳证券交易所敲响上市宝钟

2018 年 11 月 28 日，新疆交建在深圳证券交易所中小企业板上市，正式登陆资本市场。

作为近 3 年来新疆国有控股的上市公司，新疆交建将利用募集资金购置设备，提升施工效率，改革产能技术，补充路桥工程施工业务运营。沈金生说，通过提升公司的核心竞争力，从而参与到更多的项目中，带来更大的订单，使公司实现可持续发展。

问及未来五年公司的发展目标时，沈金生说要在新疆形成品牌，先成为新疆的建设主力军和骨干力量，再发展成全球化有影响力的公司。

从高速公路工程队到新疆交通基建领军者——扫码观看对话谈新疆交建沈金生

二、匠心筑城　缔造城市规划第一股

规划设计行业，不管是否走向资本市场，都是一个以人力资源为核心的行业，管理解决的是人的问题。

——新城市张春杰

好的城市规划是让每座城市都拥有属于自己的独特面貌和故事，能够让市民感受到这座城市的灵魂，并真正实现安居乐业。

全景网对话新城市董事长张春杰

美国杰出作家、社会活动家简·雅各布斯曾说过："城市是个活的有机体，城市规划本身也是一个富有生命的活的过程。"

27年前，以优秀大学生身份毕业后，张春杰致力于城市规划事业，不断探寻建筑与城市、人、生态之间的融合方式，他的城市规划作品成为城市的一张张活名片。

2019年5月10日，张春杰在深圳证券交易所敲响上市宝钟，正式向市场宣告"中国城市规划第一股"的诞生。

坚持做城市规划近30年

城市的发展经历了几千年的时间，在这变化过程中，城市规划也从毫无规矩的朴素意识，发展成为一门重要的学科。

深圳市新城市规划建筑设计股份有限公司（简称"新城市"）董事长张春杰认为，城市规划是一个发展的学科。建城市，我们可能还有很多问题没解决，包括交通、市政、治水、治污等。

20世纪80年代末，张春杰考进了华南理工大学，开启了城市规划专业的

大学时期的张春杰（中）

生涯。他当时也没有想到，此后他在这个行业一干就是近 30 年，甚至还带领公司在 A 股上市。

“城市规划专业特别有历史感，会让你在大地上留下痕迹，而且它的影响更广泛。”

毕业后，张春杰先是从事建筑设计相关工作，后又进入政府规划管理部门，直至选择加入一家规划设计院。

“那时候城市规划在我们国家的发展还比较滞后，但正因如此，它更有挑战性，更能体现我的价值。”

2002 年，张春杰所在的事业单位改制，他正式接手了新城市。在之后的 10 多年里，新城市一直秉承“卓越创意 + 优质成果 + 务实服务”的发展理念，致力于可实施规划研究，为创造美好的城市生活而努力。

据悉，目前国内城市规划甲级牌照只有 400 多张，门槛相对较高，而新城市很早就拥有了相关资质。

“除了城市规划甲级，我们还拥有建筑设计、道路设计甲级等总共 12 个资质。我们具备全程、综合解决问题的能力。”张春杰介绍。

在新城市的设计下，一个又一个具有广泛影响力的规划设计项目应运而生，其中，代表性较强的包括深圳大运新城项目、惠州大亚湾项目、深圳布吉大芬片区项目、前海蛇口自贸区项目、南沙自贸区项目等。

从破落城中村到城市名片

著名城市规划大师路易斯 · 芒福德曾说过：“城市是文化的容器，是历史的记录者。”

在张春杰眼中，好的城市规划是让每座城市都拥有属于自己的独特面貌和故事，能够预知未来，让市民能感受到这座城市的灵魂，并实现真正的安居乐业。

在具体的项目设计中，张春杰身体力行地将自己的想法融入进去。深圳的城中村在他的规划下，变成了一张张城市名片。

“涵养一个城市的不全是高楼大厦。对于一些人来说，深圳的城中村就和呼吸的空气和清洁的水一样，是生存的源泉。对于一个城市的发展来说，则是一片‘城市湿地’。”

2005年左右，张春杰接手大芬村改造项目时，它还是个杂乱无章的城中村。如今再提到深圳的大芬村，人们脑中涌现的画面通常是，凡·高的向日葵、莫奈的睡莲、毕加索的少女，人们很容易联想到，大芬是一个油画村。

“我们在规划设计的时候发现，其实，大芬村有优秀的基因，很多画家在这里画画，所以就想恢复大芬村原来的印象。在我们的引导下，有了大芬美术馆、画家公寓……这里慢慢成了一个油画交易市场，也成了文博会的小分会场。”

深圳大芬油画村

同样位于深圳龙岗的甘坑小镇，改造前是一个破败落寞的古村落。现在不仅一跃成为“深圳十大客家古村落”之一，更是首批国家级文旅特色小镇。

“不管在大芬村还是甘坑，以旅游、文化为主线，这些社区都是很生动的。其实，好的社区不仅仅是一堆漂亮的房子，它一定有人与人交往的气息，人在这里能充分就业，还能有社区共融的感觉。”

立足大湾区，辐射全国

作为从深圳走出来的企业，新城市也积极参与到大湾区的建设中。

“大湾区的战略给我们企业带来前所未有的机遇。现在粤港澳大湾区中的前海、南沙、横琴，我们早期都有涉猎，特别是前海，当初我们中标了它最核心区的几个单元。”

科学设计是新城市做规划的灵魂。在深圳前海的开发上，新城市创造性地采用了 1.5 级土地开发建设模式，通过租赁或短期土地供应，进行过渡建筑建设，在短期内形成产业聚集，吸引人气，也为将来的二级开发打下基础。

值得注意的是，在新城市的规划下，万科前海企业公馆成了土地 1.5 级开

新城市中标的前海开发单元规划图

发样本。万科以“零”地价向前海管理局租赁土地8年经营权，期满后建筑将无偿移交政府。该项目目前已经建成且完全出租，共64家企业入驻，以金融企业为主。

“1.5级土地开发建设模式下，土地不会闲置，且能解决开发初期的配套、办公和其他需求。”张春杰表示。

另外，新城市还给前海中标的区域做了二层连廊的设计，将一栋栋办公的总部基地，连接在一起。

“二层连廊将一栋一栋的办公总部基地连接起来，类似于美国的中央花园，形成一条绿轴。连廊上只有绿化和配套的商业，没有车。”

新城市打造的一个个精品项目，为公司赢得了口碑，更赢得了订单。目前，仅仅在大湾区，新城市的订单便已经络驿不绝了。

“现在我们在大湾区范围的订单，大概有7亿，活多人少，干不完。为了保证项目质量，我们战略性地主动放弃一些项目。大湾区的客户不管从收费上，或者是沟通和长期服务上，都对我们有一定的黏性。”

立足于大湾区，新城市也在积极向全国一二线城市布局。自新城市在2006年成立上海分公司开始，截至2017年，共在上海、北京、成都、西安、长沙、南京和厦门7个城市开设了分公司。

始终致力于全方位的生活服务，为城市的高质量发展做出贡献，是张春杰对于新城市品牌的追求，他求质不求量，精耕出细作。目前，公司业务范围覆盖国内100多个城市和地区，并获得国家及省市的诸多设计奖项。

规划未来

在张春杰看来，城市规划是一门软科学，不管是哪类规划，面向的都是未来，最需要的是远见。

近年来，互联网、大数据及人工智能等新兴技术的发展，已经开始深刻改变社会生活的各个方面，为城市功能区的识别、城市用地现状分析和规划城市用地功能结构的评价等提供了新的技术手段。

“我们的规划有总体规划、详细规划，也有城市设计。既然都是规划未来，那它们都希望未来是可掌控的且良好发展的”。张春杰说。

那么，如何更好地预测未来呢？张春杰表示：“第一点是要有一个完美、科学的预测。现在，大数据作为辅助分析工具，包括土地承载力的评价，比如人口、学位、交通等，为更准确预测提供了更强有力的科技手段。第二点是能够完美地提出应对城市中可能出现的各种问题的解决方案，这个规划方案有多种路径解决一个问题，能做动态的调整。第三点是能找到实现美好愿景的实施的路径，这是讲规划的可操作性。要不然就会出现类似‘鬼城’的现象，美好愿景都成了一厢情愿。”

为了更好地进行城市规划，新城市也积极发展信息中心。公司此次 IPO 募集资金将投资于开拓基于大数据平台服务于智慧城市的建设新领域，建设创研中心。

“我们准备做几个模拟仿真实验室，比如城市规划的、交通的、市政的、园区的、社区的，它们能使我们的规划更科学，使人力资源的效率更高，最终能使人均产值达到一个较高的水平。”

倒金字塔管理模式

“规划设计行业，不管是否走向资本市场，都是一个以人力资源为核心的行业，管理解决的是人的问题。”

张春杰称，新城市采取了三塔的管理模式。三塔构架是：管理塔、技术塔和服务塔，为各类人才铺就了成长之路，而且每个塔都是倒金字塔。

另外，在每个层级的晋升上，新城市也有一个完整的通道。例如技术塔，从助理规划师、规划师可以到总工、总监；管理塔，从项目负责人、组长、所长、事业部、院长。晋升通道都是公开、公平、可考核的，是在竞争中自然而然地显露出来的，而不是任命的。

“我们既鼓励情商高的人去做业务、做市场，也鼓励智商高的人去做技术。好好做技术，一样可以得到很高的职位和收入。”我们的管理只是界定技术塔和服务塔的绩效对应标准。

新城市的倒金字塔管理模式，有效地激发了员工的积极性。

“我们能走到现在，绝不是完全靠利益，而是大家有一个共同的理想和目标，共同去干成一件事，顺便把自己给干成事了。”

而公司另一个撒手锏——不“炒”人，则有效保持了公司员工的稳定性。

“一般来说，除了道德和价值问题，我们企业是不‘炒’人的，但是我们到困难的时候会从管理层开始自动降薪。”

目前，新城市拥有员工800余名，其中拥有硕士、本科学历的员工占90%以上。同时还配备有一大批中高级职称人员及注册规划师、注册建筑师、注册结构师等专业技术人才。

独特的管理方式也得以让张春杰腾出更多时间去做自己想做的事。在员工眼里，他是个管理者，更是个规划师。

“我现在更多地管战略方向，管企业文化。其他时间，我更多参与到项目组，跟设计人员一起熬夜加班做项目，比如一些重点战略地区的项目、扶贫村的项目，我觉得不管成功失败，这些项目终究会在历史上留下评述，特别有意义。这也是一个企业的价值观和使命感。”

城市规划第一股诞生

2019年5月10日，张春杰敲响上市宝钟，新城市也成为“城市规划第一

新城市董事长张春杰在公司上市仪式现场

股”，是目前A股唯一一家以城市规划为主业的上市公司，规划业务营收占总营业收入的将近70%。

“感谢资本市场给我们机会，我们会实施‘平台+赛道’战略，不断提升企业价值。一方面，加大科技的研发，不断增强我们本身平台的竞争能力，来顺应国家的城市规划的改革。另一方面，我们将在新领域新市场，特别是智慧城市建设领域拓展新的赛道。我认为企业的成功等于客户的满意和员工的成长。现在需要再加一条，股东的持续回报。”

作为一名城市规划领域的企业家，张春杰始终尽心履职，为地方规划美好蓝图。同时，作为深圳市人大代表，他又敢于担当，用自己的实际行动，诠释着一名人大代表的风采。

“城市规划解决的是各阶层的一致需求，体现的是一种价值观。作为选区的代表，我希望能用我专业的知识为社会各阶层群体和社会发展，贡献自己更大的社会价值。”张春杰表示。

匠心筑城　缔造城市规划第一股——扫码观看对话新城市张春杰

三、17 年农药领头羊生涯：爬过绝望　越聚越强

我们出来就是想证明我们的价值，我们说的是对的。我们有强烈的信念，我们的核心团队没有一个人走，而且越聚越多。

——贝斯美陈峰

“产业聚焦、科技创新、安环保障”，17 年坚定不移地秉承着同一个发展理念，陈峰及其团队带领绍兴贝斯美化工股份有限公司（简称“贝斯美”）成长为国内最大的二甲戊灵原药生产企业。

陈峰最初参加工作时，在宁波农药厂销售处担任主要负责人，主要从事国际贸易工作，这使得陈峰对市场和产品都有非常深入的了解，并在人际沟通、市场营销等方面也打下良好的基础，积累了许多经验。

宁波农药厂在 1999 年需要转制，后在 2002 年被中化宁波有限公司收购。中化宁波有限公司作为一家综合大型国企，经营业务以货品贸易为主，得益于强大的销售能力，它销售的产品种类繁多。但陈峰一直有将产品做大、做精、做强的追求。他认为，做好几个能够组成产业链的产品，精细划分领域，企业一定会获得成功。怀揣着这样的梦想，2003 年，陈峰及其团队选择下海，成立了主要生产 4- 硝基邻二甲苯的绍兴贝斯美化工有限公司（2016 年改制为股份有限公司）。

下海以后，陈峰在贝斯美继续负责销售工作，凡事更多地亲力亲为，对客户的服务更加到位。“急客户所急，想客户所想，始终把对客户的服务放在第一位，帮助客户解决各种困难，使客户舒适、轻松，他们也非常乐意与贝斯美打交道。”陈峰说。

创业初期，贝斯美的主要客户是中国和印度几家生产二甲戊灵（以 4- 硝为中间体）的企业，以及一家维生素 B2 厂商（以 4- 硝、3- 硝基邻二甲苯为中间体），业务结构和客户群体都相对简单。随着二甲戊灵的市场进一步开拓，贝斯美的客户群也进一步扩大。凭借着对业务和产品的深刻理解，贝斯美赢得了客户的信赖和支持，日积月累，便与客户建立起长期、健康、良性的合作关系。

2009 年，贝斯美遭遇了成立以来前所未有的危机。上海一家生产维生素 B2 的企业通过技术创新，不再使用 4- 硝基邻二甲苯作为中间体，而是改用生物发酵法生产，这导致贝斯美的产品滞销。与此同时，4- 硝基邻二甲苯的主要原材料邻二甲苯的进口价格受客观因素影响大幅上涨，销售端和原材料两头受挫，贝斯美 2009 年的净利润跌至谷底。

尽管邻二甲苯的价格居高不下，贝斯美仍然竭尽全力，在其价格稍低的时候多进库存，通过这种办法慢慢度过困难期。与此同时，公司转而开拓二甲戊灵的市场，并不断扩大产能，子公司所需的中间体尽量由自己公司消化。

所谓危机，是既有危险，也有机会。通过自身的不断调整，贝斯美终于走出了低谷。2010 年，贝斯美全面实现了二甲戊灵的连续化生产，即生产工艺从以前的间歇反应改进为连续化反应，当时掌握这项技术的同行非常少。“这是企业发展历程中令我印象最深刻的事情，我最想感谢我们的团队，包括营销、技术、生产、安全、环保团队，他们为企业往前发展奠定了基础。”回想起 10 年前的一幕幕，陈峰的感激之情溢于言表。

直到现在，从原药生产来看，国内也仍然只有少数企业能够在个别农药产品生产中实现全连续化和自动化工艺，而同行业生产厂家仍然普遍采用间歇性生产工艺，单套装置生产规模较小，产品质量不稳定，综合成本消耗较高。

贝斯美在技术改进的基础上，建成投产了 8000 吨 / 年的 4- 硝基邻二甲苯生产装置以及 12000 吨 / 年的二甲戊灵原药生产装置，这些装置采用了全流程连续化生产中间体和二甲戊灵技术，同时也实现了连续化生产工艺与 DCS 自动控制相结合。该项结合工艺生产流程更趋合理，单位产能及产出大幅提升，单耗及投资额显著下降，“三废”总量不断减少，工厂实现达标排放，更加清洁环保。

从产品的生产过程来看，贝斯美使用大宗化工原材料邻二甲苯，通过低温连续硝化工艺合成 4- 硝基邻二甲苯，再用自产的 4- 硝基邻二甲苯合成二甲戊灵的关键中间体戊胺，各中间体产能能够完全满足自身二甲戊灵原药的生产需要。而公司生产的二甲戊灵原药主要用于对外销售，部分自用，将其作为生产二甲戊灵制剂的原料。

在这条完整的产业链中，贝斯美不仅能保证各生产环节的品质、批次一致

贝斯美二甲戊灵原药生产装置

性及供货期，还能节省中间环节的交易成本，进而有效拓展了公司的市场空间和盈利能力。同时，有助于公司及时了解市场环境的新变化，及时调整原药的研发和生产。陈峰认为，全产业链能够实现公司中间体业务、原药业务及制剂业务的协同发展。

目前，贝斯美的客户群已遍布全球各地，有意大利 FINCHIMICA（芬奇米凯）SPA，美国 BIESTERFELD（贝斯德），以色列 ADAMA（安道麦），印度 UPL（印度联合磷化物有限公司）、RALLIS（印度拉里斯农用化学有限公司）等。在国内，与浙江台州新农精细化工厂、山东滨农科技有限公司、山东华阳农药化工集团有限公司、中农立华生物科技股份有限公司、深圳诺普信农化股份有限公司等国内重要农药厂商建立了良好的合作关系。公司还在积极开拓境外新市场，包括澳大利亚及亚洲很多国家和地区。

作为一家农药企业，在建立完整的产销体系之外还需要承担相应的社会责任。在环保和安全受到越来越多关注的大环境下，贝斯美对环保和安全方面的

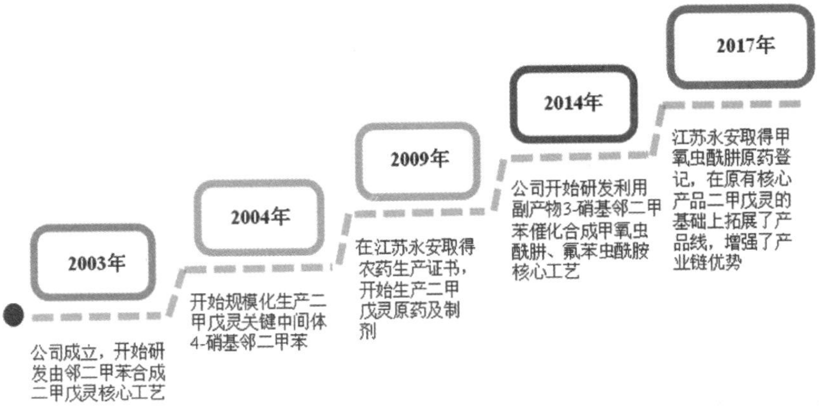

贝斯美主要产品二甲戊灵的研发历程

重视也体现在“产业聚焦、科技创新、安环保障”的 12 字宗旨上。陈峰对此有非常清晰的认知：“我们的企业，以前有营销战略、技术战略、生产战略就可以，现在还要加上安全战略和环保战略。现在就是以环保、安全投入来倒逼生产，没有环保、安全，企业就没了。”

贝斯美每年投入到环保中的资金超过 1000 万元，在安全方面的投入也在持续增加。陈峰介绍，工厂产生的废弃物主要包括废水、废气和固体废物，其中固体废物一部分由贝斯美的燃烧炉处理，另一部分交给具备相关资质的企业处置；废水则是处理达标后排放到政府规定的三废处理中心；废气则全部用管道收集起来。“走进我们的企业，是闻不到任何异味的。”陈峰说。

如今，贝斯美已成为一家专注于环保型农药医药中间体、农药原药及农药制剂的研发、生产和销售的国家级高新技术企业，是国内仅有的具备二甲戊灵原药、中间体、制剂全产业链生产研发能力的农药企业。公司于 2019 年 11 月 15 日在深圳证券交易所创业板敲钟上市，开启新的征程。

回顾自己 17 年的创业历程，陈峰认为公司取得成功取决于多方面因素，一是团队制定了清晰的战略，清楚地知道“有所为有所不为”；二是坚持公司必须拥有核心技术；三是对生产各个环节、技术进行持续创新，使企业具备了不

2019 年 11 月 15 日贝斯美在深圳证券交易所创业板敲钟上市

断发展、成长的动力；四是具备强大的执行力。最令陈峰感到自豪的是，公司主要团队多年来保持稳定、团结，且对企业的发展充满了信心："我们出来就是想证明我们的价值，我们说的是对的。我们有强烈的信念，我们的核心团队没有一个人走，而且越聚越多。"

贝斯美的管理团队已然实现了建厂之初的理想，成为细分领域龙头。上市之后，公司希望利用二甲戊灵的 3 种副产物，致力于形成以二甲戊灵为主导，以甲氧虫酰肼、氟苯虫酰胺、苯唑草酮为辅助的独有的"1+3"核心产品布局，所有产品形成全产业链研发和生产。

陈峰表示，产业链上的每个环节我们都拥有核心技术，在我们现有的基础上对技术进行进一步创新，在产品做得更强的同时，通过绿色工艺的生产，用本质化的安全来提升企业整体的社会影响，希望达成'缔造生态美，留住自然美'的目标。

17 年农药领头羊生涯："爬过绝望　越聚越强"——扫码观看对话贝斯美陈峰

四、始终要对自己狠一点的唐人神

坚持你的好奇心，保持危机意识，对自己狠一点。

——唐人神陶一山

“想懒的时候，就必须要对自己狠一点。”唐人神集团股份有限公司（简称“唐人神”）的创始人陶一山是个敢于对自己下狠心的人。如今本该享受天伦之乐的他，依旧在为公司的发展而四处奔走。2019 年，他乘飞机加高铁共 108 次，行程达 108000 千米。

作为“中国生猪全产业链经营第一股”的掌舵人，陶一山自创业以来，就凭借着一股“狠”劲，在农业产业化路上攻克一个个“痛点”，先后创下了“骆驼牌”饲料、“唐人神”肉制品、“美神”种猪等享誉国内的知名品牌。

陶一山还是个善于搞资本运作的人，公司自登陆资本市场以来，通过一系列的投资与并购，实现了跨越式发展。

唐人神创始人陶一山

“一把菜、一瓢糠、一锅水”，尽管我国饲养业历史悠久，但长期以来，一直沿袭“家庭作坊式”的模式。

湖南省是农业大省，1987年前平均年产生猪6000万头，占全国产量1/10。出生于湖南宁乡的陶一山，看到了饲料行业里头蕴藏巨大的商机。1987年，一间名不见经传的小厂，株洲市饲料厂建成投产，32岁的陶一山担任厂长。

“饲料是养殖业的基础，但我们的饲料工业是空白。所以从饲料工业切入，应该是一次难得的发展机会。”

然而，自动控制化专业出身的陶一山，与手下的年轻人一样，从未接触过饲料这行，完全是一个门外汉。陶一山决定北上寻求先进技术。

“最大的困难还是技术，因为不像机械工业、纺织业，当时我们还没有这个工业体系，所以技术是最大的难点。当时，饲料工业体系在我们湖南是很弱的，省内几乎没有这样的人才。所以我想到北京，到中国农科院去寻求专家教授来指点，这是一个上策。”

为了能尽快做出饲料，寒冬腊月，雷厉风行的陶一山背着一两箱瓷器，坐

建设中的饲料厂

火车、睡地铺远赴北京，中国农业科学院王和明教授深受感动，将科学饲料配方交予陶一山。回到工厂后，陶一山立即带领员工们进行喂养试验，总结制定工艺标准和检测标准，凭借超群的质量优势，他们生产的“骆驼”牌饲料很快获得了广大农民的认可。

“过去养猪，都是用打米糠喂养，养猪不赚钱。当时我们有一个使命，就是致力于农家富裕，同时还要打造绿色食品，让人吃到安全美味的食品，让农民养猪能够致富，而不是为了过年。”

饲料生产出来后，如何更好地被农民接受？这位爱琢磨的厂长，在卖饲料上动脑子，搞服务创新。

“我们专门招了一些技术服务人员，不但卖饲料，也卖服务，免费告诉农民怎么使用这个饲料，怎么防疫，怎么饲养管理。因为饲料是一种生产资料，农民养猪要养 7—8 个月甚至一年，所以他们全程都需要这样一个服务。”

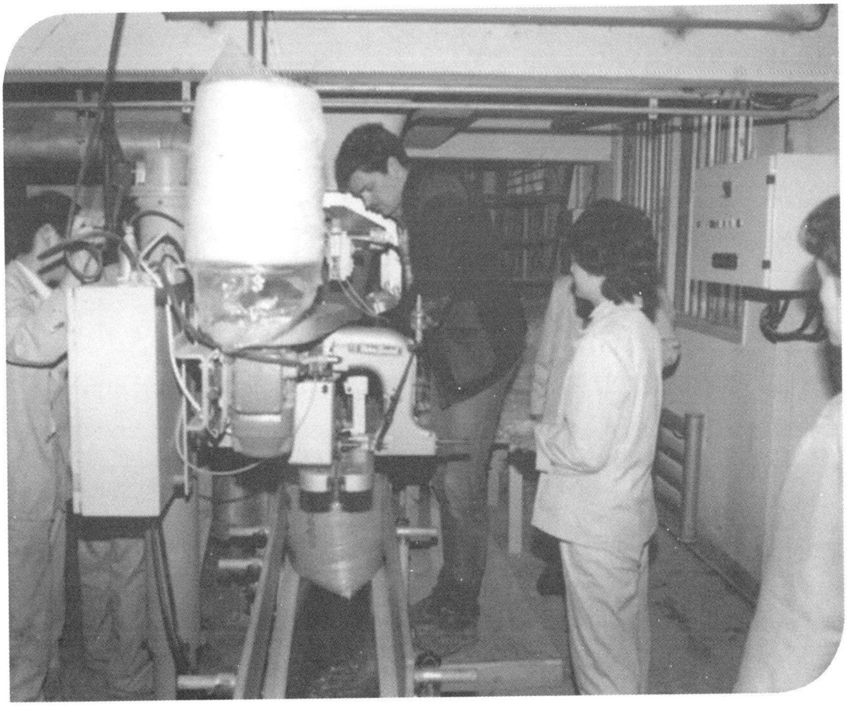

第一包“骆驼”牌饲料下线

陶一山建立的“产品＋服务”的理念，获得了农民的青睐，当年投产并盈利，而且以平均每年35%的速度向前发展。“骆驼”牌饲料名气越来越响，但陶一山并不满足于此。

1992年，陶一山去中国香港参展，接触到一家有着40多年历史的香港饲料公司——大生行饲料有限公司。当时，大生行正好也有在内地发展饲料工业的欲望。一拍即合，陶一山很快就决定引入这家香港企业来合资生产经营。

“大生行的饲料做了快50年了，他肯定有很多管理方面的经验，同时他也有技术，所以我觉得，在第一轮产品获得老百姓认可的同时，再引进管理和技术来进行强化是不错的选择。”

1992年，香港大生行饲料有限公司以人民币1236万元（外币折合）入股，与株洲饲料厂合资组建了唐人神的前身——湖南湘大实业有限公司。

地方企业摇身一变成为合资企业，先进的现代企业管理机制和领先的养殖技术，被一一引进，唐人神跨入飞速发展期。接受注资的第二年，企业的销售收入由5000万元人民币，一举突破了2亿元大关。

解决痛点，拓展产业链

创业就是发现某个痛点，然后提供解决方法，要么是产品，要么是服务。

“香肠香喷喷，我要唐人神”。当年，那句耳熟能详的广告词或许仍有不少人记得。唐人神就是陶一山为解决农民卖猪痛点创下的肉制品品牌。

“饲料工业发展起来之后，原来要养7—8个月甚至一年的猪，现在四五个月就出栏了。生猪多了，价格就下跌，生猪销售成了难题，我们想解决农民的痛点。”陶一山深知，痛点就是商机。

1995年，陶一山决定收购濒临倒闭、有1700万元的债务和400名职工的株洲肉联厂，进军肉类加工产业。

“做肉制品加工，既解决了农民收入的问题，也解决了城里人的一个痛点，就是食品安全问题。基于湖南人有吃烟熏肉的习惯，我们从美国引进了无烟熏技术，做出了有烟熏味，但没有焦油的腊肉产品，产品一推出，一下子就供不应求了。”

唐人神香肠

在饲料和肉制品推进的过程中，陶一山又发现了生猪领域的另一痛点——猪种太差。

“中国的猪种不行，在养猪的效益里面，种猪占40%，饲料占20%，健康占20%，防疫占20%，还有饲养管理，所以我觉得我们应该要引进国外的种猪。”

既然要引进国外种猪就一定要选好产品，经过多方考究，陶一山最终决定引入美国种猪。“美国养猪有200多年的历史，有大量的人培育品种，他们养的猪的瘦肉率能达到65%，我们当地饲养的猪只能达到45%，差距很多。猪的生长速度也不一样，美国的猪出栏可能只需要四个多月，当地的猪要六个月。当地的猪长一斤肉要三斤半饲料，美国的猪只需要两斤七两饲料就长一斤肉，所以我觉得这能够带来农民巨大的效益。”

1996年，陶一山收购了株洲进出口外贸猪场。2008年，陶一山与世界顶级育种公司——美国华特希尔（Whiteshire）育种集团合作，投资1.1亿元建立了我国第一个世界级原种猪场，大胆引进了1200多头原种猪，开始了“美神”育种，构建了种猪业高端发展平台。此后，唐人神在湖南省、湖北省、河北省等地布局10余个原种猪场和扩繁场。2009年，“美神”种猪通过美国NSR认证，达到美国同步育种水平；2011年，湖南美神育种有限公司荣膺“国家生猪核心育种场”。

陶一山的“美神”种猪获得了巨大成功，也得到了泰国正大集团、温氏食品集团股份有限公司等农牧企业巨头的高度认可。

刚出生的“美神”种猪

借力资本市场，追梦“猪生意”

“无论是猪的周期，还是中国经济的周期，我们唐人神30年都无亏损纪录。这是因为我们的业务都是一步步平稳推进的，而不是盲目地投资。对于农业公司来讲，活下来是硬道理。”

在饲料、养殖和肉品“三驾马车”的协同发展之下，唐人神一路走得非常稳健。但资金的短板却制约着公司的发展。如何突破？陶一山将目光瞄准了资本市场。

“如果不跟资本市场对接，我们的规模会很小、抗风险能力会很差，很难做成百年企业。所以当时我们前后用了将近10年的时间来完成借助资本的梦想。”

1998年，唐人神进行了股份制改造，2000年改组为唐人神集团，并于2001年引入战略投资者。2011年3月25日，唐人神以“中国生猪全产业链经营第一股”的头衔在深圳证券交易所中小企业板上市。

成功上市后，唐人神的资本化运作加速。采用内延式和外延式相结合的发展战略，先后成功并购了山东和美集团有限公司、湖南龙华农牧发展有限公司、深圳比利美英伟营养饲料有限公司等企业。另外，还投资设立了10亿元唐人神产业投资基金，用于投资、并购优秀养殖公司，投资产业链上下游相关企业。2020年初，唐人神顺利完成了12.42亿元可转债发行工作，主要投向三大主营业务。

陶一山敲响上市宝钟

“上市这么多年，我们利用了资本市场这样一个融资平台和杠杆，保证在风险可控的前提下，围绕自己的主业进行一系列并购，公司也得到了快速发展。”

有了资本市场的加持，胆子自然会更大一些。2019 年 4 月，面对“最强猪周期”，唐人神抛出了雄心勃勃的“TRS313 追梦工程”，宣称要投资 120 亿，用 12 年时间，即 2031 年达成年出栏量 1000 万头猪的目标。

“我们养猪不是冲着猪价来养猪，是冲着人们需要猪肉的长期消费。在养殖技术、遗传育种、饲料营养等方面，我们已经有足够的积累。同时，我们成本控制力也很强。基于这些核心竞争力，2019 年我们提出了 12 年后要发展 1000 万头的目标，而且我们充满信心。”

值得注意的是，与 2018 年相比，“TRS313 追梦工程”中，饲料的销量只增 1 倍，生猪存量却大幅增加约 10 倍。这也意味着此前九成营收来源于饲料的唐人神，投向“猪生意”的力度和决心。

除了掌舵好公司的整体发展方向，陶一山对于新事物的接受度也非常高。受养殖规模化及消费升级的影响，特别是随着 5G 互联网、物联网、大数据、云计算及人工智能技术的广泛应用，养猪产业也处于转型升级关键期。唐人神紧抓机遇，将发展智能养殖技术提上了日程。

“生猪养殖有遗传育种、远程诊断、健康评估、饲料营养、AI 智能设备、系统管理等几大核心技术，我们找到这些领域的专家，共同攻关。相当于走系统集成、走高铁发展模式，预计通过三四年的探索，一定能够创造出一个无人区的智能养殖技术，来引领这个行业，引领世界，使生猪养殖成本降低 10%—20%。”对于智能养殖，陶一山信心满满。

“创二代”接棒，骆驼精神焕新彩

任正非说过一句话：“世界上一切资源都可能枯竭，只有一种资源可以生生不息，那就是文化。”

在创业之初，陶一山就非常看重企业文化的塑造。从公司产业链的一系列拓展，乃至品牌的创立，无不体现出公司的文化，尤其是骆驼精神。

“骆驼有一种脚踏实地的精神，一步一个脚印，所以我们就把骆驼变成

唐人神集团总部的骆驼雕塑

了我们的商标，我们当时创业的精神叫骆驼精神，就是敬业、自责、自信、创新。几十年来，我们秉承骆驼精神一步步往前走。”

谈及创业 30 多年来最大的心得，陶一山总结了三点：坚持你的好奇心，保持危机意识，对自己狠一点。

“第一就是坚持你的好奇心，抱有长期学习的、好奇的心理，而不自以为是。第二，保持危机意识，不要用过去的辉煌来赌明天。第三，想偷懒的时候，就必须要对自己狠一点。今年我去了 5 个国家，跑了 108 次，包括乘飞机加高铁，行程大概是 108000 千米。”

30 多年艰苦创业，一手将唐人神集团带入全国饲料和肉类产品行业十强的陶一山，一直被看作公司的灵魂人物。2018 年他卸下总裁职务，交棒给儿子陶业。陶业 1981 年出生，工商管理硕士学历，曾在多家企业工作，2014 年进入唐人神。

“美好未来是年轻人追逐的方向”。在谈到唐人神未来发展和团队管理时，陶一山对儿子陶业寄予厚望。陶业提出了三大核心理念——“组织驱动、变革创新、追求卓越”，获得了陶一山的高度评价。

“组织驱动，比方说他提出一个球队组织，那就是赢球为王、优胜劣汰、团队协作。不管是老员工还是新员工，都要末位淘汰、保持狼性。我很赞成球队组织的这种管理风格，过去跟我的老部下，只要他们在工作上不犯大的错误，都能将就。现在有了追梦工程之后，每个人都开始振奋起来了，为什么这么说？赢球为王、优胜劣汰、团队协作。”

始终要对自己狠一点的唐人神——扫码观看对话唐人神陶一山

五、专注清洁能源服务　迈出带动世界的脚步

只要一直往前走，终究能到达理想的远处。国家社会经济的发展，给实业创造了市场需求，这时企业只要能抓住机会，跟上市场的节奏，就能取得成功。

——迪森股份马革

专注于清洁能源综合服务主业，广州迪森热能技术股份有限公司（简称“迪森股份”）耕耘26年，成长为国内领先的清洁能源综合运营服务商。马革认为，公司构筑的是人们对美好生活的向往。

迪森股份副董事长、总经理马革

谈及未来，迪森股份副董事长、总经理马革表示，“我们倡导的是‘舒适家居’和‘健康家居’的理念，未来会向集成商的方向发展”。作为国内利用清洁能源为客户提供能源综合服务的先进企业，迪森股份未来会将销售市场及资本运作的重心均放在广阔的国内市场。

锅炉制造起家，受益能源结构调整

如今的迪森股份，业务分为清洁能源综合服务、工业锅炉制造及室内健康环境管理三大板块。而在当年，公司起家的业务是工业和商业用锅炉制造。

众所周知，以前，我国秦岭—淮河一线以北地区冬季普遍采用市政热力集中供暖，主要燃料为煤；广大南方地区冬季则长期“裸奔”，人们在缺乏取暖装备的大环境下度过一年又一年。而在改革开放大潮奔涌的广东省，众多高档酒店的兴起，为城市采暖带来新需求。

彼时，三位暖通、工业与自动化专业毕业生常厚春、李祖芹和马革察觉到国内城市采暖市场的商机，决定进入热能领域。他们于1993年在广州创立了迪

森股份的前身，为工商业提供采暖装备。

对这一业务，马革笑言，在某种意义上可以说是一个“水面下的行当”。因为作为城市基础设施的一部分，工商业锅炉无处不在，应用于啤酒蒸馏、酒店热水、家庭采暖等无数场景，与生产、生活息息相关，但人们几乎察觉不到该行业的存在，可以说是一个“隐形”的行业。

此外，从能源结构调整的角度出发，除了广大存量市场，摆在工业锅炉面前的潜在市场空间也难以想象。在“绿水青山就是金山银山”理念的指引下，清洁能源替代传统能源的目标正一步步实现。

马革指出，传统的中小型工业锅炉，主要燃料是煤炭，对空气质量影响较大，并且分布比较分散，具有“点多面广”的特点，环保治理难度较高。他认为，能源结构的调整必然会对以天然气为燃料的热源装备带来广阔的市场空间，目前的存量工业锅炉用户将逐渐完成置换。

目前，迪森股份主要利用天然气、生物质、清洁煤等清洁能源为工业及商业端（B 端）用户提供热、冷、电等清洁能源综合服务。从其年报可知，截至 2017 年末，公司 B 端装备业务订单量折算蒸吨数约为 2789 蒸吨，同比增长 56.94%，已成为行业领先的燃气锅炉制造商。

率先引入壁挂炉业务，定位“最后一个白色家电”

同样受益于能源结构调整的是消费者端（C 端）的家用壁挂炉制造业务。20 世纪 90 年代，在国人习惯于长期“挨冻”的背景下，马革在欧洲参加展会时偶然发现了壁挂炉这一开创性产品。当时，壁挂炉在欧洲已普及，人们使用安装在厨房或阳台的锅炉通过燃烧天然气，再将热量输送至铺设在房间地板下

迪森股份机器人锅炉生产线

的热水管道，通过辐射换热方式将热量传递到房内。

然而，作为新生事物，壁挂炉在国内的推广并非一帆风顺，面临的困难也是显而易见的。在我国北方地区，城市热力管网已接入千家万户，不仅效果显著，而且费用低廉，具有广泛的市场基础。同时，燃料的缺乏也给推广带来障碍。

不过，根据欧洲市场情况，马革判断，壁挂炉这一产品属于“中国最后一个白色家电”，因其产品属性能在基本采暖需求的基础上，充分满足人们改善生活的需求。

举例来说，马革指出，北京每年集中市政供暖始于 11 月 15 日，终于次年 3 月 15 日，时间与实际寒冷日期难以完全吻合；空间固定，以户为单位，无法向部分房间定向集中供暖。灵活性的缺乏导致大规模市政供暖容易造成浪费或不足。此外，他认为，随着社会发展和人民生活质量提高，未来采暖需求也将不再局限于北方，而是扩展至全国更广大范围地区，而壁挂炉将承担这项采暖普及的重任。对于壁挂炉的产品力，马革很有信心。

基于对商机的嗅觉，以及对壁挂炉这款理念超前的产品的信心，马革断定，壁挂炉在国内拥有不可估量的潜在市场。于是，他甘愿做“吃螃蟹的人”。2000 年，迪森股份从欧洲引进技术和生产线，率先将壁挂炉引进国内市场。

迪森家居旗下“小松鼠”品牌壁挂炉与“劳力特”品牌家居全系统解决方案

在马革看来，壁挂炉产品与公司提倡的“舒适家居”和“健康家居”发展方向是相符合的。他指出，壁挂炉在解决取暖问题之外，还可以取代热水器的功能。同时，以壁挂炉为载主体，搭配热泵、新风、净水机，可以实现温度、湿度、新风等多重调节功能。这与马革当年对壁挂炉“中国最后一个白色家电”的定位不谋而合。

壁挂炉迎来发展春天，优势不断扩大

在迪森股份开创壁挂炉业务近 17 年后，这项业务迎来了发展的春天。

“煤改气”工程大力推进，促使北方地区许多用户开始抛弃传统燃煤设备，改装使用天然气的壁挂炉产品，给公司业绩带来立竿见影的效果。迪森股份年报显示，2017 年，C 端业务实现营业收入 9.29 亿元，较上年同期增长 160.21%。这主要受益于北方地区冬季清洁取暖政策影响，公司积极布局“煤改气”壁挂炉工程市场，同时南方零售市场快速增长。

马革回忆，自从壁挂炉进入国内市场，即便与欧洲成熟产品同台竞争，公司国内市场份额也一直是行业第一。迪森股份壁挂炉产品质量一直执行的是欧洲标准，是行业内首家通过欧洲 CE 认证的企业，也是中国壁挂炉行业的国家标准主编单位——共编写十多项国家及行业标准。不论从专业度还是健康家居产业市场空间来说，迪森股份在壁挂炉行业的优势都在不断扩大。

装备与运营一体两面，优化清洁能源综合服务

以制造业起家的迪森股份，如今已经成长为清洁能源综合运营服务商。公司采用生物质成型燃料供热技术、天然气分布式能源、燃气锅炉供热、清洁煤技术等不同的能源解决方案，为工业及商业用户提供热、冷、电等多种清洁能源产品与服务。

对这一定位，马革是这样解读的：作为制造商，无论工业、商用还是家用设备，迪森股份可以提供清洁能源应用全系列产品，为运营提供先发优势；作为运营商，公司可以实现投资、运营一条龙，专业性更强。在他看来，装备与运营是清洁能源产业密不可分的两个领域。两者相互配合、相互成就，目的是朝着优化的方向，科学使用设备、提高设备使用效率并合理维修，这些环节都

必须有专业人士的参与，从而催生出一个巨大的清洁能源综合运营服务市场。

目前，迪森股份清洁能源供热已被成功地应用于造纸包装、食品饮料、制药、化工、五金等20多个行业，为红塔仁恒纸业有限公司、中顺洁柔纸业股份有限公司、美国可口可乐公司、雀巢公司和东莞徐福食品有限公司等多家企业，以及上海老港工业园、杭州临安板桥工业园、湘潭天易工业园等10多个工业园区提供能源服务。

红塔仁恒纸业供热项目

持续稳健增长，带动世界脚步

回想创业初期，马革提到，公司发展各方面都面临困难。“技术人才、产业配套、客户认知、渠道建设、售后服务，全是零”。但他对此保持平和的心态，因为在他看来，公司之所以能实现 20 多年的不断成长，根本原因是跟上了国家发展的大趋势。

展望未来，尽管健康家居行业将迎来更激烈的竞争，但马革并不担心。一方面，公司 20 多年来在供热设备制造领域积累的专业性，令迪森股份对行业认识、渠道建设以及消费者痛点等现状的认知达到超出同行的水平；另一方面，马革对公司的期望可以用“放长线钓大鱼”来形容。在他看来，如果能实现持续稳健增长，每年业绩呈现 10%—20% 的增长，坚持 20 年，这家企业就可以迈入优秀企业的行列了。

马革认为，国家社会经济的发展，给实业创造了市场需求，这时企业只要能抓住机会，跟上市场的节奏，就能取得成功。他表示，就像20世纪90年代，“蓝色巨人”IBM 的经典广告语，“无论是一大步，还是一小步，总是带动世界的脚步”，只要一直往前走，终能到达理想的远处。

专注清洁能源服务　迈出带动世界的脚步——扫码观看对话迪森股份马革

第五章

我们的城市一切顺利

新房在装修、快递在运送、木马在欢唱、资产在增长……现代的城市生活中，每一个习以为常的环节背后，都有人在辛勤付出，默默地保障一切顺利。

一、从“包工头干的行业”到抓住时代赋予的机会

在这个行业还真的是有机会，能干一番事业。我觉得这是时代给我的一个机会。

——中装建设庄展诺

中装建设总裁庄展诺

对于从金融学专业毕业的海归青年庄展诺来说，一开始在他看来，建筑装饰行业是个“包工头干的行业”。后来，机缘巧合之下，他进入父亲创办的深圳市中装建设集团股份有限公司（简称“中装建设”），一次偶然的饭局更是促成他接过了公司的管理工作。

从一穷二白到建筑装饰行业百强

中装建设的前身是深圳市福腾设计装饰有限公司（简称“福腾装饰”），于1994年成立。2001年春天，39岁的庄重接手福腾装饰，随后对其进行了更名。

新接手的公司几乎没什么像样的业务。但庄重凭着客家人典型的吃苦耐劳的特质，对很多项目都亲力亲为，下工地、跑项目、谈客户、协调各方关系，在他的带领下，公司不断成长。

通过一步步的积累，中装建设得到了万达、保利等知名地产公司的认可和

中装建设董事长庄重

信任，并与之建立了长期合作关系。公司承接的装饰工程也从深圳扩展到全国，项目类型逐渐丰富多样，包括办公楼、商业建筑、高档酒店、文教体卫设施、交通基础设施、普通住宅、别墅等。其中，不乏一些代表性项目，如深圳证券交易所营运中心工程、卓越皇岗世纪中心、京基金融中心等还获得了中国建筑业协会颁发的国家级荣誉——“鲁班奖”。

2016 年 11 月 29 日，中装建设在深交所中小板上市。时任公司董事长兼总经理的庄重，提到自己多年来在工地摸爬滚打的经历，感慨万千。

近年来，中装建设在行业中的地位逐年提升，公司连续 11 年入选“中国建筑装饰行业百强企业”，2019 年更是跃居建筑装饰行业百强第 8 位。

听别人的精彩故事，不如自己活得精彩

“可能普通人觉得这是个包工头、农民工干的行业。其实我在进入这个行业之前也是这么认为的。”对于父亲深耕 30 多年的建筑装饰行业，1986 年出生的庄展诺一开始并无意涉足。

在英国读完银行与金融专业硕士后，庄展诺进入香港一家投行工作。2010 年前后，深圳洪涛集团股份有限公司（简称“洪涛股份”）、浙江亚厦装饰股份有限公司（简称“亚厦股份”）、深圳广田集团股份有限公司（简称“广田集团”）等多家建筑装饰企业相继登陆资本市场，这激发了中装建设进入资本市场的决心。当时，中装建设计划在香港上市，因职业缘故，庄展诺参与到公司的上市事宜中，顺势进入公司。

“回来以后，我发现其实这个行业并不像外界看到的那样。因为角度不同，所以视野也不同。从内外两个角度看这个行业，你可能就会看得比较全面一点。”加入公司后，庄展诺对行业的认识逐渐加深。

中装建设项目施工现场

入职后，庄展诺参与了公司的改制、上市、申请总部大厦等工作，还负责公司的营销，工作能力得到了公司上下的认可。

2017 年的一天，在北京与父亲以前的同事一起吃饭时，庄展诺听他们回忆起 30 多年前，也就是他们 20 多岁时的激情岁月、那些梦想飞扬的故事，他既崇拜，又很有代入感，产生了一种时不我待的感觉。“从别人嘴里知道别人活得多精彩，不如让自己活得精彩一点。”他当即发了条短信给父亲，表示自己想尝试接过总裁的担子。

当时公司刚好要进行管理层更替。于是 2017 年 4 月，庄重辞去中装建设总裁的职务，由其长子庄展诺接任。

打造受人尊重的公司

接过管理公司的担子后，庄展诺就开始按照自己的想法进行一些改革。相较于父亲相对温情的管理风格而言，庄展诺认为，一个公司要发展，一定不能像一个家庭，人员要有进有出，有危机感。因为外部的竞争很残酷，所以要增加内压来对抗外压。虽然这样少了一分人情味，但多了一分职场感。“我们的逻辑是创造价值、评估价值和分享价值，并且一定是创造价值在先，评估价值在中，分享价值在后。”

庄展诺提出了将中装建设“打造成一家受人尊重的公司”的愿景。他解释道：“受人尊重的内涵是我们的服务能让人感受到其中的价值。”

基于这一愿景，公司将客户满意度提到前所未有的高度，将“以客户为首”的理念融入公司的制度中，并以绩效考核的方式保证它的落地。

庄展诺介绍了中装建设内部绩效考核的主要流程：营销和工程是直接面对一线客户的，他们收入的很大一部分是由客户满意度决定的。客户满意度由总裁办直接对客户做对话得出，分数直接影响对应员工的绩效。公司还有一些不成文的规定，比如员工收到客户的表彰信，或者获得客户锦旗，会有相应的奖励和加分。对于后台人员，公司同样确立了客户满意度调查制度，调查结果亦和职能部门的收入挂钩。

2019年初，中装建设发布了全新升级的价值观，将原本的“服务、品质、创新、价值”改为“客户、服务、品质、创新”。

在变革中，中装建设还非常强调标准化。对于建筑装饰行业的“大行业、小企业”现象，庄展诺认为，原因是没有解决标准化的问题，“没有标准化，所以很难规模化”。

“我们这个行业标准化是最难的，因为没有一个工程是一样的。业主不一样，设计不一样，土建不一样，包括实施的工人都不是同一批，材料这一块更有无数分类，所以很难确保出来的产品能达到标准化的要求。我们正是看到了这一点，所以中装内部一直在不断地尝试做标准化。”庄展诺对此深有感触。

公司一直推行的客户满意度，就是标准化的一种体现。用庄展诺的话来形容——“以终为始，就是以客户的满意度来作为衡量的标准”。另外，工艺的标准化、装配式建筑领域布局的标准化等，也是中装建设在标准化方面所做的努力。

近年来，通过确立“以客户为首”的价值观，对标准化的不懈追求，敢奖敢罚的管理理念以及把短中长期的利益捆绑在一起的激励机制等，中装建设业

中装建设精品工程：国家交通运输部大楼

绩一直保持着稳步增长。公司营业收入已从 2015 年上市前的 25.99 亿元，增长到 2019 年的 48.59 亿元。

抓住时代赋予的机会

尽管业务规模不断扩大，但同行的激烈竞争还是使得公司的盈利增速受到一定限制。中国建筑装饰行业企业数量超 13 万家，其中上市企业、百强企业、一级资质企业 3000 多家，非一级资质企业、有执照无资质的企业约 13 万家，呈现“大行业、小企业”格局。市场竞争激烈，行业集中度偏低。

提起行业的现状和前景，这位“85 后”总裁踌躇满志：“我们这个行业去年的产值大概是 4.6 万亿，基本上接近国家前十大经济支柱产业了，市场的大小决定了我们未来发展的空间。”

中国改革开放以来城镇化进程的加快，以及人们审美观念的不断提升，都为建筑装饰行业带来了很大的市场空间。但近年来城镇化逐步完善，新建建筑增速也随之放缓。庄展诺认为，建筑装饰行业依然是朝阳行业，因为建筑的生命周期是很长的，这个周期，在中国是70年，但装饰的生命周期平均是5—8年。所以建筑的生命周期中，装饰周期应该是5—10次。

“我也看到一个很大的机会，建筑装饰行业是一个高度市场化的行业。我认为正是这样的环境给我们民营企业提供了很好的机会，民营企业在里面大有可为。在这个行业还真的是有机会，能干一番事业。我觉得这是时代给我的一个机会。”

至于未来的发展机会，庄展诺表示，公司在装配式建筑、建筑智能化等领域都有一些尝试。“未来装配式建筑一定大有可为，这个和标准化也是很有关系的。”

相比传统施工工艺的湿法操作，装配式技术用工业化生产的部品部件，由工人按照标准化程序采用干法施工进行装修。利用装配式技术，工人们可以像组装积木一样对部品部件进行快速组合，达到建造速度快、受气候条件制约小、绿色环保等效果。并且，建筑施工行业劳动力成本较高，应用装配式技术后，可有效降低该部分成本。

基于对装配式建筑前景的看好，中装建设于2019年3月公开发行可转债，

中装建设装配式建筑工作现场

募集资金总额 5.25 亿元，这些资金将全部投向装配式建筑产业基地项目。

建筑智能化方面，庄展诺称，“人的一生多数时间都在室内，室内的接口前景广阔，很多企业也在不断地做出一些尝试。像小米盒子、阿里的电视盒、亚马逊的智能音箱等，其实都是希望通过把室内的一些电器、室内空间的一些场景设置连入物联网中，提升用户的体验。我们本身不生产这些东西，我们只是把它落地。所以我们提出做建筑服务综合提供商，把最新、最好的一些东西集成给大家。”

从“包工头干的行业”到抓住时代赋予的机会——扫码观看对话中装建设庄展诺

二、扬帆起航　要让公司跻身综合类券商前20名

风控至上，将投资者的资产保护得更好。如今长城证券上市就好比船只要出海，海里的风浪会很大，我们要做的就是将船只行驶得稳、快、好、远。

——长城证券何伟

证券行业留给人们的深刻印象可能是“靠天吃饭”。在转型、创新和国际化成为券商发展主基调的今天，作为行业老资格的中型券商，长城证券股份有限公司（简称“长城证券”）终于在它诞生的第23个年头迎来了上市的辉煌时刻。

长城证券总裁何伟

总裁何伟进入证券行业已有26年，7年前加入长城证券。他说：“如今长城证券上市就好比船只要出海，海里的风浪会很大，我们要做的就是将船只行驶得稳、快、好、远。”

谈经营：风控至上，稳健发展

长城证券成立于1996年，2002年，中国华能集团有限公司（简称“华能集团”）成为公司实际控制人。此后得益于法人治理结构的完善和管理层的规范运作，以及稳健的经营理念，长城证券迎来了一个平顺的发展时期，各项业务发展相对均衡，业务规模及盈利能力均居行业中上游水平。

“能走到上市这一步，跟严格的风险管理和合规意识教育是分不开的。”何伟说，首先，从董事会到管理层，到业务条线，再到具体的业务组别，公司都有合规的风险控制及合规管理人员；其次，公司在风控团队的基础上，通过各种渠道不断引进和培养优秀、专业的风控人才，壮大风控队伍；再次，在发

展创新业务方面，公司借鉴国际经验，邀请国际投行的风险管理专家进行培训，对新业务进行深入研究。

“长城证券的风控，既要有严格的尺度，也要有温度。”何伟进一步指出，如果风控人员不专业，那闸门就形同虚设。一个公司没有风控作为刹车，那么车开出去就可能车毁人亡；反过来，如果风控人员只踩刹车，把握不好时机，该快的时候慢，那么这个车也开不出去。这样对不起投资者，对不起证券公司的牌照，也成不了一个让投资者放心的上市公司。

谈服务：营业部将是公司综合服务的载体

长城证券的网点分布从早期的“25+1”，即 25 个营业部加 1 个服务部，发展到现在的 12 家分公司 109 家营业部，已覆盖我国主要省会城市和经济发达地区。

如今，互联网金融稳步发展，“互联网 +”快速渗透，当被问及营业部的拓展跟金融科技的创新是否冲突时，何伟表示，他们恰恰希望线上线下互动结合，“这些实体的网点更多的是公司的触角，公司形象的代表，公司推进综合业务的一个桥头堡”。

对于普通客户，标准化的服务能用“all in one”（多合一，one 就是指手机）做到。但客户分层后，对需要定制化服务的高端客户，需为其提供面对面、个性化的服务，因此，建实体网点势在必行。

所以何伟表示，未来长城证券营业网点可能达到 150 家，主要完善中西部区域营业网点布局，填补空白区域，实现合理均衡布局。

谈业务：打造全产业链的投行业务模式

近几年来，长城证券努力构建完善的业务架构，形成了相对均衡的业务收入结构，打造出传统业务规范发展和创新业务主动谋求发展相结合的业务模式。债券承销业务一直是公司的优势业务，在国内券商中处于领先水平。在发展传统投行业务的同时，公司还融入了一些创新品种。

2012 年，公司大力开展中小企业私募债新业务，实现了债券承销业务方面的突围，而且该业务连续多年位于行业排名前列。2016 年底，长城证券成功取

启迪绿色公司债券募投项目内蒙古察哈尔右翼中旗扶贫电站开工仪式

得非金融企业债务融资工具承销商资格。2017年，公司顺利完成北京金融资产交易所债权融资计划业务的开户工作。同年8月，长城证券承销的启迪控股股份有限公司2016年非公开发行绿色公司债券，成为上交所首支募集资金专项用于光伏电站投资建设及运营的绿色公司债券。

在投行业务方面，公司致力于为客户提供多层次、全方位、一站式的全产业链资本金融服务，除了债权融资，还有股权融资。公司抓住市场机遇，债券承销、再融资业务、财务顾问业务、并购业务和IPO业务等全面开花。

如今行业竞争越来越激烈，长城证券主要做精品项目，并做好风控管理。对公司的风控，特别是投行的质量控制和风险管理体系，以及人员的专业性，何伟是非常放心的。“长城证券的项目被否决率低，在同行业中是众所周知的”。何伟进一步强调道。

何伟还提到了“一鱼多吃”的方式，即公司努力抓住一个客户的多个需求，从债券融资、股权融资，到股权并购，再到将来的投资，向客户提供一条龙服务。目前公司也正在努力提高客户的忠诚度，“获得一个客户不容易，而丢失一个客户可能就在转瞬之间，所以我们珍惜客户，尤其是优质客户”。

谈创新：OTC 业务带来新的盈利增长点

长城证券于 2013 年 4 月成立 OTC 市场（Over-the-Counter market，场外交易市场）部，是国内率先开展收益互换、场外期权等金融衍生品业务的券商之一，也是最早获得 OTC 业务资格的券商之一。

“公司的收益互换和场外期权在前些年做得非常出色，尤其是场外期权，我们作为一个中型公司，这个业务做到了行业第五。”何伟自豪地说。公司的 OTC 业务符合高端客户的需求，在业界创造了品牌，同时也给公司带来了非常可观的收入。

2017 年公司的 OTC 业务收入达 8000 多万，何伟补充道：“毛收入估算是上亿元的，因为有的是跟其他业务线合作完成的，这个收入就归结到其他业务线去了。”

在风险可控和规范经营的前提下，公司 OTC 业务发展迅猛。何伟表示，除了得益于领导层的顶层设计，公司还聚集了一批业界专业人才。

另外，在开展 OTC 业务时，公司一切以客户为中心，围绕客户的需求提出定制化的策略。整个团队用专业的素养，为高端投资者提供更丰富的金融产品和定制化的金融方案。

谈转型：路途遥远，但一定会成功

券商收益如何，有运气的成分。在“牛市”之时，券商们躺着收钱，赚得盆满钵满。但到了“熊市”，这样的好日子就只能是幻想。如今，券商都走到了转型的十字路口，大家纷纷从过去的传统通道业务服务转向资本服务。

以前，券商绝大部分的收入都来自经纪业务的佣金手续费，现在这一收入占比不断下降。何伟称：“佣金只是一个敲门砖，客户导入的入口，最重要的是匹配其他服务。”

“重视资本服务，实际上就是重视融资融券和股票质押回购业务，长城证券跟行业其他券商一样，都在做融资融券和股票质押回购，而且业务开展得非常不错，从比例来说，开展资本金业务的市场份额比经纪业务的份额还要高。”何伟介绍道。

长城证券工作人员在展会上给客户示范手机开户

一直以来，长城证券深入探索金融科技，抓住互联网金融机遇，是业内第一家开展手机刷脸开户的券商。目前，公司正在跟优秀的行业标杆学习，将用AI、大数据等先进的科技和方法进行持续创新。

目前，公司经纪业务初步完成了线上线下融合，未来要实现投资顾问、金融科技和财富管理相结合，建立自上而下的财富管理体系。何伟介绍称，这实际上是通过了解客户的需求、家庭或个人资产的结构，以及个人的风险偏好，给客户匹配与其人生规划相关的全方位资产配置的方案，甚至包括他的教育、养老、子女留学和消费等方向。

何伟说，这是一条比较长的路，需要持续不断的努力。这是一个对市场有根本影响的过程，时间会比较长，但是相信一定会成功。

谈未来：五年内成行业前20名的综合类券商

2018年10月26日，长城证券在中小板上市，正式登陆资本市场。

何伟表示，公司上市后将成为一个公众公司，法人治理结构将更加完善，

2018 年 10 月 26 日，长城证券在深交所上市（右二为何伟）

管理和业务的发展将更加规范化。公司将面对更透明的监管，也将取得更好的发展。

当被问及未来五年公司的发展目标时，何伟眼神坚定，他表示，未来五年希望长城证券发挥综合牌照的优势，进入中国证券市场前 20 名，“很有难度，但是我们会努力，也希望能够实现”。

谈情怀：这是你的船

何伟进入证券行业已经 26 年了，一路见证了中国证券市场从混乱繁荣到综合治理以后的规范发展，再到现在的双向开放。他觉得证券行业浓缩了人生滋味，可以在很短的时间内尝遍酸甜苦辣。

2011 年 8 月，在何伟加入长城证券之际，有一本畅销书《这是你的船》，讲的是美国一位舰长通过与水兵共同努力，将整个舰艇的人员打造成一支充满自信、干劲十足的团队，并成为太平洋舰队最优秀舰艇的故事。何伟说，他就是借用这本书来激励公司全体员工，并立志要将长城证券带向大家的梦想之处的。

如今长城证券成功登陆资本市场，何伟觉得，上市只是万里长征中走出的第一步，后面的路很长、很艰辛，需要更加努力地拼搏。

“随着中国资本市场的双向开放，中国资本市场的好日子才刚刚开始。不要看短期的波动，未来市场会越来越规范，会给投资者带来越来越多的长期收益。”

“长城是用来防御的。希望长城证券上市以后，中国投资者的资产能得到更好的保护，少受波动或者下跌的影响，并不断实现财富增值，获得资产性的收入。”他说。

扬帆起航　要让公司跻身综合类券商前20名——扫码观看对话长城证券何伟

三、人才是成功的关键——中山金马邓志毅

欢乐的日子，从中山金马开始。我们经营的是一个以为客户创造最大价值为目标、以产品品质为生命、以技术创新和技术进步为驱动的企业。我们从事的是制造欢乐的事业，竭尽全力提高产品的质量和安全性是我们永远的追求。

——中山金马邓志毅

中山金马董事长邓志毅

或许是成年人的世界太过沉闷无趣，人们便发明了游乐园，试图把童年的快乐留在身边。世界上最早的游乐设施在欧洲。当时为了庆祝丰收，人们在庆典活动上推动儿童转椅，由此产生了早期的游乐设施。后来儿童转椅逐渐演变成经久不衰且大受欢迎的旋转木马。1955年，洛杉矶迪士尼乐园落成，开启了现代主题游乐园的时代。

我国游乐园的发展主要在改革开放以后。从最初有几辆摇摇车的小公园，到如今占地几十万平方米的欢乐谷、方特游乐园和迪士尼乐园，中国的“大孩子”和小孩子有了更多、更好玩的游乐选择。而这背后，也反映了一个行业的诞生与发展。

2018年12月28日上市的中山市金马科技娱乐设备股份有限公司（简称“中山金马”）就是目前国内规模最大的一家集大型游乐设备，高科技动漫影视项目的研发、制造与销售于一体的游乐设施制造企业。从过山车、海盗船、大摆锤、摩天轮到“动漫＋虚拟现实”游乐设施，这家公司的产品出现在欢乐谷、方特乐园、长隆乐园等大型主题公园。中山金马董事长邓志毅在带领公司一路向前的同时，也成就了“中国游乐设施第一股”。

邓志毅，1959年出生于广东省中山市。自1975年参加工作始，从基层做起，历经技术工人、班长、车间主任，再到部门经理、企业总经理、董事长。

他的青春年华都奉献给了游乐事业，这也使他积累了丰富的技术、经验和人脉。

20 世纪 90 年代，中国游乐行业刚刚起步。随着经济的发展，人们对娱乐的需求越来越高。邓志毅判断这个行业未来前景广阔，于是在 1999 年成立中山市金马游艺机有限公司（中山金马前身），2007 年成立中山金马。他坚持创新的发展思路，一开始就立志向中高端游乐设施的方向发展。

1999 年中山市金马游艺机有限公司成立庆典

刚开始，中山金马以消化吸收国外的游乐产品为主。“广东是改革开放的最前沿城市，我们有更多的机会去香港、澳门地区，还有去国外参观学习的条件。2000 年起，我就每年都去美国、日本、东南亚等国家和地区考察，来拓宽自己的视野。”邓志毅始终坚持对企业发展战略的研究，他以前瞻性的眼光洞察先机，率先带领中山金马实现产品结构转型升级。

不仅如此，邓志毅还敏锐捕捉市场动态，提出了“结合品牌发展，占领高端市场，以点带面覆盖其他市场”的策略。中山金马先后与北京朝阳公园、大连老虎滩、上海锦江乐园、北京石景山等几个著名的主题乐园达成合作。其中，与上海锦江乐园的合作让他至今仍记忆犹新。

“锦江乐园总经理临时决定到我们公司来考察。为了让客户有个好印象，让他对我们有信心，我们加班加点，用两三天时间做好设计方案，拿出效果图，还雕了一个很精美的马出来。”邓志毅回忆，“他看到我们准备得这么充分，认为我们不仅有效率还有诚意。最终，我们拿下了这单业务，做成了当时中国最大的双层豪华旋转木马，一次可以坐 116 人。”

上海锦江乐园的成功，为后续业务的拓展开了个好头，随后中山金马相继推出了 15 米大激流、40 座海盗船、飓风飞椅、26 米激流勇进、悬挂过山车、矿山车等代表性产品。这些产品也让中山金马在转型中找到了新的机遇。

游乐设施的最高境界

中山金马的 26 米激流勇进等产品批量进入北京欢乐谷，这是中山金马迈入高端市场的第一步，也是至关重要的一步。随后，中山金马与华侨城集团有限公司、华强方特文化科技集团股份有限公司、广东长隆集团有限公司、大连万达集团股份有限公司等知名企业旗下的系列主题乐园达成稳定的战略合作。2012 年，中山金马获评“全球优先供应商”，公司的整套大型设施设备遂进入国际顶级主题公园和高端市场。如今，中山金马的产品已远销日本、韩国、东欧、东南亚、中东等 30 多个国家和地区。

近几年，中山金马还推出了双断轨过山车、雪山过山车、速降过山车、超炫过山车、垂直过山车、自由塔、双塔、3D 互动、3D 动感等产品，获得了良好的市场口碑。中山金马现已拥有 13 大类 300 多个品种的丰富产品线，从中大型产品到特大型、高科技影视动漫机电一体化产品，再到个性化定制产品；从中端产品，到可比肩国际先进水平的高端产品，中山金马不断挑战和占领技术的制高点。拥有多项国际首创技术，多项产品达到欧洲 EN13814（欧盟游乐设施标准）、美国 ASTM 2291（美国材料实验协会标准）等国际标准，通过 TUV 认证。现在中山金马的专业研发能力在国内已是领先水平，并且可以比肩国际先进企业。

游乐园里，我们总能听见高分贝尖叫声，过山车、跳楼机、海盗船……人们在极限刺激体验中释放了压力，收获了快感。然而，一些人却在游乐园里停下了脚步：万一出事了怎么办？

中山金马质量控制技术交底会议

对于这个问题，邓志毅表示不用担心。2000年我国就已把大型游乐设施纳入特种设备领域进行管理，对大型游乐设施制造和使用等环节的行政许可、制造安装、运行管理、检验检测等方面都出台了相关法律法规、规章制度，进行严格的管控。从产品开发的图纸设计阶段到样机型式试验、产品验收检验等环节，都必须由具备资质的第三方检测机构进行审查和检验，通过后方能投入使用。同时，对游乐设施的管理、操作、维修人员也要进行专门的培训，人员通过考核后持证上岗。此外，第三方检测机构每年还要对游乐设施进行年检，以确保游乐设备的使用状况符合要求。

“游乐园每天接待游客之前都要试运行设备，有日检、周检、月检和年检，非常严格。游乐设备最重要的就是看起来很惊险，其实很安全。”邓志毅说。

据了解，目前中山金马已经建立了完善的质量管理体系、安装和售后服务体系，设立质量管理部门对产品质量进行控制和督查。为了确保产品的质量和安全性，公司还委派专业技术人员对使用单位进行人员培训，提供技术支持和质量监控。

“我们经营的是一个以为客户创造最大价值为目标、以产品品质为生命、

中山金马（火炬基地）鸟瞰图

以技术创新和技术进步为驱动的企业。我们从事的是制造欢乐的事业，竭尽全力提高产品的质量和安全性是我们永远的追求。”邓志毅一直强调产品质量是企业赖以生存之根本，而“欢乐的日子，从中山金马开始”的经营理念，也正源于此。

多年来，中山金马强化 ISO9000 质量管理体系建设，推行 6S 管理，引入精益管理理念，持续提升现场管理水平，逐渐形成了一套有效提升企业综合管理水平的独有的先进管理体系。中山金马产品全生命周期的安全风险分析始于产品设计策划阶段，并在生产过程中对原材料、关键零部件、电控系统、重要焊接件等进行控制，追求高于国家标准的内部管理要求和实施覆盖生产全过程的检测检验标准。这样确保了从产品设计开发到生产安装、从过程产品到最终产品均严格执行国家标准和相关规定，使得产品安全可靠。

不仅如此，在生产经营规模扩大方面，中山金马建立了占地近 12 万平方米的三大生产基地以满足产能需求；设立现代化规范标准车间，引入国内外先进生产设备，打造高效的生产团队；通过持续完善完备生产工艺和流程，建立业界领先的产品检测检验中心，进一步提升品质。

重视人才是成功的关键

在对话过程中，“人才”二字被邓志毅反复提及，他说，如果要总结一个成功的经验，那就是自己非常重视人才。刚开始创业的时候，公司只有100多万的启动资金，但为了留住人才，邓志毅甚至向工程师给出了比自己都高的薪资。

“我这个人比较关心人才、爱护人才，不仅招进来人才，还要留住。公司有一套激励机制，能够让大家的付出得到回报。”

经过多年的努力，截至2018年底，中山金马已形成一支创新能力强、设计经验丰富、专业互补的创意、策划和研发团队。这是一支拥有全国游乐设施权威专家、教授级高工等领军人才，以150余人的青壮年创意研发团队为中坚力量，由资深特种设备专业技能人才组成的制造安装团队，还有高效运作的销售、售后、后勤团队等专业人才队伍。“我们公司成立以后，我们的团队是行业里最稳定的。这是行业里公认的。”邓志毅说。

游乐设施兼具文化创意与特种设施制造业的双重属性，需要持续研发新产品。近三年，公司研发投入分别为5194.36万元、9065.55万元和6626.85万元，分别占当年营业收入的10.08%、18.53%和13.30%。

中山金马目前有专利80余项，其中发明专利29项，主持或参与了13项国家标准的制定。中山金马有广东省高新技术企业、广东省游艺设备（金马科技）工程技术研究中心、广东省省级企业技术中心、测绘遥感信息工程国家重点实验室金马科技中山研究中心等诸多头衔，并曾获广东省科学技术奖三等奖等奖项。

邓志毅说：“不舍就不得，如果没有这些人的努力，公司可能早就倒闭了，更不要说上市。虽然我是最大的股东，但我一直倡导与员工共同努力，共享成果，这样企业才能得到更好的发展。”

上市是二次创业

经过近20年的创新和发展，中山金马形成了包括滑行车类、飞行塔类、观览车类、转马类、自控飞机类等游乐设施，此外还有融入动漫元素的游乐设施在内的丰富的产品线，建立了市场竞争优势，成长为国内大型游乐设施制造行业的龙头企业。

邓志毅（左一）在中山金马上市仪式上

经过漫长的等待和严格的审核，2018年12月28日，中山金马登陆创业板。当天，邓志毅在深交所敲响上市钟声，A股也迎来了第一家游乐设施企业。

“上市后中山金马成为公众公司，我们身上的责任、压力更大了，需要拿出更多精力和勇气去把公司做好。我经常跟我的搭档讲，上市前是第一次创业，上市后是第二次创业。”邓志毅表示，未来中山金马将继续扩大产能，提升研发实力，把握市场方向，开发更具创新性、娱乐性、沉浸感的动漫影视一体化高端游乐设施，继续保持行业领先优势，在中国第一游乐品牌的基础上，进一步开拓国内高端市场和国际市场，打造国际知名的中国游乐品牌。

梦想就是动力。邓志毅始终怀着为人们创造欢乐的梦想，致力为全球提供优质的游乐产品和服务。中山金马作为业界一流企业，国际领先品牌，将为广大投资者、合作伙伴带来更大的价值与回报！

人才是成功的关键——中山金马邓志毅——扫码观看对话中山金马邓志毅

四、做顺丰、韵达背后的“耗材超市”

天元股份的产品每年能绕地球好几圈。要挑战，一定要去做一些不那么简单的事情。

——天元股份周孝伟

635.2亿件，7497.8亿元，这是2019年快递业务的完成量。

天元股份董事长周孝伟

时间倒回至2010年，那时的快递包裹数量仅为23.4亿件，还不到2019年的零头。

在不到10年的时间里，快递业务迅猛发展。与此同时，与快递密切相关却不被大众所关注的快递包装行业也乘势而起。

2020年9月21日，在深交所上市大厅，周孝伟扎着深红色的领带，步伐轻快地来到了准备已久的上市仪式现场。在知天命的年纪里，他带着自己一手创办的广东天元实业集团股份有限公司（简称“天元股份”），敲响了上市宝钟。

“孔雀东南飞”

1997年，对于周孝伟来说是人生的第一个转折点。

那一年春节，大学同学聚会时，有人提到改革开放给广东带来的发展变化，说那里遍地是淘金机会，吸引了大批人才。深受触动的周孝伟也决定南下，放弃了当时湖南某企业副总经理的职位，成了“孔雀东南飞”的一员。

然而，坐着火车南下后，周孝伟却差点铩羽而归。

周孝伟当年入职了20世纪90年代知名的家电企业——海信科龙电器股份有限公司（简称“科龙电器”），这家企业连续10年冰箱产销量第一。“刚来的时候，应该说还是希望能够在广东干一番事业的，但是从待遇来讲，与内地相差确实不大。”周孝伟笑着说，当年差一点就回湖南了，“从工作内容方面来讲，比在内地做的工作更加具体，这让我第二次从基层开始，做营销基础工作也给我以后的发展打下了基础。”

1997年，由于没能适应国家宏观调控，科龙电器陷入产销不平衡的境地。面对危机，周孝伟凭借大学学到的知识与基层的经历脱颖而出，第二年就从业务员升任湖北分公司经理。

周孝伟在科龙电器供职长达5年之久，后由于人事变动，他离职并进入了一个全新的行业。

初涉快递业

刚迈入21世纪时，快递行业还处在粗放式经营阶段。圆通、韵达刚刚成立，中通还没诞生，顺丰也只是个专注于珠三角业务圈的快递公司。

无序扩张是当时快递行业的最大特色。拉上三五伙伴，置办几辆自行车，一家快递公司团队就创建好了。可想而知，这些快递公司的生命周期也十分短暂。

就是在这样的背景下，周孝伟一头扎进了快递行业，与人合伙在广州番禺创立了广州九恒条码有限公司（简称“九恒条码”）。

当年，快递分拣刚由人工往机器替代转变，条码快递运单应运而生。民营企业里做同样产品的，全国只有两三家。

“那个时候，我们提出一个口号——7天交货。”

当时业内同样产品的交货周期通常是15天。由于找到了客户的需求痛点，创立于2002年的九恒条码很快就成为快递运单条码里的标杆企业。

40岁的选择

四十不惑。周孝伟的40岁，依然在折腾，这一次他又选择放弃安稳。

2010年，在九恒条码积累了丰厚资产的周孝伟，选择离开。他接手广东天元印刷有限公司(天元股份的前身，以下简称“天元印刷”)，从零开始自己创业。

“40岁的男人总想自己做主，独立去实现自己的人生梦想，想做成一点事情。”在看到电商包装行业的风口后，不满足只做专一产品的周孝伟，立志要做电商包装行业的“百货商店”。

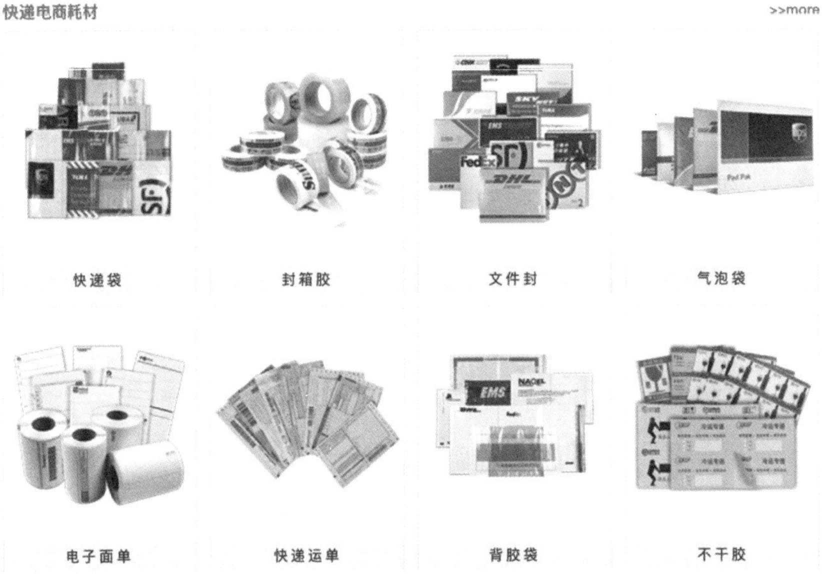

天元股份部分产品系列

看似简单的快递包装，其实涉及很多产品品类，比如气泡袋、电子标签、封条等。以前，快递包装行业内都是做单个品类的小公司，完成一个快递包裹的包装需要到多家采购材料，这不但容易出现产品不匹配的情况，还易产生纠纷。

周孝伟的“百货商店”模式，就是将包装快递的所有产品都集中到一家公司来做。“我觉得只有把电商所需要的各种各样的物料都覆盖，我们才能够被市场所需要；只有被市场需要，我们才是最重要的。”

这一模式看起来简单，但当时却几乎无人实行。原因在于快递包装的物料种类多、数量大、单价低、个性化要求高。各个物料品类间无法共用生产线，而且需要不同的技术人员、不同的印制设备。

准备自己干的周孝伟遇到了第一道难关：人才。

创业第二年，身为董事长的周孝伟亲自出马，从东莞来到深圳招揽人才。“那个人出差刚回来，说是要晚上 12 点才到家。我提前半小时就在他楼下的大排档里等他。结果 12 点多钟人来了，聊了半小时，人却没挖到。”周孝伟回忆说，在当年这样的情况是常态。

2010 年 8 月，周孝伟执掌的天元印刷正式开业。值得一提的是，那时公司仅有员工百余人，却规划了票据事业部、封箱胶事业部、不干胶事业部、邮政营销部、快递营销部等十几个部门。

麻雀虽小，五脏俱全。周孝伟起步就瞄准了正规企业的组织架构。

4700 万张总统选票

2011 年 3 月，工厂运转半年后，天元股份接到了一笔大生意——印制尼日利亚的总统选票。订单虽大，但要求也近乎苛刻，4700 多万张选票要在 7 天内印制完。“当时没人相信，7 天怎么可能完成那么多东西！”

这一订单，除了初生牛犊的天元印刷外，行业里其他公司都不敢接。

为了完成这一订单，周孝伟带着全公司上百人一起熬夜赶工。“7 天时间，我每天晚上最多休息两三个小时，我的团队成员几乎全是这样的。”回忆起当年的辛苦，周孝伟依然印象深刻。

当年天元印刷赶工的车间现场

7 天后，十几车总统选票被运往尼日利亚。

这一次，周孝伟不仅完成了开厂以来的第一笔千万合同，团队的凝聚力也得到了提升。同时，天元印刷凭借完成不可能完成的任务，知名度迅速在业内打响。

一条短信的缘分

快递包装与快递是相辅相成的两个行业，说起天元股份就不得不提好兄弟顺丰。天元股份每年来自顺丰的订单额都超过 1 个亿，除了 2019 年，顺丰一直是天元股份的第一大客户。

周孝伟与顺丰的缘分开始于一条短信。

2003 年的一天，周孝伟从广州飞往北京。在登机前他收到了一条短信，是来自顺丰总裁王卫的回信，信里，王卫邀请周孝伟在合适的时候到顺丰总部会面。寥寥几字，只字未提合作，却开启了周孝伟与顺丰长达 17 年的缘分。

“可能那条短信改变了我这一辈子。”周孝伟回忆时说。当年的顺丰刚满 10 岁，正在启动网点全面直营化。果断坚定的王卫与干脆自信的周孝伟在性情上有些相似，双方合作也异常顺利。

“当年顺丰一个月只有几百万单，一天才十几万单。当年顺丰一个月的量，连现在一天量的 1/10 都不到。”如今，顺丰在天元股份采购的产品包括塑胶包装系列、快递封套系列和多功能胶带系列等。2019 年天元股份对顺丰的销售额为 1.14 亿元。

出于产能拓展的需要，2019 年周孝伟主动调整报价策略。对于市场竞争激烈、毛利率较低的产品放弃低价竞标，使得天元股份对顺丰控股的快递封套系列、多功能胶带系列产品销售额降幅较大，顺丰下降为第二大客户。

顺丰占比下降，苏宁易购、京东等电商平台的业务量却在大幅增加。2019 年，天元股份对苏宁易购的销售额为 4830 万元，在总销售额中占比 4.81%；对京东的销售金额为 3515.9 万元，在总销售额中占比 3.5%。

快速增长的需求驱动

近几年，网络购物已然成为一种购物趋势，各大电商平台的崛起带动了快递物流业的发展。2012—2018 年期间，中国快递业务量年均复合增长率为 43.99%。根据规划，2020 年快递业务量会达到 700 亿件。

"1 年 700 亿件，就意味着每天有将近 2 亿件包裹，这是海量的包裹数。天元股份有很多产品，每年的产品都能绕地球 10 多圈，全加在一起数量就更大了。"周孝伟说，海量的包裹给快递包装行业带来了新的课题，比如如何在寄递过程中保留物品的原有特性，如何用绿色耗材实现环保包装，如何压缩包装成本实现共赢，如何将包裹进行二次回收等。

周孝伟说快递包装行业还有很多问题亟待解决，天元股份有一个战略目标，希望能实现在全国除西藏等偏远地区外所有客户的 24 小时全覆盖。"如果在每个县城，在每个小区域市场，都有一个服务网点，那么天元股份才真正是快递和电商整个行业中间的一员。"

服务客户，让客户的体验更好，是周孝伟给天元股份发展定的基调。

周孝伟在天元股份上市仪式现场

五十知天命

就像40岁时选择从零开始独立创业，周孝伟从不吝于给自己增加挑战。不论是打造业内几乎无人敢尝试的全品类快递包装模式，还是准备在全国建立24小时覆盖的庞大网络。周孝伟的想法一直很简单："要挑战，一定要去做一些不那么简单的事情"。

创业十年，周孝伟在50岁时收获了一份生日礼物：2020年9月21日，天元股份成功挂牌深市中小板，成为一家公众公司，同时也有了更多的融资发展手段。

如今，天元股份已经成长为年营收过10亿的快递物流包装龙头公司。董事长周孝伟还是保持着认真勤奋的习惯，每天9点到公司，晚上10点左右下班，每天平均工作13个小时。他喜欢跟同事散步或者喝茶聊天，晚上常常是最后一个离开公司的人。

五十知天命。周孝伟说自己很自信，尽力了就不后悔。如今的天元股份还没达到令他满意的状态，他给自己设立的挑战还很多，但他会一步步地走，"50岁还不算特别大，也还好"。

你问他累不累？他说，乐在其中。

做顺丰、韵达背后的"耗材超市"——扫码观看对话天元股份周孝伟

五、智慧城服新征程　从“被动活”到“主动追”

产品标准化，才能推动公司的规模化和全国化。

——新大正李茂顺

从中国物业管理行业的懵懂期起步，重庆新大正物业集团股份有限公司（简称“新大正”）经历的20余年也是国内物业管理行业高速发展的20余年。行业的快速发展和自身战略的准确定位，使新大正逐步由依靠地产商的物业管理公司，成长为具备独立承揽业务能力的第三方物业企业，并成为全国物业管理行业30强企业之一。

登陆资本市场后，新大正立志成为中国智慧城市公共物业服务的领跑者，将不断应用智能设备和移动互联网技术，提供创新型物业服务，助推智慧城市的建设。

新大正上市仪式现场

独立第三方物业——“为了活下去”的被动选择

众所周知，国内绝大多数物业管理公司都是地产公司的下属企业，而独立的第三方物业公司是没有开发商支撑、完全市场化的物业企业。后者需要独立面对市场，独立寻找业务谋求发展。

新大正的前身重庆大正物业管理有限公司（简称“大正物业”）成立于1998年，于2016年整体变更为重庆新大正物业集团股份有限公司。与很多同行企业一样，大正物业也是开发商自建自管的产物。公司第一个项目大正商场是当时重庆朝天门首屈一指的集商业与住宅为一体的现代化商厦，彼时大正物业的管理层为学习如何服务、管理好这样一家商场，曾远赴广州白马市场学习经验。大正物业把物业管理和商场的运营结合在一起，这在当时是一种较为高级的商业物业管理形式。得益于前沿物业管理知识的洗礼，大正商场运作良好，在经过3～5年的经营后，一跃成为重庆朝天门的龙头市场，这一地位至今已保持了近20年。这也是大正物业初创时期最辉煌的成绩。同时大正物业也在重庆起到了普及和推广物业管理行业规范的作用。

大正商场运营管理的成功，让当时的大正物业的物业管理团队意识到：物业市场大有可为。此后，公司及团队积极对外承接业务，并在2001年进行内部

新大正总裁李茂顺在上市仪式上致辞

员工股权激励，成为一家独立的第三方物业公司。

“其实某种程度上来说，我们是受市场所迫，为了生存和发展，才走上了这条路。”新大正总裁李茂顺说。

最初几年，大正物业的生存环境非常艰难。当时行业的市场化程度与现今不可同日而语，大正物业甚至发现，某种程度上市场其实并不存在——因为大中型开发商有自己的强大的物业公司，而小型开发商可能就把物业交给亲戚管了。

“三步走”建立五大业态

就在大正物业的管理者们感到迷茫的时候，市场变化的重要机会来临。公司通过“三步走”的战略，完成了产业转型。

2003 年，国家开始推动机关后勤社会化改革，大正物业的管理者赴上海学习上海市机关后勤社会化改革的先进经验。2004 年，重庆市九龙坡区机关为推动后勤社会化改革，机关物业开始面向社会招标，对此事已有研究和准备的大正物业成功中标。这是它的第一个政府机关物业项目，也是迈向独立第三方物业公司的第一步。

紧接着，2005 年，重庆大学城虎溪校区项目面向全国招标，大正物业再次中标，开始步入学校物业领域。2007 年，重庆因产业结构调整，要建设笔记本电脑生产基地。大正物业进驻该基地，为富士康厂区和员工宿舍提供物业服务，凭此大正物业又进入了园区物业领域。

通过上述三步，大正物业完成了三个转变：一是由开发商附属的物业企业向第三方独立物业企业的转变；二是由主营住宅物业向主营公共物业的转变；三是由原本单一的产品结构向公共、学校、园区、住宅、商业五大业态的转变。2003—2008 年，大正物业完成了产品结构调整，公司的收入规模从原来的不到 1000 万元迅速增长至 8000 多万元，初步奠定了公司发展的基础。

准确研判行业趋势，助推全国化

尽管近 20 年来国内的物业管理行业已经取得显著的进步，但与欧美国家相比，其发展水平还有较大的差距。国外已有不少千亿规模的物业企业，而国内只有百亿规模的企业，这也意味着我国物业管理行业还有巨大的发展空间。

2013年，规模仅有3亿多元的大正物业请全球著名咨询公司罗兰贝格为其做战略规划，对国内外的物业市场进行分析，研究成熟经济体中物业管理发展的脉络和轨迹，预测中国物业管理行业未来的发展趋势。“中国物业管理行业在过去6年的发展脉络，印证了新大正（2016年“大正物业”变更为“新大正”）当初对行业未来发展趋势的判断。”李茂顺说。

制订战略管理规划时，大正物业认为应该坚持城市公共建筑及设施管理这个主要的发展方向。在重庆以外的地区扩展业务时，新大正都坚持了这样的战略定位，没有延伸至其他领域。李茂顺表示，新大正希望做智慧城市公共建筑和设施管理运营的价值创造者，或者该细分领域的领跑者。新大正新近签订的大兴机场部分项目合同，正是其落实向外发展战略的重要体现。

作为一家曾以重庆地区业务为主的物业公司，新大正将业务拓展至全国只用了五六年的时间。目前已在16个省（市）的28个城市拥有相关业务，在中部、西南、华东、华北等区域初步完成布点。李茂顺介绍，最近2—3年公司全国化

新大正物业人员在北京大兴国际机场进行机械化保洁作业

的关键在于重点区域重点突破。未来将会在已经进入的区域选取目标市场，加大力量对其进行突破，迅速在当地独立发展壮大。这是新大正第一个重庆以外的主要市场拓展策略。

目前，新大正承接的五大事业部包括办公物业、公共物业、学校物业、园区物业、商业物业，年物业收入接近 9 亿元人民币，已签约物业面积逾 6700 万平方米，服务项目数量 300 多个。

新大正从专业化、标准化、机械化、信息化和智慧化等方面来提升公司的运营、管理能力。新大正对旗下项目均从专业化的角度进行管理，不同业态中“四保一服”（保安、保洁、保绿、保修、客服中心）在本质上没有太大区别，但是每一种业态对某一个方面（如安全、门岗等）的要求、标准却存在细微的差异。新大正专注于每一个场景的特征和特点，实现了每个业态独立、专业化、标准化的发展。

另外，新大正的五大产品都有完整的行业标准，其中商务楼宇和高校的物业管理标准是重庆市仅有的两个物业管理地方标准。“产品标准化，才能推动公司的规模化和全国化。”李茂顺说。

作为劳动密集型行业，近年来物业管理行业的人力成本上涨压力巨大。提升行业的劳动效率，除了调整劳动组织，更重要的是机械化的发展和应用，目前新大正管理的高校和机场已在保洁方面全面实现机械化。

还需要看到，当前信息化和智慧化带来的产业变革同样发生在物业管理行业，其发展方式和发展逻辑也发生了翻天覆地的变化。李茂顺认为，物业管理行业将会成为智慧城市的一个落脚点。新大正将用物联网和互联网技术去改造传统的基础物业服务，这是公司最主要的发展方向。从“人口”向“资口”转变，信息技术的应用和行业并购都需要大量资金，李茂顺坦言，进入资本市场的一个重要原则，就是要遵循行业发展的轨迹和逻辑。新大正最新的募投项目包括企业信息化建设、物业业务拓展、人力资源及企业文化建设、市政环卫业务拓展、停车场改造及投资建设等，希望这些围绕主业进行的投资，能够为公司开拓更大的发展空间。

借力资本市场做大做强

国内物业管理行业至今已有近 40 年的发展史，后 20 年的发展与前 20 年相比，变化可谓翻天覆地。“新大正成长的20年，刚好是中国物业管理发育、发展、壮大、成熟的20年，我们应该说是见证了这样一个过程。”李茂顺表示，中国物业管理行业从20世纪90年代的一个小行业，发展成如今有十多万家企业、700多万从业人员、资金规模达到7000多亿元的行业，成果丰硕，在国民经济中占据了一定比例，在整个社会经济和民众生活中发挥着越来越重要的作用。

而物业管理企业的管理模式、服务边界也在这数十年中发生了巨大变化：刚开始绝大多数企业为住宅小区提供服务，现在扩展到商业、公共建筑、学校、医院等各种业态，物业管理的普及率越来越高。

李茂顺表示，物业管理可提供的增值服务不局限于现在小区物业中的寄快递、婚丧嫁娶等。新大正目前主推的城市公共建筑及设施的管理和服务，存在较大的延展空间，如对整个建筑楼的能源规划、管理、改造，为高校配备公寓辅导员（生活老师）进行辅助教育等。此外，利用互联网、物联网实现人和物的智慧连接，物业公司在其中管理相关设施设备的功能，也具备较大的成长空间，同时也能实现多元化发展。

李茂顺指出，近年来物业管理行业最大的变化有两个方面：一是技术革新带来的影响。随着物联网、互联网的发展，物业行业对新技术的应用有极大的突破，物业管理行业已打破传统的“守楼护院”模式，许多头部企业尝试了非常大胆的探索和创新；二是资本对行业带来的改变。近年来物业管理行业的价值逐步被社会发现和认可，资本的进入促使行业发展速度、集中度快速提升，如两大央企物业——中航和招商的合并，总规模超过70亿元。现在港股已有16家物业企业上市且表现不错。在国内资本市场中，物业企业多集中在新三板，主板市场第一家真正以物业企业名义上市的是南都物业，而新大正紧随其后。

在新大正的上市仪式上，李茂顺表示，希望借助资本的力量，应对行业前所未有之大变局。探索信息化条件下智慧城市公共物业发展新方向，努力用互联网和物联网技术改造传统的基础物业管理，通过大数据的积累，衍生新兴业务，为客户提供更好的服务。

扫码观看全景网《约见资本人》系列对话视频

六、“精装”时代的踏浪者

创业是一条孤独的路，一个人走，也许走得快；但和同伴一起走，才能走得远。

——中天精装乔荣健

近几年来，各地政府纷纷出台政策取消毛坯房，支持批量精装修。崭新的“批量精装时代”已然来临，这逐渐成为业内的共识。

作为深圳中天精装股份有限公司（简称“中天精装”）的掌门人，乔荣健很早就有了“毛坯房终将退出历史舞台”的判断。2003年起，他便开始了批量精装房业务的尝试。经过17年的辛勤耕耘，他终于将中天精装带上了资本市场。

进入地产行业龙头

1992年的春风，吹醒了神州大地。

这一年，22岁的乔荣健从东南大学土木工程系工业与民用建筑专业毕业，怀揣着500元来到深圳，加入了央企中海地产集团有限公司(简称“中海地产”)。

“我是分配到中海地产的。来深圳的第一天，恰逢深圳股票抽签表发售，满街都是20多岁的排队的年轻人，当时就感觉这是一个朝气蓬勃的城市，很喜欢。”乔荣健回忆称。

众所周知，中海地产是家巨无霸央企，它在工程、成本、营销等很多方面都是业界标杆。1992年，中海地产在香港联交所上市。

“中海地产是中国房地产行业最盈利的企业，没有之一。这么多年来，中海地产的规模不是排第一阵营的，但中海地产的盈利能力从来都是第一。它做一单，别的企业要做两单，它的净利润率是别的企业的两倍。”乔荣健称。

在当时，能够进入中海地产是许多人梦寐以求的事。而且“不讲关系规则，只要努力就会有收获”的中海文化，也深深地触动了乔荣健。在中海的8年里，他努力工作，凭实力坐上了部门经理的位置。

在中海地产工作时的乔荣健

“中海地产，它采用了香港平等、亲和的管理办法。评价你的标准就是工作成绩，只要愿意干，就有收获。这是一种简单的文化，简单的价值观。在中海地产 8 年，我真的是‘拼命三郎’，明明是一个员工，却把自己当成老板。记得当年水产大厦的两套样板房，正常工期需要十多天，但我花三天三夜组织人做出来了，这至今在行业里都是神话。”

除了公平的机制外，中海地产在行业内拥有行业最完善的人才培养体系。这对乔荣健来说，如鱼得水，也为他日后创业打下了基础。

“非常感谢中海地产的培养。在中海地产的 8 年里，我拿到了很多资质，包括国家第一届房地产估价师、国家第一届造价工程师、国家第一届监理工程师、国家第一届一级项目经理（也就是一级注册建造师）。我离开的时候，综合业务能力非常优秀。”谈及老东家中海地产，乔荣健言语间总会透出感激之情。

2000 年左右，中海地产进行了一次较大的转型和变革。“再不创业就没有机会了！”30 岁的乔荣健顺势离开中海地产，进入竞争激烈的装修行业。

一次兼具天时地利人和的创业

对乔荣健来说，在住宅精装修行业创业，一开始就具备了天时、地利和人和。

“所谓天时地利，就是从国家的角度来讲，住宅精装修具有节能环保的特点，替代毛坯房，是个不可逆转的趋势。在这种情况下，各地都相继出台了很多促进精装修发展的政策，所以说天时和地利都具备了。人和就是这么多年我在行业中打拼，积累了丰富的人脉和资源。”

2000 年 9 月，乔荣健创办了中天精装。当时一台贷款买的捷达车、一台电脑和一台打印机是乔荣健的移动办公室。

“创业初期，养不起员工。我是多种岗位集于一身，采购等工作都自己做。在中海学的知识都成了我创业的资本，有时候回顾这段一手一脚打拼的经历，还会热泪盈眶。”

虽然看好住宅批量精装修行业，但创业初期的乔荣健，并没有专注于一个方向的业务。因为对他当时的企业而言，活下去才是硬道理。

“公司刚成立的时候，也是为了混口饭吃。什么都做，做过写字楼、银行、中国移动的基站。总的来说业务比较杂，有什么就做什么，没有特别清晰的定位。”

经过连续多年奔波，乔荣健的公司终于迎来了重要的转折点。2007 年开

中天精装总部大楼

始，房地产行业龙头万科开始推广精装房业务。机缘巧合下，中天精装成为万科精装房的试点公司。

“我们当年在中海地产干过，深深地认识到毛坯房是一个过渡化的产品，未来精装房才是主流。当时以万科为代表的主流地产商都明白这一点。但当时很多大的公司不愿意参与精装房业务，因为它们觉得跟房地产公司打交道，要求比较高，而价格压得比较低。但是我们认为，别人越是不重视的地方，我们越有可能后来居上。”

凭着专业化和高质量标准的产品，中天精装很快赢得了万科的认可，成为万科的战略合作伙伴。公司业务也随着万科的布局走向了全国各地。这让乔荣健更加确信自己要心无旁骛，扎根于住宅批量精装修领域。2007 年开始，中天精装便将全部精力投入到住宅批量精装房业务中。

“住宅批量精装修最本质的特点是省钱，只要这个本质在，这个市场就一定能扩大。目前精装修市场的整体渗透率只有 10% 左右，提升的空间还很大。从城镇化角度来看，中国用三四十年的时间将城镇化率提升到 60%。跟发达国家比，未来还有 20% 以上的提升空间。达到这个比例大概需要二三十年。所以我对这个行业充满了信心，住宅批量精装修是未来的趋势。”

有了万科的认可，保利、融创、旭辉、雅居乐、美的置业等知名企业也接连成为中天精装的客户。在这些大客户的推动下，2017—2019 年，中天精装分别实现营业收入 9.39 亿元、13.63 亿元和 23.4 亿元，对应的净利润为 0.8 亿元、1 亿元和 1.83 亿元。

向其他优秀企业学习

除了抓住行业发展的机遇外，创业以来，中天精装的不断发展，离不开乔荣健不断吸纳、融会贯通其他优秀公司的文化。

“中海地产严谨、苛求的文化让它的工程质量非常扎实；万科最让我信服的是有质量的增长；建设银行让我意识到标准化的重要性；中国人寿给我的启发是付款越快，别人对你的依附性越强；美的置业有制造业的基因，善于成本控制。”谈及客户的优点，乔荣健如数家珍。

在不断学习的过程中，中天精装也形成了比较成熟的“1+N”矩阵式经营管理模式。所谓“1+N”，“1”是指一个包含若干部门的公司级经营管理平台，“N”是指若干区域中心。通过总部职能部门和区域中心，实现对项目执行过程和项目团队的直接管理和双向监督。

乔荣健表示，“1+N”平台经营管理模式，能够加快项目管理团队的培养速度，降低项目对个别人员能力的依赖，促使公司业务扩张。同时，专业化和集约化的管理方式对提高效率、控制成本等方面也可以起到积极作用。

除了形成独特的经营管理模式外，“既要高质量发展，又要绷紧防风险这根弦”也是乔荣健对各个项目一贯的要求，而这也让中天精装发展得更加稳健。

“房地产行业很容易出爆炸性的质量事故，上媒体头条。所以永远要一只眼睛看机会，还有一只眼睛看风险。”

从“天人合一”到“顺其自然”

“创业是一条孤独的路，一个人走，也许走得快；但和同伴一起走，才能走得远。”于乔荣健而言，创业以来最大的幸事便是有了总经理张安这样一位合伙人一路相随。

“我与张安是毕业后一起被分配到中海地产的。创业一年之后，我觉得很有信心了，就请张安加盟。我们共事差不多20年，始终同心协力地经营这家公司，从未发生争议，比夫妻还默契。当然，形成这样的默契，最主要的原因是我们互相信任、优势互补，工作风格也完全合拍，而且随时可以替对方完成工作。”

招股说明书显示，中天精装的控股股东中天健投资集团有限公司（简称“中天健”)是乔荣健的一人持股有限公司，另一股东深圳市中天安投资有限公司(简称“中天安”）则是张安的一人持股有限公司。

“我叫乔荣健，就叫中天健。他叫张安，就取名中天安。蕴意是护佑中天精装平安稳健。我觉得我们公司跟同行的一个差别可能就在“精”字上。中天精装这个“精”字，主要体现是精细化管理，这里面下的功夫比较深。”

除了要与合伙人一起走，乔荣健还想着与员工一起走。2007年开始，乔荣健便开始有意识地培养工程管理团队，恰如当年中海地产培养他们一样。

“我觉得腰一定要硬，腰就是公司的中层，培养了这么多年，现在中层已经逐渐成熟，能独当一面了。”

6月10日，乔荣健和张安一同敲响了上市宝钟，宣告中天精装成为资本市场的一员。在乔荣健看来，与员工分享成功果实便是对他们最好的回馈。2011年和2017年，在乔荣健的推动下，中天精装分别成立了“天人合一”和“顺其自然”两大员工持股计划。

“2011年，我们成立了‘天人合一’这个员工持股平台。目的是把公司近50个骨干员工都集聚在这个平台上，共同发展，分享成果。很遗憾，等了这么多年，2017年公司上市被否了。而‘顺其自然’这个平台是在2017年公司第一次IPO被否之后成立的。那时想着心态要放平和一点，顺其自然，船到桥头自然直，功夫下到了，总有我们进入资本市场的那一天。现在回头来看，顺其自然真的挺好的，很多时候我们自己要努力，但是成功也要靠机遇。”

“精装”时代的踏浪者——扫码观看对话中天精装乔荣健

第六章

习以为常的美好生活

打开手机，下单购买一箱新鲜的牛奶，再给宝宝买几套漂亮的衣服。资本市场支撑起繁荣的消费业态，繁荣的消费业态带给我们习以为常的美好生活。

一、一家别具特色的乳企的“1+N”成长之路

消费市场日新月异，有时候经验可以让我们少犯错误，同时它也有可能限制我们的想象力。

——新乳业席刚

新乳业董事长席刚

在国内众多乳业公司中，2019年1月25日上市的新希望乳业股份有限公司（以下简称“新乳业”）是一个比较独特的存在：它是四川刘永好家族旗下的第三家上市公司，多年来通过并购不断壮大，保持多企业品牌加产品品牌协同发展，坚持以低温奶产品为主打产品，它已成为区域型城市乳企的领跑者。

作为这家公司的掌舵人，新乳业董事长席刚同样不喜欢走寻常路。如为了参加在全景网举行的IPO路演，席刚特意买了一套深红色的新西装穿上，看起来潮范儿十足。

通过并购进入乳业

这家别具特色的乳业公司发端于2001年，当时中国乳业正处于快速发展时期。

2001年，新希望集团旗下上市公司新希望六和股份有限公司（简称“新希望六和”）收购本地乳企四川阳坪乳业有限公司（简称“阳坪乳业”），开始进军乳制品行业。其后陆续控股或参股了杭州双峰、河北天香、邓川蝶泉等多家区域型乳企，迅速组建起乳业班底，并于2006年成立了新乳业。2011年，新乳业从新希望六和剥离。

这也从一开始就奠定了新乳业的发展路径，即投资并购、整合发展。对于为什么采用这样独特的路径，席刚表示，新乳业一直以农牧业和食品业为主，在2000年左右开始向多元化发展。就“新希望”这个品牌本身来讲，当时没有乳品品类，在进入乳品的时候，能够赋予乳业这个品类的品牌价值不多，用户对“新希望”的认知，在乳品这个品类里面基本没有。因此新乳业进入乳品的时候是通过并购一些地方的优秀品牌，由于它们有比较长的历史，在当地有比较多的用户，有基地、工厂、渠道，所以新希望集团进入的时候是选用投资并购、整合发展这样的路径。

并购虽然帮助新乳业迅速进入乳品行业，但随后的整合颇费周折。当时并购的企业，很多乳品加工厂甚至牧场都在城市的市内。所以在并购之后，可能要花很长的时间进行工厂、牧场的搬迁，以及生产线的升级等。

新乳业外景

“不过，最大的问题不是硬件的投资，而是怎么转变企业员工的观念。”席刚坦陈：“整个过程相当艰难，并且需要一定时间的积累，所以我们从第一任团队到第三任团队，都做了大量的工作。”

整合的艰难也体现在经营业绩上。成立之初，新乳业基本上处于亏损状态，一直到2010年才逐渐有了起色。

三件“正确的事情”

1994年，席刚大学毕业后加入新希望集团，并于2004年进入新乳业，主要分管营销工作。由于分管的云南片区经营业绩出色，他的职位一路直升。2010年，席刚被任命为新乳业总裁。

甫一履新，席刚就有深深的紧迫感：“在消费品领域，竞争是非常激烈的。在我们花了八九年整合之时，竞争对手也在快速地成长。竞争对手越来越强大，我们却还在那个地方原地踏步。”

此前担任副总裁和云南片区总经理的经历，让席刚对企业的特点，以及团队成员的优劣势有了比较深入的了解，继而可以着手对公司进行多方面的调整。

第一个变化就是全面推行乳业总经理的年轻化。“消费市场日新月异，经验可以让我们少犯错误，也可能会限制我们的想象力。”席刚上任后，在很短的时间内，便让原来一批年龄稍大的总经理退居二线，让一批在新乳业有一定的工作时间，对这个行业已经有理解，又渴望有一个平台去发挥的年轻人上来。当时12个子公司里有11个子公司的总经理都进行了调整，力度之大令人咂舌。

一番调整之后，团队立刻活跃起来，用席刚的话说：“对团队的人员进行调整之后，企业发生了翻天覆地的变化。做企业，只要团队的激情、企业的势能起来以后，这家企业就成功了一半。”

除了有力的团队，企业还需要一个清晰的战略。面对以常温奶为主还是低温奶为主的选择，经过反复研究、讨论，新乳业确立了坚持以低温、新鲜为主要方向的发展战略，即“鲜战略”。

至于战略制定的缘由，席刚解释，当时像伊利、蒙牛这种头部企业，在常温奶领域已经发展得非常好了，但在低温奶方面，包括冷链，很多基础设施做得并不太完善，所以在这个领域面临着巨大挑战，是非常难赚钱的，所以新乳业选择了一个比较难做的方向。虽然难做，但大企业短期进入的机会并不大。

“在有人、有好的组织、有清晰的战略外，最关键的是有没有配套的激励机制。”席刚介绍，“第三步是在机制上进行一些突破和调整，真正在团队中间形成优胜劣汰的制度。”

通过这些调整，新乳业逐渐进入快速发展的轨道，2013 年，多数子公司已经实现扭亏，并且出现了盈利能力较强的子公司。

整合人心

2015 年，新乳业又开启了新一轮收购，先后收购了昆明市海子乳业有限公司 90% 股权、湖南东华士乳业有限公司 60% 股权、双喜乳业（苏州）有限公司 70% 股权。次年，新希望乳业又出手收购了四川汇翔供应链管理有限公司 67% 股权，以及朝日乳业、朝日农业 100% 股权。

席刚介绍，第二轮收购发展主要是基于两个方面考虑：首先，公司的产业布局还需要一些战略的扩展；第二，已经有很多优秀的年轻人成长起来了，公司可以给他们增加一些新的舞台，让他们充分去展示自己的才华和能力。

对并购整合的效果，他不无自豪地说：“在并购之后，我们将重点致力于怎样让一家企业从普通到好，从好到更好。通过这个流程验证了我们确实在投后管理上有一些很好的办法。”

“企业整合首先整合的是人心，其他都可以放在其次。”席刚如数家珍地说，“人心又包含几个方面。第一个，并购之后，我们形成了合资公司，投资人中间能不能形成高度的共识？第二个，在管理团队中间能不能很好地形成互补？第三个，在团队中间对企业文化能不能形成很好的认同？第四个，在用户上，能不能让大家感觉到这个企业带给他们一种持续的成长，或者持续改善的信心？从这几个方面来讲，如果我们能够保证大家都能够真正地想到一起，那这个整合就是成功的。”

不同于传统的单一品牌做法，在并购之后，新乳业保留了原有的区域优势品牌，形成了多企业品牌加产品品牌协同发展、依托区域优势市场建立消费者忠诚度的差异性竞争策略。

新乳业配送车队

“在并购过程中，除了土地、工厂、员工，最重要的还是品牌资产。实际上我们收购的很多品牌在当地已经有非常长的历史，并且还有很多忠实的消费者，把它抛弃掉真是太可惜了。反过来讲，我们为什么不能对这些品牌，通过我们对其赋能，然后配置资源，重新整合，让它能够二次成长呢？在当时的环境下，我认为是一种非常好的选择。”席刚这样解释公司的品牌战略。

目前，新乳业控股乳制品生产型子公司13家，拥有“华西”“雪兰”“双峰”“白帝”“琴牌”“三牧”等多个品牌，在四川、云南、河北和浙江等地拥有较高的市场占有率和较强的竞争优势，成为集奶牛养殖，乳制品研发、加工、销售为一体，植根于西南，面向全国的乳制品生产企业。

此番整合之后，2015—2017年，新乳业分别实现营业收入39.15亿元、40.53亿元、44.22亿元，同期净利润3.02亿元、1.5亿元、2.22亿元。

抓住低温奶“风口”

自2010年确立“鲜战略”之后，新乳业一直着重发展低温乳制品。目前，公司产品主要包括低温鲜牛奶、低温酸奶、常温纯牛奶等九大类。其中，低温奶制品销售额占公司销售总额的比例不断上升。低温奶制品销售占比从2015年的47.31%提升至2018年上半年的57.76%，逐渐确立了其在公司各产品中的优势地位。

事实上，低温奶制品占比的提升，也符合乳制品行业的未来发展方向和消费升级趋势。根据公司招股书披露的数据，在消费者成熟度较高的美国、欧洲等市场，巴氏杀菌奶的市场份额往往在90%以上，而我国目前还不到30%。

低温奶这一“风口”也成为近年来乳业巨头的必争之地，伊利、蒙牛均在谋划布局全国的低温奶市场。

对于竞争者的不断涌入，席刚表示，除了把品质做好，以及区域品牌本身具备的“我更懂你”的优势，公司还要不断强化产品的差异性。“这种差异性来自年轻一代的消费群体，以及他们消费方式的变化。互联网时代催生了很多消费者的消费主权意识，这带给我们什么挑战呢？它就是逆工业化产品。工业化需要大批量、大单品、低成本，逆工业化则需要个性化、量身定做、柔性生产，把过去我们企业在工业时代的不足和短板，通过不断地调整，变成我们的长板。”

尽管身为董事长，席刚日常还是很喜欢琢磨产品，也喜欢向大家倡导“产品经理”精神。如公司一款“24小时鲜奶”的产品，灵感就来源于一次他在昆明走访市场的经历。“我们用新的方式重新定义了乳品给我们的价值，只有时间这个维度，它其实更好地反映了我们对新鲜的理解，就像买蔬菜一样，买当天的蔬菜大部分好于买前一日的蔬菜。”

因公司实际控制人为刘永好、刘畅父女，新乳业此番上市备受市场关注。席刚透露，在这个平台上，无论是刘永好还是刘畅，他们给予公司管理团队充分的信任、高度的授权。除了正常地按照股东会、董事会去发挥作用之外，他们从不干预日常经营，并且鼓励管理层自己独立去做决策，独立去判断，独立去推动企业的发展和进步。即便在2010年，席刚对11个子公司总经理进行调整时，也没有感受到“任何一丝来自上面的压力”。

席刚亲自参与广告片拍摄，为公司产品做宣传

刘永好、刘畅父女参加新乳业上市仪式

2019 年 1 月 25 日，新乳业在深交所中小板上市，席刚表示，上市对公司是一个新起点，通过上市这个机会，可以让企业实现二次成长。公司也会借助资本市场的一些政策，帮助企业在产业上发展。

至于未来是否还会继续走并购扩张的道路，他称："通过过去的成长经历，新希望乳业在并购整合，特别是投后运营管理方面，已经积累了比较丰富的经验。我们不仅培养了一个团队，还形成了自己的系统管理工具和方法甚至制度。同时，我们真正做出了一些成功的案例、样板甚至标杆。如果未来有机会，它也是推动企业增长的方向之一。"

一家别具特色的乳企的"1+N"成长之路——扫码观看对话新乳业席刚

二、上市是生孩子　之后才是漫漫“哺育”之路

上市之前所做的努力都是怀孕的过程，上市这一天是生产，孩子呱呱坠地后才是漫漫的哺育之路。大家都知道养娃非常辛苦，上市以后的公司经营也是如此，养小孩要养到一二十岁，但做企业，是一辈子的事情。

——爱婴室施琼

不管来自天南海北，城市农村，从事什么工作，只要为人父母，谈起“养娃”，大家就会有聊不完的话题。宝宝是父母甜蜜的负担，不但要付出时间和精力，还要花真金白银：一生下来就不停地花钱，奶粉、尿片、辅食、玩具……一个都不能少。

不信来看一组数据：2017 年母婴产品与服务消费占家庭消费的比重已达 18.18%，2020 年进一步提升至 19.9%。2020 年中国母婴产品市场规模已达 1.7 万亿元，较 2015 年的 9740 亿元增长 74.6%。——“人形碎钞机”的称号真是名不虚传。（以上数据来自 Frost & Sullivan、罗兰贝格。）

无心插柳柳成荫

爱婴室创始人、董事长施琼

巨大的母婴消费市场催生出一批相关企业，2018 年 3 月上市的上海爱婴室商务服务股份有限公司（简称“爱婴室”）就是其中一家。爱婴室以母婴商品的销售及相关服务为主营业务，是一家结合直营门店、App、小程序、微信公众号等多种渠道，为孕前至 6 岁婴幼儿家庭提供优质母婴用品和相关服务的专业连锁零售商。经营品类涵盖婴幼儿乳制品、纸制品、喂哺用品、洗护用品、棉纺品、玩具、车床等，产品品种逾万种。公司创始人、董事长施琼从目录销售开始，从无

到有，一步步将公司发展成为全国知名的母婴用品专业连锁零售机构。在各地开设了 200 多家直营门店，吸引惠氏、雅培、美赞臣、达能等世界知名母婴品牌入驻。

说起爱婴室的诞生，最早要追溯到 20 世纪 90 年代。之前，施琼做过生意，但都不甚成功。1997 年，也就是施琼 27 岁这年，他有了一个宝宝。他发现婴儿一出生就需要消耗很多东西，比如奶粉、奶瓶、尿片等，但当时即使在上海，也没有什么像样的母婴零售渠道。在做婴儿配方奶粉代理的妻子的启发下，施琼找到同样升级为奶爸的朋友莫锐强（现任公司副总裁），二人一拍即合，开启了母婴产品的创业之路。

伴随购物中心崛起的直营店

然而，开店成本很高，需要门店、装修，还要提前预备一批存货，这些都需要钱，施琼他们没有多少启动资金。怎么办呢？他们想到一个好方法——目录销售，就是先通过报纸、广告传单等纸质媒介向意向客户投放商品目录，告诉顾客我们有什么商品、怎么购买，顾客直接打电话下单，然后他们再把商品配送给订购者。听起来是不是有点熟悉？可以说这是中国电商销售的雏形。

1998 年，上海悦婴婴幼儿用品有限公司成立，施琼担任总经理。“我租了套两室一厅的房子，一间做办公室，一间做仓库，早上接单，下午送货，就这么开始了。”施琼回忆道。

慢慢地，目录销售的业务越做越大，从上海市区扩大到郊县。郊县比较远，配送起来占用时间长而且非常辛苦。施琼就想，能不能在当地开设几个门店作为配送点，从哪里配送更加方便？于是在 2005 年，他们陆续在郊县开设了 8 家门店。也是这一年，上海汇购信息技术有限公司成立，这就是爱婴室的前身。

没承想，两年后，这几个郊县配送做得不怎么样，门店开得倒不错。此时，中国的电商行业已经开始起步了。施琼也注意到了这个新生事物，把目录销售跟电商认真比对了一下，发现目录销售效率太低，完全没有优势，他判断电商以后一定会取代目录销售。

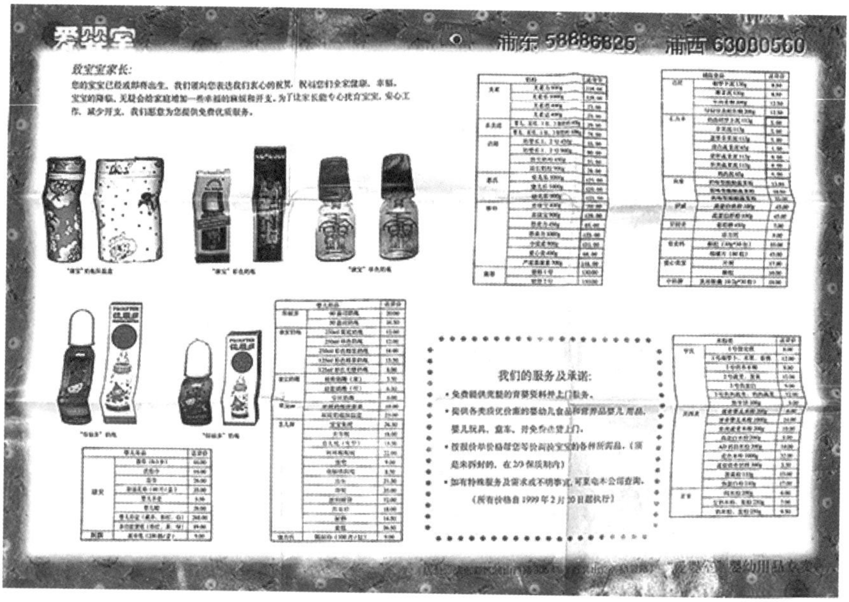

20世纪90年代末，爱婴室目录销售的宣传单

放在前面的有两个选择：一个是转行做电商，另一个是开实体店。做电商前景固然好，但他完全不懂技术，不擅长这个领域，只能选择做实体店这条路。因为他觉得，从长远看来，实体店有很好的用户体验，不会被取代。

“当初只想做一些配送点，没想到配送没做成，实体店倒开起来了。其实想想，有时候很多所谓战略选择和转折点，不见得都是主动的，有时候也是被动的。”施琼说。

当时一般开实体店都选择热闹的街边，但施琼开的母婴店跟别家还不一样，比如选址就很个性，店往往选在临街的二楼或者三楼，真正的一楼反而很少。原因是目录销售的传播方式是向特定的人群发送商品信息，可以直接引导顾客来店里购物，因此不需要特意选在街边吸引人流。

虽然生意还不错，但施琼也意识到这种方式是不可持续的，便开始做一些改变。2009年3月，汇购信息更名为“爱婴室”，公司开始快速朝着品牌化门店道路发展。

2010年以后，随着城市的发展，在繁华的地段开始陆续涌现出一些购物

爱婴室第一家直营门店——奉贤南桥店

中心，悄悄改变着人们的消费方式。如果天气不好比如刮风下雨，人们出行不便，对街边店来说简直就是灾难，但在购物中心模式下，人们可以开车到商场停车库，几乎不受天气影响，吃饭、游玩、购物、看电影……可以在商场玩一整天，满足人们一站式消费，特别是对有小孩的家庭来说，更是如此。

施琼看到这一机遇，重点选择新开的商场开店，目前爱婴室 70% 的门店都开在购物中心里，可以说，爱婴室是伴随着中国购物中心在城市的发展而发展起来的。

爱婴室以上海为大本营，向江苏、浙江、福建等经济发达省市辐射。截至 2019 年 6 月 30 日，爱婴室共拥有 251 家门店，经营品类涵盖婴幼儿乳制品、纸制品、喂哺用品、洗护用品、棉纺品、玩具等，产品品种逾万种；吸引惠氏、雅培、美赞臣、达能、雀巢、大王、金佰利、嘉宝等世界知名母婴品牌入驻，致力于为客户搭建一站式母婴用品采购及孕婴童服务平台。

很多人疑惑，为什么爱婴室品牌做这么好，不去做加盟店，这样会拓展得更快，赚加盟费也会更轻松点？其实早在 2002 年，施琼还在做目录销售的时候就已经尝试做加盟店了，而且做得还很不错，有很多人想要加盟一起做，大概拓展了五六家加盟店。但做了大半年，施琼发现，虽然自己开的目录销售店在赚钱，其他加盟商赚不到钱，他觉得非常愧疚，于是对加盟商坦言，很多问题他们解决不了，加盟费可以全部退还。

“我始终坚持一点，就是如果做加盟的话，一定要让加盟商赚到钱，这句话说起来容易做起来难。直到今天，我们都没想好要怎么做加盟店。当然，我们未来也不排除做加盟店，但如果做的话，一定是我想好了怎么帮加盟商盈利才行。”施琼表示。

爱婴室门店

失之“淘宝”，收之“新电商”

如果说2007年互联网PC端的崛起让爱婴室不得不转型实体店，那么近些年移动互联网的兴起则给了爱婴室再次拥抱电商的新机会。

在PC时代，所有电商都要通过台式电脑去完成交易，要做电商必须要流量。但流量从哪里来？是需要向互联网公司购买的，不仅成本高昂，转化率还

爱婴室与腾讯签约仪式现场

不太高。“我是做实体企业出身的，认为企业一定要盈利，这样就没办法拿出更多资金去买流量。”谈起2007年前后没有选择走电商这条路的原因，施琼解释道：“但这个世界是不断变化的，随着智能手机时代的到来，消费者从电脑端转移到了移动端，大家都在手机上购买商品，这对我们来说，就出现了新的机会。”

公司十多年来深耕母婴市场，积累了大量的线下客户，并通过全国几百家实体店将线下客户导流到爱婴室App上去，形成线上线下互动融合的商业模式。在商品配送方面，爱婴室以自建物流仓储中心配送为主，辅以供应商直送，保障配送的效率和质量，形成供应链管理上的独特优势。

2017年4月，爱婴室App上线，当年便实现了1897.6万元的收入。2018年公司加大了对爱婴室App的投入，除了销售的商品，App还增加了“亲子活动”等服务客户的板块；此外还借助微信公众号、小程序等创新营销方式……在一系列措施的推动下，2018年爱婴室电子商务平台销售额达到了4534.79万元，同比增长138.98%，成为公司业绩的新亮点。

2019年上半年爱婴室电商业务销售收入为0.32亿元，份额占比2.68%，收入同比增长87.11%。在施琼的设想中，爱婴室App并不仅是一款销售工具，还是跟消费者交流沟通的工具，能够从妈妈怀孕开始，一直到宝宝6岁，伴随小朋友的成长。

或许是因为“目录销售”时代留下的“互联网基因”，爱婴室一直主动拥抱新科技。2019年3月，公司与腾讯合作，共同探索零售行业的产业价值提升及价值链重塑之道。“我们正在合作打造一个全渠道营销的平台系统，将打通内部平台，淡化所谓线上、线下概念，基于消费者的购物场景，以科技赋能门店和电商平台，为顾客提供更多便利和更好的购物体验。”施琼解释。

漫漫“养娃”之路刚开始

作为一位实体企业家，施琼经常提到一个词，就是“盈利”，他说“做公司不赚钱是罪恶的”，事实上也是这样做的。

2018年3月，爱婴室鸣锣上市

2015—2017年爱婴室年营收分别为13.88亿元、15.85亿元、18.08亿元，复合增长率为14.12%，净利润分别为6596.23万元、8151.15万元、1.05亿元，复合增长率达25.90%。2018年3月，距离首次提交IPO申请7年之后，爱婴室终于成功登陆A股市场，成功打响了母婴零售企业进入资本市场的第一枪。上市当年，公司营收突破20亿元，净利润达到1.2亿元。

A股上市对公司的规范、治理结构等各个方面都有很高的要求，冲击IPO的过程不可谓不辛苦，而漂亮的财务数据也彰显了持续经营的结果，但施琼的心一直没有放松过。

“上市之前所做的努力都是怀孕的过程，上市这一天是生产，孩子呱呱坠地后才是漫漫的哺育之路。大家都知道养娃非常辛苦，上市以后的公司经营也是如此，养小孩要养到一二十岁，但做企业，是一辈子的事情。”这位父亲和母婴企业创始人说。

上市是生孩子　之后才是漫漫哺育之路——扫码观看对话爱婴室施琼

三、“鱼零食大王”的30年突围人生

穷则变，变则通，通则达。

——华文食品周劲松

他曾是穷小子，但无论生活如何窘迫，他都一直保持着一颗不甘贫穷的进取之心。

在人生的十字路口，他用30年时间不断地突围，从农村娃蜕变成营收近10亿元的零食大王。

全景网对话华文食品董事长周劲松

他叫周劲松。2019年9月14日，他敲响了上市宝钟，沪深两市由此迎来了“鱼类风味零食第一股”——华文食品股份有限公司（以下简称“华文食品”）。这是继绝味食品和盐津铺子之后，湖南第三家休闲食品上市公司。

40年前平江旧貌（梁伟仁/摄）

20世纪80年代平江小卖部（梁伟仁/摄）

“苦难是人生的垫脚石。你经历的苦难越多，站得也就越高。”

周劲松是一个从不向命运低头的人。1972年，周劲松出生于湖南平江一个贫困县，贫寒的家庭状况与环境，让他从小就产生了寻求改变的想法。15岁那年，因为不想给家庭增加负担，周劲松辍学并开始了走街串巷的生活。

“我们平江是个贫困县，大家都很穷，我家里更穷。父亲身体不好，吃饭都成问题。为缓解家里的经济压力，我就决定出来去做点儿小买卖。”

食品工业是平江的传统产业，历史悠久。据《平江县志》记载：“清康熙年间，长寿酱干就列为宫廷贡品。”目前，平江本地有许多加工酱干、杨梅、果脯、蜜饯的小作坊。如何利用本地资源养家糊口呢？经过了简单的市场调查后，周劲松决定先做“倒腾”的买卖。

“我们镇上有一个有点名气的蜜饯厂，我决定帮他们卖东西。当时，我的同伴去工厂干活一天赚两三块钱，但我骑自行车，拉一车货出去推销，一天就能赚个20多块钱。一年下来就能赚几千块钱，收入还蛮高。”

“踏着夜幕上班，再踏着夜幕下班。”这是周劲松初入社会工作的常态。

短短两年时间，他骑坏了5辆自行车，穿破了几十双鞋，但他都咬牙挺了下来。谈及那时的动力，周劲松笑言，除了让家人过上“好日子”外，最大的愿望是能买一辆3000元“巨款”的摩托车。

渐渐地，他凭着诚信经营和满腔热情得到了客户的认可，300多家小卖部与周劲松建立了合作。而这一点一点打出来的销售网络，也为他的创业奠定了基础。

“我当时想，既然我已经有这些渠道，完全可以自产自销，还可以解决家里人的就业问题。平江酱干是我们当地的传统小吃。当时，我叔叔也在做酱干，所以，我就决定去他那里学艺。”

用了几个月时间，周劲松掌握酱干制作技术后，便决定将自主创业的想法付诸行动。然而，周劲松创业的想法一经提出，便遭到家人的强烈反对。

“当时，搞个作坊得花千把块钱，我年纪又小，家人觉得风险太大，都不太支持我。但我认定的事情就一定要做，实在没办法，他们只能同意了。产品生产出来后，销售还是挺顺利的。”周劲松回忆称。

虽然产品被当地接受，但赚的钱只能勉强维持生计。究其原因就是，平江以及周边地区酱干市场已较为饱和了。

在一个饱和的市场里，生意只会越做越艰难。周劲松很快就意识到想在酱干行业继续发展下去，必须要转变思维，找到另一条“活下去”的路。

背井离乡，开辟新的市场

“不逼自己一把，你永远不知道自身潜能有多大。”1994年，22岁的周劲松不顾家人的反对，怀揣着3000元钱，背上简单的行囊，去开辟新的市场。他从长沙出发，经宜昌、襄阳，一路北上至河南洛阳。最终决定在洛阳扎根生产酱干。

“只要路是对的，就不怕路远。当时洛阳没什么平江人，而且我对自己的手艺很有信心。”

1995年年初，周劲松以每月60元的租金租赁了一个一百多平方米的场地，开始做酱干。值得注意的是，租赁的这个场地是周劲松经过考虑的。主要原因是房东是做豆腐的，可以为他提供做酱干的原材料，这样他就不用再花时间和投入金钱开办豆腐厂了。

由于周劲松做的酱干物美价廉，味道符合当地口味，一开始就做到了日产日销。1997 年，周劲松的酱干产值开始突破百万元大关，并用自己的名字和头像注册了商标。

作为走出平江、走出湖南的酱干第一人，周劲松吸引很多平江人到河南来从事休闲食品生产，高峰期有 10 万人。之后，周劲松不断扩大休闲食品商业版图，先后在沈阳、成都、义乌等地办厂。

“虽然我是第一个到那边去，但短短 10 年时间，便带动平江 10 万人在河南那边从事酱干行业。这么多老乡的加入，对我的豆制品生意冲击颇大的。”

走上鱼休闲食品之路

“穷则变，变则通，通则达。”面对不断涌入河南市场的平江老乡，周劲松再次嗅到了危机的味道，他决定要提早做一些布局。2009 年，周劲松开始了二次创业。这一次，他盯上了鱼休闲食品领域。

华文食品岳阳生产基地

“当时，老家平江已有20多家工厂在做鱼仔干了，鱼仔干在技术等各方面都是比较成熟的。我发现，除湖南、湖北以外的市场几乎空白，发展空间极大。”

凭借多年的酱干调味经验，周劲松很快用自己的工艺和配方生产出了一批鱼干，而且首次推广便获得了业内客户的一致认可，生意也越做越大。2010年，周劲松在岳阳成立了湖南华文食品有限公司。“劲仔”小鱼也随之诞生。

“我用了五六年的时间，调好味、开渠道、做品牌，到2016年，产品已经非常成熟。那时候，基本上是供不应求了。”

经过多年的发展，华文食品搭建起了贯穿从原材料到生产、加工、销售、品牌、渠道的完整产销网络，实现了劲仔小鱼的“鱼跃龙门”。2019年，华文食品旗下的劲仔小鱼热销12亿包，已连续多年稳居鱼类零食销售第一。

“休闲鱼制品的市场规模已高达200亿元，但我们还不足10亿元的规模，市场占有率5%～6%。对一个真正龙头来说，市场占有率起码要达到

华文食品周劲松在上市仪式现场

20% ～ 30%。所以未来我们的发展空间还有很大。”深耕鱼休闲食品这一蓝海市场，周劲松对行业未来信心满满。

与此同时，华文食品依托成熟的酱卤工艺，在风味豆制品和风味肉制品零食市场发力，创下年营收近 2 亿元的佳绩，并跻身各自市场销售额前列。

值得注意的是，线下经销模式是华文食品采取的主要销售模式。2019 年，公司线下经销模式下实现的销售收入占主营业务收入总额的比重为 95.76%。周劲松表示，未来公司将顺应趋势，在电子商务方面加速发力。

“我们的受众都是些年轻人，年轻人都喜欢在线上购物。就现在而言，我们的线上这块儿还有很大差距，未来三到五年，我们的目标是线上业务要达到市场总份额的 50%。”

求贤若渴，引才聚智

“一个人的智慧和力量永远无法与一个团队相比。”在周劲松看来，只有利人才能利己，分享价值和收益是他独特的经营之道。

“从我创业至今已有 20 年了，其间有几次很好的机遇都没有发展起来。原因是我几乎是一个人在战斗，团队力量不足。所以后来我决定，引进一些搞销售的、搞生产的伙伴一起来发展，给他们股份，激发他们发挥特长，结果效果非常好。”

除了引入合作伙伴外，为了资源互补，周劲松还多次引入战略投资者。其中，2016 年联想控股旗下的佳沃集团投资 3 亿元战略入股华文食品，成为近年来国内休闲食品领域最大的一笔战略投资。

2019 年 9 月 14 日，华文食品登陆资本市场，成为鱼类休闲零食第一股。谈及未来的规划，周劲松表示，公司的愿景是打造一家具有世界影响力的休闲食品企业。

“登陆资本市场只是第一步。未来，我们将抓住资本市场和行业发展的机遇，在休闲食品领域，打造出一家具有世界影响力的企业。”

“鱼零食大王”的 30 年突围人生——扫码观看对话华文食品周劲松

四、个人博客如何成为“电商导购第一股”

跟用户讲明白什么东西值得买，尽管非常难，但非常有价值。

——值得买隋国栋

值得买，这个原本低调朴实的名字，被粉丝亲切地称为“张大妈”。隋国栋就是“张大妈”的创始人，因为对数码产品的热爱，他将一个个人博客运营成一家公司，并逐步发展成如今多品类、一站式的内容类导购平台。

2019年7月15日，隋国栋带着这家拥有两千多万平均月活跃用户数的公司——北京值得买科技股份有限公司（以下简称“值得买”）登陆深交所创业板，成为资本市场上“电商导购第一股”。

隋国栋表示，未来的值得买将通过上市契机，建立电商数据库，利用互联网“数据驱动”，为用户和电商提供更优质的服务，为公司实现更长远的发展。

“什么值得买”应运而生

在同济大学道路与铁道工程专业研究生毕业的隋国栋，曾任中国铁道科学

全景网对话值得买董事长隋国栋

研究院集团有限公司铁道建筑研究所助理研究员。他对数码产品有着的浓厚兴趣，经常混迹于有大量数码产品讨论的论坛，喜欢研究 3C 和数码产品，喜欢不停地买这类东西，然后去研究它的性能、参数，甚至在网上把国外的评测翻译成中文呈现给大家。

2010 年 6 月，隋国栋创立了个人博客网站“什么值得买”，主要通过搜集各个电商网站上电子产品的折扣优惠，或者各种小众、新奇的产品，推荐值得买的商品，给用户提供一个可以接触到先进电子产品的平台。

回忆当时的情景，隋国栋称：“我自己天天就在网上研究，发现了一个特别便宜的东西，就会特别兴奋，但是这种兴奋很难通过自己的朋友圈传播出去，可能也就传播一两个人，所以才想到利用博客的方式。”

当谈到网站名“什么值得买”时，隋国栋道：“‘什么值得买’这五个字非常接地气、通俗易懂，而且能传递出公司的理念。跟用户讲明白什么东西值得买，尽管非常难，但非常有价值。有些人可能觉得花 9.9 元买一个很便宜的东西，只要品质过得去，这就算是值；有些人可能觉得花 3000 元买一台最好的电吹风，也是值。不同的人对‘值’的定义不一样。怎么样能让所有人都感受到我们的平台足够专业，足够贴近自己的需求，能够推荐出让大家觉得值的东西，这是一个非常高的境界。”

隋国栋早期工作照

个人博客演变成公司

2010年10月，国务院颁布《国务院关于加快培育和发展战略性新兴产业的决定》，将新一代信息技术产业列为努力实现快速健康发展的重点领域之一，并明确提出提升软件服务、网络增值服务等信息服务能力，加快重要基础设施智能化改造。

随后，互联网电商开始进入快速发展阶段。2010年，网络交易规模达5760亿，增长超100%。

在互联网购物时代，商品信息繁杂，过多的选择反而容易让消费者失去判断能力。“什么值得买”通过对物品进行描述，并给出是否值得买的评价，根据真实用户的购物体验做分享，让消费者在消费购买之前能够充分了解到商品的真实情况，最终轻松买到性价比最高的商品。

同时，“什么值得买”按照用户消费的实际金额向与公司具有业务合作关系的电商、品牌商等收取一定比例的佣金。

2011年10月，值得买的前身北京知德脉信息技术有限公司成立。隋国栋说：“‘什么值得买’用一年半的时间从一个个人网站发展成一家公司，并正式

隋国栋参加与用户见面的线下沙龙

进行商业化运作，证明了它符合电商的发展趋势，也符合用户需求。”

2012 年初，隋国栋意识到仅靠兼职已无法满足用户的需求，他便辞掉了原本稳定的国企工作，与当初在论坛上结识的刘超一起开始了创业之路。

随着不断有网友加入“什么值得买”，网站的人气越来越高。“什么值得买”已经拥有数百万热衷于电子产品的男性用户以及乐于交流购物心得和产品体验的种子用户，每天页面访问量高达几千万。

2015 年 10 月，北京值得买科技股份有限公司正式成立。

隋国栋说：“通过 5 年的发展，值得买积累了很多用户，公司开始引入更优秀的管理团队，并进行股改。我希望通过资本市场的运作，给公司带来更多的利润以及更长远的发展。”

2016 年初值得买进行了首次融资，金额为 1 亿元人民币。当被问及为何不趁电商大发展的时候来迅速地扩展规模时，隋国栋表示，值得买虽然跟电商是上下游关系，是相关行业，但并不是一个适合去快速烧钱买用户的公司，公司真正的核心竞争力在于内容质量，以及相信值得买内容优质的用户们。

据统计，2016—2018 年，“什么值得买”月活跃用户数复合增长率为 19.39%。2018 年，公司网站及其各类移动客户端平均月活跃用户数达到 2654.43 万，移动客户端单个用户平均每日启动次数达到 7.03 次，每月新增用户的次月留存率最高达 47%。

隋国栋自豪地说，值得买所拥有的庞大且高质量的用户群体，领先于其他公司用户的忠诚度、活跃度和互动性，这已成为公司的核心竞争优势之一。

隋国栋在 2015 年总结会上发言

隋国栋在首届值友节上留影

互联网驱动值得买未来发展

经过9年的发展，如今的值得买已发展成为多品类、一站式的内容类导购平台，形成了基于“三好架构”（即好价、好物和好文）的内容体系和“佣金+广告”的盈利模式，拥有来自全球的众多用户和合作伙伴，公司与海内外知名的电商企业和品牌也建立了稳定的合作关系。

公司的合作伙伴主要包括阿里巴巴、京东、亚马逊、苏宁易购、国美在线、沃尔玛、易贝、阿什福德、梅西百货等国内外电商或零售商，厉文翔、Affiliate Window和禧介等平台，以及耐克、维萨、戴森、戴尔、雅诗兰黛、华为、中国银行、银联国际、美的、艾罗伯特和松下等国内外知名品牌商。

2018年“双11”，值得买导向电商、品牌商的净交易额达9.43亿元。

值得买目前主要开展信息推广服务和互联网效果营销平台服务业务。招股说明书显示，公司信息推广服务收入占主营业务比例约90%。也就是说，公司主要的收入来源于电商、品牌商的佣金以及服务费用，时常被人诟病。

对此，隋国栋称，值得买依赖的是中国电商行业。他相信，中国消费行业不会走下坡路，中国的电商产业仍然在高速发展，而且在高速的竞争和优胜劣汰。他希望未来值得买会成为所有品牌们向用户发布信息的必经之路，如果能做到这一点，未来值得买的商业价值会继续放大，公司还会继续成长。

2019年7月15日，值得买正式登陆深交所创业板

“电商导购第一股”诞生

2019 年 7 月 15 日，值得买正式登陆创业板，成为资本市场电商导购第一股。

隋国栋表示，上市会提升值得买的知名度和大众认同度。同时，公司在管理上的合规化也将保障公司未来的发展。不管是从业务上，还是从内部的风险控制上，都能给公司带来长足进步。

招股说明书显示，此次上市募集的资金将围绕值得买主营业务展开，基于大数据的个性化技术平台改造与升级项目的有效实施将进一步提升公司的数据采集和应用水平，实现更精准的商品与广告推荐，提升用户转化率与公司收入。

隋国栋说：“互联网的趋势就是针对人的兴趣或者行为进行个性化推荐。也就是说，用户看到的内容更符合其个人的消费能力、消费品位，以及当下最需要的东西。公司基于大数据引擎，争取让推荐能变得更智能化，这也是整个公司未来发展的技术驱动动力。”

个人博客如何成为“电商导购第一股”——扫码观看对话值得买隋国栋

五、百年老树幕后推手——“代营电商”第一股

我觉得在人生最黑暗的时刻，你只需要告诉自己一点，要乐观地去面对，只要你还活着，就还有希望和机会。

——壹网壹创林振宇

88 岁高龄的国货百雀羚，近年来在淘宝网上声名鹊起，甚至成了诸多“90 后”追捧的对象。这一切都不得不提幕后推手壹网壹创。壹网壹创的创始人林振宇，是阿里巴巴前员工。2010 年从阿里巴巴辞职后，他做起了美妆电商代运营生意，短短 9 年时间便将公司推向了资本市场。

出走的阿里人

阿里巴巴，这家崇尚武侠文化的公司，在“让天下没有难做的生意”的同时，更是培育出了一大派系——阿里系。林振宇就是其中的一员。

出生于 1983 年的林振宇，只有职业高中的学历，2005 年，他在一家咖啡馆做服务员时，遇上建立才几年的阿里巴巴集团在福建招聘市场人员。他应聘成功，从此踏入了阿里集团。

在阿里巴巴工作的 5 年里，林振宇学会了很多，尤其是互联网方面的知识。随着御泥坊、韩都衣舍、茵曼等品牌崛起，林振宇嗅到了电商创业的春天气息。

“在阿里讲究‘一年香，三年醇，五年陈’。2005—2010 年，是我在这个行业从业的前五年，我已经待满五年了，该动一动了。那个时候我看到市场上有很大的电子商务的需求和机会，我就决定辞职出来创业。”

然而，创业并非易事，时代给了你前所未有的机会，同时也会给你意想不到的磨难。

林振宇离开阿里巴巴的 2010 年，被称为“团购元年”，众多创业公司争相加入“百团大战”。在那个“草莽年代”，林振宇也参与了其中的厮杀。

“当时，我们做了一个找团购网站的网站，跟各种团购网站展开合作。后

来融资危机来了，90% 以上的团购网站都倒闭了，我们很多的货款收不回来，差一点遭遇‘不测’。”回忆起那段岁月，林振宇至今仍心有余悸。

这次危机，也让林振宇对创业有了新的理解——“但凡所有人跟风的事情，一定要非常慎重地考虑”。

创业的人，天生就有股败而不馁、锲而不舍的精神。林振宇亦如此。

“我觉得在人生最黑暗的时刻，你只需要告诉自己一点，要乐观地去面对，只要你还活着，就还有希望和机会。”

此路不通，自有通路。在阿里巴巴这个“黄埔军校”锻炼多年的他，很快就重整旗鼓，瞄准了下一个赛道。2012 年，林振宇创立杭州奥悦贸易有限公司（壹网壹创前身）。走的是轻资产路线，自己不生产产品，主要做电商代理运营。

“第一点是市场需求很大。高、中、低档，知名的、不知名的品牌，都在找合作伙伴，这是个很好的契机。第二点是这条创业路径成本相对较低。基于这两点，我们选择了电商运营服务行业。”

邂逅百雀羚

正当林振宇准备在电商代运营领域大展拳脚之时，他与百雀羚邂逅了。2012 年，在电商业发展不利的百雀羚正在找相关服务商，最懂“90 后”的林振宇获得了青睐。

“7 年前百雀羚以自营模式开了一家天猫旗舰店。每天的营业额大概两三千块钱，体量非常小。百雀羚也找了其他的成规模的服务商，需求是一个比较专注的团队，能够更理解 80 年的国货老品牌，其他的服务商当时没法满足。虽然我们的规模不大，但还是对接上了。”

在接手百雀羚电商之后，林振宇通过整合营销、开发新品等一系列手段，让百雀羚在电商平台“老树开新花”。那些原本价格低廉的瓶瓶罐罐，在加上了国风的米色外观后，在潮流的更迭之中华丽变身。特别是壹网壹创为“百雀羚”量身定制的“三生花”系列产品，深深地俘获了“90后”的心。

百雀羚三生花系列

“关于三生花这个系列，从想名字到产

品外包装的设计，到瓶器，甚至到内容物是什么香型，都是由网创来主导和建议，然后跟品牌方共创出来的。三生花作为一个独立品牌进入了屈臣氏等线下渠道，年营业额超过 20 亿。”

网创的另一大特色，就是层出不穷地脑洞大开，为品牌独家定制有创意的社会化传播方案，并将这种传播力和消费者的购买意愿结合起来，为每个品牌都策划和演绎不同的玩法。

在让百雀羚品牌形象深入人心的同时，林振宇选择了借力“双十一”强势突破，精心设计的促销活动获得大胜。2015—2019 年，百雀羚连续 5 年登顶天猫“双十一”的国货美妆品类第一名。

“在这 7 年时间里，百雀羚电商的销售翻了约 1000 倍，这个增速是我们共同努力做出来的成果。”

百雀羚销售大热的同时，壹网壹创也“一战成名”。财报显示，从 2012 年成立，到 2019 年为止的短短 7 年，壹网壹创的年营收规模已经达到 10 亿元，成功跻身中国前五大电商代运营企业。

员工欢庆“双十一”

借助资本，谋划未来

“问渠哪得清如许，为有源头活水来。”这或许是多数企业对资本渴求的真实写照。壹网壹创也不例外。2019 年 9 月 27 日，林振宇带领壹网壹创登陆资本市场。

这次登陆资本市场，壹网壹创募集资金 6.89 亿元，用于品牌服务建设升级项目、综合运营服务中心建设项目和补充流动资金。

“2018 年的社会零售总额中大概有 18.4% 是由电子商务产生的，大概有 9 万亿元，其中，实物交易有 7 万亿元。近年来，随着公司经营规模的快速扩大以及授权品牌的不断引进，资金实力已经成为制约公司发展的瓶颈。登陆资本市场能让我们突破瓶颈。”林振宇毫不掩饰对资本的渴望。

对于壹网壹创未来的战略规划，林振宇称，公司将会一如既往地在美妆和日化两大领域深耕细作。

“女为悦己者容。现在爱美是一种经济，美妆品牌更需要讲故事、讲梦想。美妆和日化类的产品是标准产品。同时，美妆拥有比较充足的营销和推广

壹网壹创林振宇在公司上市仪式现场

费用，所以这个类目比较容易形成专业的公司，未来我们会继续选择在这两大类目努力。”

据悉，目前壹网壹创代理的品牌已经从百雀羚一家发展到集百雀羚、玉兰油、欧珀莱、伊丽莎白·雅顿等多家知名品牌。

“我们擅长的优势是做好基础服务，做好每一年的利润报表，向信赖我们的品牌交代，向股民交代。”林振宇对全景网如是说。

褪不去的阿里巴巴味

马云说：“阿里巴巴历史上所有重大的决定，都跟钱无关，都跟价值观有关。”

作为前“阿里巴巴人”，林振宇的价值观深受阿里巴巴的影响。2019 年 9 月 27 日，壹网壹创成功登陆资本市场。谈及创业 7 年来最大的心得，林振宇总结了四句话：“小事利他，大事心怀天下，做事守正出奇，做人相信伙伴。”

“在阿里巴巴的 5 年，我最大的收获有三点：第一点是你要做一件事情，一定要找一帮志同道合、有情有义的人一起去做，他或许可以变得伟大；第二

壹网壹创办公区

点是做正确的事、正确地做事；第三点是利他精神，在利他的前提下要胸怀天下，你的影响范围有多大，你心中的那个天下就应该有多大。这三点对我从阿里巴巴出来以后的工作、为人处世影响很大。”

值得一提的是，从阿里巴巴带来的“花名”也在这里延续。与阿里巴巴崇尚的武侠文化有所不同的是，壹网壹创更热爱动漫文化，叮当（创始人林振宇的“花名”）的伙伴的名字就有蒙奇奇、麦兜、三藏等。

“我们比阿里巴巴更年轻，所以用动漫人物来取名。我给自己取名‘叮当’，就是因为机器猫的口袋里面有很多的好东西，能够帮助周围的朋友实现他们的梦想。”

百年老树幕后推手——“代营电商”第一股——扫码观看对话壹网壹创林振宇

第七章

回首创业路

从一个想法、一个机会、一次冲动起步，经历无数波折、无数磨砺，走上红地毯，敲响上市钟，回首往事，可曾实现初心？！

一、“轮毂大王”踏上智能制造新征程

一个人，或者一个团队，能够做成一件事，其实非常不容易，特别是制造业，一定要去持续地改善，一定要具备一种匠人的精神。

——今飞凯达葛炳灶

专注轮毂事业36年的浙江今飞凯达轮毂股份有限公司（简称“今飞凯达”）董事长葛炳灶，正带领企业以古老的工匠精神拥抱智能制造的新时代。

在近年来兴起的智能制造浪潮中，今飞凯达不甘落后。2017年，公司的铝合金汽车轮毂智能制造项目被列入国家智能制造试点示范项目，今飞凯达正向创新型和智造型企业靠拢，有望成为国际一流的轮毂行业智能制造服务专家。

为了实现这个目标，2019年2月，今飞凯达宣布发行可转债，募资3.68亿元，这些资金将被投入到年产300万件铝合金汽车轮毂成品生产线项目、年产500万件摩托车铝合金轮毂项目，以及偿还银行贷款等项目中，进一步优化生产基地布局，提升服务客户的能力。

从深陷亏损到行业龙头

今飞控股集团有限公司（今飞凯达的控股股东，简称“今飞控股”）的前身金华车圈厂始建于1959年。改制以前它还是一家产品单一、深陷亏损泥潭的自行车车圈厂。1996年1月，金华车圈厂变更为今飞机械集团有限公司（简称“今飞集团”），于1998年开始进行股份制改革，并于2011年更名为今飞控股，其轮毂业务后来基本由今飞凯达承接。

在国内轮毂行业排行榜上，今飞品牌名列前茅。作为公司的精神领袖，葛炳灶带领企业由小到大、由弱到强，也成就了自己“轮毂大王”的美名。

1983年，20岁的葛炳灶从浙江工业大学毕业，之后被分配进入金华车圈厂工作。当时国内还没有摩托车、汽车工业，这家国企的主要业务是为凤凰、永久等自行车厂生产配套的自行车车圈。葛炳灶坦言，进入该厂的最初目的是单纯地学技术、学知识。由基层做起，葛炳灶从普通工人，到车间副主任，再到车间主任，一路走到了副厂长的位置。

在掀起国企改革热浪的 20 世纪 90 年代，浙江企业的股份制改革走在了全国先列，而年亏损超过500万的今飞集团几乎是最后一批进入改制阶段的企业。1998 年该集团改制时，葛炳灶被推举为董事长兼总裁（今飞凯达成立后葛炳灶兼任董事长至今），他接手企业后的首要任务就是让企业生存下去。

随着摩托车工业和汽车工业在中国的逐渐发展，今飞集团的业务也从单一的自行车车圈向摩托车轮毂和汽车轮毂延伸。葛炳灶当时认为，即便能够接下全国 50% 的自行车车圈业务，订单金额也不过两三亿元，但如果进入产业全球化的摩托车、汽车工业，其轮毂的全球市场容量是百亿、千亿级别。

不过，扩展产品线、进入全球市场与同行较量，意味着客户对产品的技术、质量要求更高。多年的基层工作，让葛炳灶深知制造业企业的成功不可能一蹴而就，“如果你没有对企业的各项工作花心思，包括产品、技术、研发、管理等，很难把它们一天就做好，它确实是需要不断地坚持、坚守的。”一年

20 世纪 80 年代的金华车圈厂

365天，葛炳灶把绝大部分精力都花在了公司上，与员工一起针对企业进行方方面面的讨论，贯彻落实各项措施，逐步解决产品、技术出现的各种问题。

“因为我是理工科院校出来的学生，可能对技术的理解更深刻一点。我们前期靠规模、靠投资发展，但企业的真正强大是通过技术能力、研发能力、创新能力来体现的。”在葛炳灶的带领下，今飞凯达成立了企业技术中心、国家认可实验室和省级汽摩配技术研究院等研发机构，建立了车轮专用研发试制平台。目前，公司共拥有230项专利，其中发明专利17项，实用新型专利80项，外观专利133项。

除了不断提高企业自身的技术实力，葛炳灶在战略布局上也做出了相应的调整——围绕资源和市场建工厂。在云南、宁夏、贵州等铝资源、电资源、劳动力资源较为丰富的地区建厂，提高了成本竞争力，这替代了以前靠规模化生产降成本的模式；在泰国、印度等国家建设工厂，则是看中美国、欧洲、俄罗斯等消费市场对泰国相关行业零关税的优势，以及印度汽车市场的巨大潜力。

目前，今飞凯达已完成了辐射全球的铝合金车轮制造基地布局，为其后续发展奠定了基础，公司已有四成营收来自海外市场。在OEM（original equipment manufacture，原厂委托制造）市场，今飞凯达与长安汽车、东风汽车、神龙汽车等国内知名汽车整车制造商建立了稳定的合作关系；在AM市场（即售后服务市场），其产品覆盖了日本、俄罗斯、北美、欧洲等十几个国家和地区；在摩托车铝合金车轮领域，今飞凯达摩托车铝合金车轮与国际、国内各主流摩托车品牌相配套，品牌包括国外的印度本田、印尼铃木，国内的大长江、五羊本田等。

葛炳灶透露，未来将考虑在“一带一路”沿线国家、欧美国家建设工厂或销售公司，以达到与更多顶级品牌合作的目的，以更加扎实的基础和根基，提高整体竞争力。

随着近几年新一轮科技革命和产业变革的兴起，领先的制造业企业开始向智能制造转型。葛炳灶认为，智能制造的意义在于装备、运营和工艺技术的数字化，今飞凯达智能生产线正是在这三个方面下功夫，来降低劳动生产成本、提高生产效率的。

生产线向资源、市场集中转移，今飞凯达的大本营金华则成为企业“大

今飞控股、今飞凯达董事长葛炳灶

脑”——技术中心的所在地，其研发的方向将主要围绕新能源汽车及轮毂轻量化。“我认为目前全球的汽车工业向以新能源汽车为主发展的趋势，应该是持续的，也是不可改变、不可逆转的。”葛炳灶判断，2019年轮毂行业加速洗牌，四流品牌被淘汰，行业集中度进一步提升，而今飞凯达该做的就是继续打造高质量产品，继续围绕新能源汽车“做文章”。

面对新能源汽车这个“风口”，葛炳灶已深刻认识到行业的需求：“新能源汽车对零部件的要求就是高强度、轻量化，今飞凯达将从轮毂产品的材料改性、机械结构来改变产品的质量，铝材料的轻便性将大幅降低整车重量，市场前景广阔。本次可转债项目的融资将帮助企业达到扩充产品线、提高生产线研发水平、转变资产结构以及开发新技术等目标。”

勤奋和专注——“轮毂大王”的百年老店设想

在今飞凯达担任董事长的20年间，葛炳灶留给同事最深刻的印象便是，在工作的大部分时间穿着工作服深入一线，他希望通过以身作则带动全体员工遵守企业制度。“规则和规范讲得再多，也没有亲自带头起的作用大。”他特别看重制度和规范的建立：“一个公司要走得远，规矩意识、标准意识是最关键的。今飞凯达很早就推行制度化、流程化管理。制造业产品都有其质量标准，从员工的行为准则，到整个产品的工艺技术标准，还有设备的维护标准，等等。制造业企业必须坚持这样的基本原则，如果基础工作抓不好，就谈不上企业的发展壮大。”

严格要求员工的同时，今飞凯达也尽力为员工创造良好的发展环境。公司推行合伙制，为员工打造创业平台，希望能够吸引人才。这也是企业延续生命力的重要举措。

葛炳灶介绍，从去年开始，公司在推行车间或者分厂实行合伙人制度，以班组为经营单元，改变原有的监督和激励机制，让核心员工变成企业的老板。“特别是上市以后，资本市场为吸引人才提供了更有利的条件。我们的管理机制都应该不断地摸索、完善，这样才能够适应企业的发展需要。”对公司的行业地位、产品定位、员工素质等进行多维度分析后，葛炳灶将上述因素有机结合，激发全体员工的积极性，建立商学院，营造创业氛围，形成创业文化。

在制造业深耕数十年，葛炳灶深知保持勤奋对于企业成功的重要性。“不管困难期还是顺利期，坚持不懈地奋斗是非常关键的，公司是几代今飞人依靠艰苦奋斗的品格传承下来的。”60 年间的生存问题、日常困难，都在“今飞人”的共同努力下被逐一化解。

对于解决难题，葛炳灶颇有心得：“我认为在不同阶段肯定都有困难，市场、技术、资金等不同时期都会出现困难。今飞有一句口号是‘办法总比困难多’，只要企业基本面仍然良好，只要大家齐心协力去分析、争取，困难都能被解决。但如果失去了信心，或者畏首畏尾，可能前期的努力都会付之一炬，关键在于我们自己的精神状态。只要战略选择不发生错误，战术层面的问题都可以通过努力得到解决。”

如今，今飞凯达生产的铝合金车轮产品覆盖了汽车、摩托车、电动车等车辆，产品从中低端到高端一应俱全，可以满足市场对不同种类和不同档次产品的需求。“一个人，或者一个团队，能够做成一件事，其实非常不容易，特别是制造业，一定要去持续地改善，一定要具备一种匠人的精神。”今飞凯达在产品品类上的不断丰富，正是对工匠精神的最佳阐释。

种类繁多的轮毂产品

怀着对轮毂事业的热爱、对技术创新的执着、对工匠精神的坚守，葛炳灶正带领着今飞凯达朝着百年老店的目标迈进。对此，他同样有着充分的信心："从产业角度出发，轮毂是刚需产品，具备市场价值，行业发展潜力巨大；另一方面，只要我们把企业当成自己的事业去做，接班人一代代传、帮、带，传承企业经营的良好基因，发展 100 年也不是什么梦想，我认为企业的经营完全是可持续的。"

"轮毂大王"踏上智能制造新征程——扫码观看对话今飞凯达葛炳灶

二、“跳到海里，奋力上岸”——楚江新材姜纯

只要确定正确的方向，然后按照最高的标准去要求、执行，经过时间的积累，十有八九都会成功的。

——楚江新材姜纯

中国铜板带行业共有3家A股上市企业，分别是楚江新材、众源新材、梦舟股份，它们全部来自安徽芜湖。如果你感兴趣，沿着时间的触手继续往回追溯，会发现它们都与1986年成立的芜湖压延厂密切相关。

楚江新材董事长姜纯

芜湖压延厂当年是一个濒临倒闭的乡镇小厂，那么它是如何成为铜板带“黄埔军校”，并带动芜湖成为中国铜板带基地的？回顾历史，你会看到一个名字——姜纯。

姜纯是安徽楚江科技新材料股份有限公司（简称“楚江新材”）的创始人、董事长，2007年带领公司登陆A股，2014年实现集团整体上市。之后，姜纯并未止步，他为公司寻求了一条更快的发展路径：战略并购。楚江新材先后并购了顶立科技、天鸟高新、鑫海高导；向下游和高端领域扩张，巩固国内行业霸主地位，并跃跃欲试向国际同产业第一的宝座冲刺。

2019年6月，姜纯当选“中国铜板带行业突出贡献人物”，这个称号对于在铜板带行业摸爬滚打了30多年的他来说可谓实至名归。

31岁的“厂长终结者”

让我们把时针拨回到1986年。

那时改革春风刚刚吹起，在风起云涌的时代大潮中，乡镇企业遍地开花，芜湖冶炼厂和芜湖市鸠江区大桥镇合作办厂，成立芜湖压延厂，主要生产铜板带。26岁的技术员姜纯不安于冶炼厂的循规蹈矩，主动申请来到这个新成立的

乡镇企业，铆足了劲儿，打算用青春和汗水证明自己。

姜纯毕业于江西冶金学院（现在的江西理工大学）有色金属专业，图为姜纯（第三排右五）大学毕业照

然而好景不长，红红火火的筹备期过后，压延厂就陷入了困境：项目设计的时候计划年产是 2200 吨，但实际产能一年还不到 200 吨，产量过低，品质不良，工厂难以生存，几年下来换了 3 任厂长。1990 年工厂亏损 200 万元，再亏下去就要关门大吉了，甚至有人开玩笑说，再这么亏下去就要把铜板带工厂改成砖瓦厂。

但说归说，毕竟投入了很多，投资双方觉得工厂还可以再“抢救”一下，就任命姜纯为厂长。1991 年，姜纯 31 岁，接下了这个濒临破产的小厂，成为芜湖压延厂的第四任厂长。

在那个很看重“资历”的年代，31 岁的厂长不常见。姜纯上任后，遭遇了很多困难和阻力，没有现成的路可走，他就想带领大家硬闯出一条路来。

“年轻人没路走。机会来了，一定是要抓住的。我上任就是奔着证明自己去的。”姜纯回忆道，“那时很单纯，只想着要带着厂子活下去，要赚钱，把产品卖出去，就像人跳进海里，必须要奋力游到岸上去。”

姜纯（左三）在芜湖压延厂担任厂长时期

经过一段时间的磨合，姜纯发现很多人有吃“大锅饭”的思想，还有的只顾着自己的私利，并不想真的出力一起干。他觉得要想把工厂盘活，必须要大家齐心协力一起加油干。姜纯首先说服董事会接受自己的经营管理思路，之后对大家进行思想动员：能干、想干的绝对欢迎，懒惰、图安逸的请靠边站。

那时淘汰员工要承受很大压力，但姜纯认为这很有必要，得罪人也得干。“虽然我那时年轻，但我看得很清楚，这些人不走，厂子就救不活。”他说。另外，姜纯大胆任命能干、肯干的人，与他们团结一致做好业务，当然也会毫不吝啬地给他们分配工厂发展带来的利益。他在业务上也同样做减法，带领大家专注于黄铜类产品，提高品质，对客户负责。

几年下来，压延厂扭亏为盈，1996 年净利润达到 500 万元，一跃进入“安徽省乡镇企业十强”。此外，姜纯还盘活了芜湖市金达有色型材厂等 4 家亏损或濒临倒闭的企业，成为当地知名的“扭亏能手”。

姜纯在芜湖压延厂时期创建的芜湖铜板带厂独特盈利模式和管理模式，奠定了芜湖在铜板带行业的全国优势地位。后来在芜湖诞生的 3 家上市公司都与压延厂有着千丝万缕的关系：芜湖压延厂被并入安徽鑫科新材料股份有限公司（简称“鑫科材料”）（后更名为“梦舟股份”，全称为安徽梦舟实业股份有限公司），压延厂最后一任厂长姜纯下海创建了楚江新材，曾在压延厂和楚江新材负责销售工作的封全虎后来创立了安徽众源新材料股份有限公司（简称“众源材料”）。

下海再造一个上市公司

1998年，鑫科材料改制，芜湖压延厂被并入该公司。由于业绩突出，姜纯被委任为上市公司总经理。有一次去日本考察，姜纯看到了国际先进的铜板带企业，其自动化程度、现代化管理方式、产品品质和规模都给了他很大的震撼。回来后他就树立了一个目标：要在10年内做成这样的企业。

姜纯是具有“实业”思维的人，他认为一心把业务做好就行了，但股东更重视资本运作，这样双方在理念上就产生了分歧和矛盾。虽然在上市公司年薪不菲，但姜纯还是决定跟之前压延厂的一批兄弟重新创业，从头再来。

十多年公司管理经验和行业资源，令姜纯驾轻就熟，新公司安徽精诚铜业股份有限公司（简称“精诚铜业”）很快就走上了正轨，不仅在铜带板块越做

2007年精诚铜业在全景网进行IPO路演

越大，还陆续建立了特种钢管材、铜合金线材等专业生产工厂，成立了安徽楚江投资集团有限公司（简称“楚江集团”）。

楚江集团选择了以产品为单位的事业部经营体制，把大船变成舰队，推行目标管理，经营用人自主，奖优罚劣，高度自治，大大激发了员工的积极性，几年时间精诚铜业的生产规模就超过了鑫科材料。2001 年底，中国加入世界贸易组织（WTO），政策和资源的放开给铜板带行业带来了又一轮的起飞，2006 年精诚铜业营收达到 20.52 亿元，净利润 5283.44 万元，2007 年公司经过层层审核，成功登陆资本市场。

说起上市，姜纯现在回想起来还会觉得非常“庆幸”，因为他之前一直对资本运作不感兴趣，只想做好实业，认为上市对公司来说“步子迈得太大了，想等几年，公司各项业务完全成熟后再说”。但在券商、董秘以及当地政府的游说下，姜纯被推着开启了公司的上市之路，然后用上市的标准倒逼公司各项业务和管理制度规范化，加快了公司的发展速度。

“可以说是他们三个（券商、董秘、当地政府）把我抬起来上的市。”姜纯说，“后来楚江集团整体上市后，我才真正理解资本市场对企业的意义太重大了。一方面，资本市场可以规范企业的经营管理，让企业打好根基；另一方面，上市把公司放在公众的监督下，可以让公司更自律。”

然而，公司上市之后的道路也并不是一帆风顺的。从 2011 年到 2013 年，虽然公司的规模依然保持稳健的增长，但效益却没有同步；2010 年上市公司效

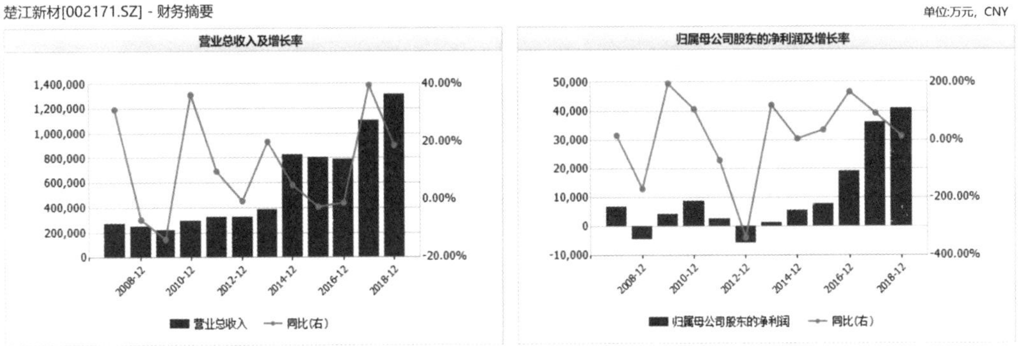

楚江新材 2010—2018 年营收及净利润增长图

益创新高，利润 8308 万元，但 2012 年大幅亏损了 5697 万元。

当然，公司效益陷入低谷离不开当时的大环境的影响：经济增长放缓，产能过剩凸显，市场竞争加剧，铜价下行且大幅波动。但姜纯认为公司业绩下滑的根本原因还是内因。

“公司经历了 10 年的快速发展，取得了巨大成就，大家产生了自满自大的情绪，觉得做企业也不是太难，对自己的要求也放松了，难以适应外部环境的变化。团队要始终保持创业的精神与激情，这是解决企业所有问题的根本办法。”姜纯说，“集团化的运营管理模式还不成熟，基本停留在过去单体运营管控模式上。发展背后需要逻辑支撑，否则‘发展是找死，不发展是等死’。”

面对严峻的内外部形势，姜纯决定带领骨干团队重新出发，不断总结、调整、反思与再实践。精诚铜业的控股股东楚江集团旗下铜加工资产众多，但较为分散，为解决这一问题，姜纯提出了整体上市的想法。

2014 年，公司将主营各类铜杆材的森海高新、主营各类铜合金线材的楚江合金、主营各类特种带钢和钢管的双源管业，以及提供配套物流服务的楚江物流 4 家公司的业务全部纳入上市公司体系中。这使得楚江集团原来分散的资

2014 年楚江集团整体上市

源实现了整合，也解决了上市公司与控股股东之间的同业竞争问题，公司的采购、生产、销售规模进一步扩大，协同效应增强。

2014年7月10日，精诚铜业新增股份获准在深圳证券交易所上市，标志着公司本次重大资产重组圆满成功，楚江集团整体上市完成。同年7月21日，精诚铜业正式更名为楚江新材。

战略并购撬动更大版图

精诚铜业上市和楚江集团整体上市，给公司带来了很大的发展，也让姜纯感受到了资本市场的力量，而让他感受到资本更大能量的是后来的三次并购。

谈到并购的方向，姜纯说："以前一直做基础材料，虽然规模大，但毛利润不高，所以我想提高一下公司的毛利润。并购不是为了挣快钱，而是看好航天军工及新材料产业，希望通过技术研发和发展升级之路，更好地发展材料产业。"

2015年，楚江新材并购湖南顶立科技有限公司（简称"顶立科技"），进入高端装备制造和新材料领域；2018年并购江苏天鸟高新技术股份有限公司（简称"天鸟高新"），进入碳纤维复合材料领域；2019年公司并购江苏鑫海高导新材料有限公司（简称"鑫海高导"），向下游延伸，助力深耕精细铜加工主业。

三次并购帮助楚江新材打通了上下游产业链，并成功进军高精尖领域，形成先进铜基材料研发和制造、高性能碳纤维复合材料研发和制造、特种装备研发和制造三大业务齐头并进的局面，这给公司带来了质的飞跃：年营收从2015年的80亿元增长到2018年的131亿元，年净利润由2015年的7044.92万元增长到2018年的4.09亿元，增长近6倍；公司的纯利润也由2015年的4.14%提升到了2018年的7.96%。

并购顶立科技后，公司在高性能碳纤维复合材料研发和制造、特种装备研发和制造领域也取得了重大突破。如果说并购顶立科技是楚江新材迈向新材料和军工的第一步，那么并购天鸟高新则是其军工新材料战略的一次跨越。

天鸟高新成立于1997年，是一家民营军工企业，也是国际航空器承制A类供应商。公司具备二级军工保密资质，是国内最大的军品碳纤维预制件的研发制造企业，军品批产重点型号19个，在研重点型号14项。天鸟高新在军品领域处于垄断地位，承担国内所有生产飞机碳刹车盘单位的碳纤维预制件供应，是C919、CR929、ARJ-21等国产民航飞机碳刹车预制体的唯一供应商。这次并购不仅受到市场的高度关注，还为楚江新材引来了一个非常重要的战略股东。

2019年6月18日楚江新材公告称，公司完成发行股份及支付现金购买资产并募集配套资金的配套融资发行部分。其中，国家军民融合产业投资基金有限责任公司认购9124万股，占公司已发行股份的6.84%，成为公司第二大股东。

国家军民融合产业投资基金是也就是我们常说的“国家队”，由财政部以及中航集团、中国电子科技集团、中核集团等多家央企、国企共同出资设立，致力于推动军民融合产业发展，这也是该基金首次投资上市公司。

近些年，公司进一步优化战略，明确了先进铜基材料和军工新材料双主业模式，铜带产业要率先突破，实现产业登顶，从中国第一迈向世界第一；铜导体材料产业要实现在五年内进军国内前三、十年内成为行业第一。控股鑫海高导后，楚江新材的规模、资金等优势与鑫海高导市场、技术、人才优势等有机结合，协同发展，公司铜导体材料业务横向扩产能，纵向提品质，为铜导体材

楚江新材生产车间

料产业链布局和战略发展形成了有力的支撑。

2018 年，楚江新材实现高精度铜合金板带材产量 18 万吨，占国内市场份额的 10.32%，稳居全国第一位，在国际上仅次于年产量 20 万吨的德国企业维兰德。但姜纯并不满足，他就像 1991 年刚当上压延厂厂长时一样雄心勃勃，他表示，行业整合时机已经到来，公司铜板带业务的目标是占据国内市场 25% 到 30% 的份额，赶超行业第一维兰德。

“中国的铜板带产业在国际上市场份额最大，产能最高，但企业却都不强，没有龙头企业，这对我们来说是使命和责任，也是一个很大机遇。”姜纯说。

从最初想要压延厂活下去，到后来工厂扭亏盈利 500 万元，再到从头再来再创一个公司，带领楚江新材上市、做到国内第一，利润过亿元，营收破百亿元，以及现在想要成为国际行业老大，姜纯事业的“海洋”越来越大，而他所做的，也跟当初一样，只是“跳到海里，奋力上岸”，尽管目标很大，但他非常自信：“只要确定正确的方向，然后按照最高的标准去要求、执行，经过时间的积累，十有八九都会成功的。”

“跳到海里，奋力上岸”——楚江新材姜纯——扫码观看对话楚江新材姜纯

三、追风“气体”20 年

要想取得成功，就要抱着不成功便成仁的决心，耐得住寂寞，抵挡得住诱惑。

——和远气体杨涛

在宜昌，有这样一位“掌舵者”，他用20年艰苦卓绝与拨云见日的坚守，缔造了湖北省国家级贫困县首家上市企业，他就是湖北和远气体股份有限公司（简称“和远气体”）董事长杨涛。

和远气体董事长杨涛

作为工业气体领域的老兵、资本市场的新兵，杨涛在被问及是什么力量推动着他在气体行业一往无前时，他斩钉截铁地回答：“爱好。”

下海只为生存路

德国著名文学家歌德有一句名言：“生命的全部奥秘就在于为了生存而放弃生存。”

杨涛创业故事的开端亦是如此。1994 年，从湖北大学通用机械专业毕业后，杨涛被分配到湖北宜昌猴王集团做销售工作，一年后，这家国有企业不景气，工资都发不出来了。迫不得已，杨涛决定走出体制，出来闯荡。

“刚出来的时候，主要是为了生存，希望能够赚一点钱，把自己养活，因为大学毕业后不可能再靠家里了。那个时候做事劲头足，每天精神很好，很有想法，觉得这个社会机会很多。”

从国企出来之后，杨涛摸索前行，做了 5 年个体户，与多个行业打过交道。1999 年，他开始接触气体行业，从此结缘 20 年。

“当时，修三峡工程的时候，需要用到大量气体。我 1999 年到三峡工程位于宜昌的修建所在地，发现气体是一个大商机。”

工业气体，即工业生产制造中所用的各类气体，如同水和电一样，有人形象地把它比喻为工业的“血液”，它被广泛应用于冶金、石油、化工、机械、电子、航空航天、玻璃、建材、食品、医疗等诸多领域，和经济发展密切相关。杨涛抓住这个机会，从1999年到2003年做了4年工业气体贸易生意，赚到了第一桶金。

“从1999年到2003年，我们大概赚了七八百万元，已经有一定的经济基础了。”杨涛回忆称。

值得注意的是，在2003年之前，国内并没有大的气体公司，而国外的公司林德-普莱克斯集团已经是世界500强企业了。为了抓住这难得的机遇，生性爱冒险的杨涛决定迈开更大的步子——创业。

一定要把气体干下去

从贸易转向实业，杨涛敏锐的嗅觉让他抓住了气体行业发展的先机。经过多方调研之后，2003年，杨涛在鄂西大山贫困地区长阳创立了和远气体的前身——宜昌亚太气体有限公司。2004年，公司利用自有资金和300万元贷款，总投资1000多万元建设全液化空分设备，开始液态气体生产、销售业务。

“我们2004年开始建厂，一直到2005年才把它建成投产，因为要解决很多技术上的问题。经过夜以继日的努力，我们改变了传统的用气方式，实现了产品由气态到液态升级，运输半径大大增加，成本和安全性也得到改善。”

技术上的巨大突破，打开了公司发展的广袤前景，也坚定了杨涛的信心。“2005年，我们就坚定一个信念，就是一定要把这个行业干下去，这是一辈子的事业。”

从2007年开始，和远气体通过多次并购重组，开始跨区域业务经营，不断加快湖北全省布局，成为湖北区域市场气体产品生产的龙头企业。之后几年，随着国外气体巨头业务渗透进入我国中部地区，气体行业内的竞争加剧。

“2012年以后，外资进入我国中部地区，我们开始跟外资有了竞争。我这

2004 年和远气体做的第一个项目

个人比较喜欢竞争，尤其是跟高手，跟外资这种先进的公司竞争。”

“物竞天择势必至，不优则劣兮不兴则亡。”为了更好地应对竞争，在杨涛的主导下，和远气体很早就对生产线进行智能化改造，而这一举动让公司产品的单位平均产值大幅提升。

“从 2012 年我们就开始做生产系统的智能化改造，慢慢地做到了无人值守。现在，我们的单位平均产值比一般的同行要高 20%。”杨涛说。

2010 年，和远气体第一次直接与全球规模最大的工业气体公司——法国液化空气集团公司竞争。经过激烈的角逐，一年之后，和远气体成功拿下了飞利浦在荆州子公司的订单。

“当时，飞利浦与法国液化空气集团的合作意向是很强的，他们认为你一家中国公司不可能把这个东西做好，但是，经过我们密切跟进一年多之后，飞利浦最终选择了我们，因为我们性价比更高。”

进入飞利浦供应链后，和远气体的知名度进一步提升，市场的开拓也越发顺利。

“因为飞利浦是一家全球知名的照明、家电企业，它对我们的认可，对后面我们跟百事可乐、可口可乐、红牛等外资企业合作，奠定了一个很好的基础，有很好的促进作用。”

经过几年的发展，目前，和远气体形成了瓶装气体、液态气体、现场制气、管道供气四大服务于客户的供气模式，并拓展尾气回收、清洁能源等业务的新盈利增长点，产品业务范围也从早期的工业气体拓展到食品级液氮、医用氧。据悉，目前和远气体的客户包括中国南玻集团股份有限公司、珠海格力电器股份有限公司、美的集团股份有限公司等数十家知名企业。

“工业还是主要的市场。随着我们的规模越来越大，工业气体大概能占据70% 左右的份额。食品和医疗气体的市场份额也会逐步提升。”

广阔的市场前景，以及客户的认可，让和远气体的业绩得到提升。2016 年至 2018 年，和远气体分别实现营业收入 4.06 亿元、5.75 亿元、6.25 亿元，净利润分别为 4100 万元、4496 万元、7536 万元，呈逐年稳步增长态势。

和远气体低温液体运输槽车

从贫困县走出的上市公司，力争打破外资垄断

“要想取得成功，就要抱着不成功便成仁的决心，耐得住寂寞，抵挡得住诱惑。”在和远气体上市之前，就不断有国际企业想收购它，但都遭到杨涛的拒绝。

“把一家公司，一个热爱的行业卖掉，在情感上，我无法接受，而且这个行业发展空间很大。所以这么多年我经住了很多诱惑。”

为了让公司得到进一步的发展，2011 年起，杨涛便开始筹备上市事宜。所谓“有恒则断无不成之事”，经过 8 年的努力，随着 2020 年 1 月 13 日洪亮的上市钟声响起，和远气体成功登陆资本市场，也成为湖北省贫困县的首家上市公司。

值得注意的是，目前，法液空、梅塞尔、普莱克斯、美国空气化工、林德气体等国外气体公司在中国占据了 50% 左右的市场份额，在特种和电子气体市场，几乎处于垄断的地位。国内没有一家在技术、研发、品种等综合实力方面

和远气体董事长杨涛在公司上市仪式现场

可与这些外资巨头竞争的民族气体公司。此次 IPO 上市，杨涛希望他的公司能为国内气体行业的进一步壮大出一份力：“有了资本的力量后，我想振兴我们整个国家的气体行业，打破外资的垄断。这是我的梦想，更是我的情怀。”

公开资料显示，和远气体此次 IPO 计划拟募集资金 3.94 亿元，主要投向鄂西北气体营运中心项目、兴发集团宜昌新材料产业园气体配套及尾气提纯利用等 5 个项目，以及补充流动资金。

根据和远气体的规划，未来，公司在做好工业气体、尾气回收的基础上，将借助资本市场，把研发拓展到电子气体、特种气体等高技术领域，力争用 5 年至 10 年时间将公司打造成为一家能与国外气体公司竞争的专业化、创新型民族气体公司。

“预计通过 3 年到 5 年时间，我们将会逐步打破外企的垄断和封锁。未来我们要成为一家综合性的气体公司，这还有很长的路要走。”对于未来，杨涛显得信心满满。

爱与坚守的力量

“只有热爱创业过程，热爱自己做的事，你才有可能在艰苦的环境下，坚持下去。”在气体行业摸爬滚打 20 年，杨涛依然保持对事业的热忱与激情。

“2007 年以后，我基本上就把自己奉献给这个公司了，永远把工作放在第一位。我只有一个爱好，就是我的气体行业，平时看的大部分是气体行业专业技术类的杂志和书。”

“和而不同，兼听则明”是杨涛倡导的一种管理方式。这种不拘一格的理念，让和远气体的发展更加稳健。

“从 2012 年以后，我们就已经股份制改造了，引进了很多战略投资者，我们的董事会结构、高管结构，都严格地按照公司法设置。在意见不统一的时候，我倡导兼听则明，在决策上还是比较民主的，在做事上也比较讲规矩。但是，我们一旦决定一件事，就会有把它干到底、不回头的决心，这是我们整个团队的做事风格。”

追风“气体”20 年——扫码观看对话和远气体杨涛

四、创业路上没有艰苦　满满都是幸福

我当时非常想全面掌握我国香港地区企业的技术，求知若渴地学习技术和理念。

——华盛昌袁剑敏

华盛昌创始人、董事长袁剑敏

测量测试仪器仪表有个巨大的市场，但这个市场多为欧美大品牌所垄断，近些年中国测量仪表企业突出重围，在国际市场的角逐中逐渐显露，深圳市华盛昌科技实业股份有限公司（简称“华盛昌”）就是其中一家。它的 CEM 品牌风速测试仪和专业数字万用表，还曾经被央视《大国重器》节目选中，作为中国制造的代表出镜。

最近，华盛昌频繁进入人们的视野。一是因为企业 IPO 上市登陆资本市场；二是因为新冠肺炎疫情全球蔓延，在疫情防控中，华盛昌被列为深圳市重点防疫物资生产企业，华盛昌生产的红外人体测温仪和红外热成像仪继 2003 年 SARS 疫情之后再次“出圈”，成为全世界供不应求的抢手货，为有效控制疫情扩散贡献了一份力量。

与大多数创业者不同的是，华盛昌董事长兼总经理袁剑敏回首 30 年的创业之路时，这位测量测试仪器仪表王国的缔造者却表示，没有艰苦，满满都是幸福。

从上海到香港再到深圳

22 岁时，袁剑敏来到上海电表厂，这是当时中国仪器仪表行业里面最大的

企业之一。1988 年，公司与我国香港地区的企业进行技术合作，需要选派 2 名技术人员去香港，袁剑敏从 300 名工程师中脱颖而出。

那个年代，纵然是大都市上海，与国际金融中心香港的差距也非常之大。在那里，先进的科技和管理理念冲击了这位理工技术男的心灵，激发了他的求知欲。

“我当时非常想全面掌握我国香港地区企业的技术，求知若渴地学习技术和理念。”袁剑敏回忆道。

当然，除了技术上的差异，香港这边的薪资也比上海的高出一大截。“我去香港之前工资是 99 元一个月，到香港后工资是 2000 港币一个月，那时港币的汇率还比人民币高，差别非常之大。”袁剑敏回忆道，“我有时候也会偷懒想，就这样做个两三年，攒够了钱就可以回家退休了。”

被公派香港 3 年后，袁剑敏回到了上海。当时中国的仪器仪表还在用分立元件制作，产品体积大、价格高。改革开放后，受海外进口元器件、超大规模集成电路的冲击，上海电表厂效益急剧下滑，员工从袁剑敏走之前的 3000 人缩减到 300 人，很多同事都为了维持生计转而去做一些小生意。

“我回去后看到这样的场景，非常有感触，跟领导、同事聊在香港的所见所闻，建议厂长多朝西方技术型企业靠拢，多和海外联系，跟上国际潮流。”袁剑敏说。

2020 年 4 月 15 日，华盛昌成功登陆资本市场，袁剑敏敲响上市钟

电表厂难以为继，大家各谋出路。由于有在香港的 3 年经历，袁剑敏选择南下，来到与香港一河之隔的深圳。

农民房里的创业萌芽

彼时的深圳新生伊始，许多事物还没有名字，提到的时候尚需用手指指点点，连深南大道都还是一条土路，坐车像坐船一样一路摇摇晃晃。

华盛昌最初是一个进出口贸易公司。1991 年，袁剑敏来到深圳后，将其业务挂靠在华盛昌下作为独立的事业部，最初承接之前在香港地区工作的企业的研发和设计任务，后来慢慢承接来料加工业务。他从上海电表厂叫来几个下岗的老同事，在深圳大学旁边的南园新村租了三间农民房，安排了一条生产线，就这样开启了创业之路。

“因为产品要出口，所以有海关来验厂，海关说，你们在农民房里做出口，场地不符合要求。后来我们就搬到了华强北的上步工业区。”袁剑敏介绍。

将一个万用表从零件开始加工，大盘装配调试好，成为一个产品，可以获得 1 美元，正常情况下每个月可以生产 2000 台，但袁剑敏他们加班加点，每个

华盛昌最初在华强北上步工业区的厂房大楼

月可以生产4000台。翻倍的工作量听起来很辛苦，袁剑敏回忆起来时却说："我们每个月拿到4000美元，除去房租和工资，还有不少盈余，半年时间我们创造了5万元人民币的价值，我们都非常开心，感觉充满了乐趣。"

1992年，华盛昌的来料加工业务被迫暂停，靠着在上海和香港积累的工作和技术经验，袁剑敏开始带头自主设计并生产产品，然后通过外贸公司在交易会展览、销售。1992年底，袁剑敏亲手设计出一台手持式小万用表，性价比非常高，非常受欧美客户欢迎，订单多的时候能达到一万多台。

通过外贸公司做出口业务，产品的价格和回款都要在外贸公司过一手。一款产品畅销了，外贸公司之间，甚至外贸业务员之间都会有竞争，不断压价，或者去找别的厂家做同款产品，价格竞争非常激烈。华盛昌这款产品的价格，从最初的7美元一台，一路被压到5美元甚至3美元。

袁剑敏意识到，通过外贸公司，自己很难掌握市场的主动权。于是在1995年，他便自己去香港申请展台参会，变身外贸业务员，直接把产品销售给境外客户。

1994年华盛昌创业初期的第一批员工在小梅沙合影

“要说那个时候遇到的困难，最大的就是语言问题。现在年轻人可能觉得说英语很简单，但我上学那个时候英语教育并未被普及，特别是我们学理工科的，英语水平很一般。”袁剑敏说，“最开始有一些朋友帮忙简单翻译，后来我就直接自己上了，经过一两年的磨合，外贸英语这块我就非常熟练了。”

技术创新完善产品线

除了掌握出口贸易主动权，袁剑敏还意识到，要想不被拖入价格竞争的泥淖，就必须不断研发设计新的产品，这样才能走得更远。

“20 世纪 90 年代的时候，我们参加了很多电子展，在香港电子展结识了美国客户，在慕尼黑电子展接触到更多的产品和关键传感器。”袁剑敏介绍，“1998 年我们参加拉斯维加斯电子展，认识了更多的客户，了解到更前沿的市场需求，回来后自主研发了几款产品，包括工业用的红外测温仪、非接触红外测温仪等，这些产品在 2003 年抗击 SARS 疫情中也起到了一定作用。”

华盛昌最开始是做电工电力类的测量测试仪器仪表的，后来产品慢慢拓展到工业用红外测温仪、红外人体测温仪、环境检测仪表、测距仪、红外热像仪等，覆盖电工电力类、环境检测类、医疗、建筑、汽车检测类等领域，涵盖了各类电量、机械量、热工量、化工量、声学量、光学量、放射性量参数的测量。

当被问及为什么把产品线拉这么长时，袁剑敏表示，测量产品在各行各业都非常重要，但它本身是一个小众产品，如果只做单一产品，要把企业做大非常难。“所以我们就把产品面先铺开，各行各业都有所涉及，打好基础，为公司走得更长远铺好道路。”袁剑敏说。

自成立以来，华盛昌坚持自主研发与技术创新，持续推出了一系列具有技术突破性的创新产品。比如在万用表上加一个 LED 灯，将万用表和手电筒结合起来。虽然只是一个小小的创新，却能解决检测检修时使用环境复杂、看不到字、难操作的痛点。华盛昌在 1993 年的时候就开发出了这款产品，还申请了专利，现在万用表带背光已经成为行业的普遍做法。

截至 2019 年底，华盛昌已获得 207 项专利，成为《医用环境空气净化器》《红外人体表面温度快速筛检仪》等多项标准的起草单位，技术实力已在行业内得到较高认可。华盛昌自主开发的多系列产品凭借高精度、高可靠性、使用便

袁剑敏（左四）与员工在展会上

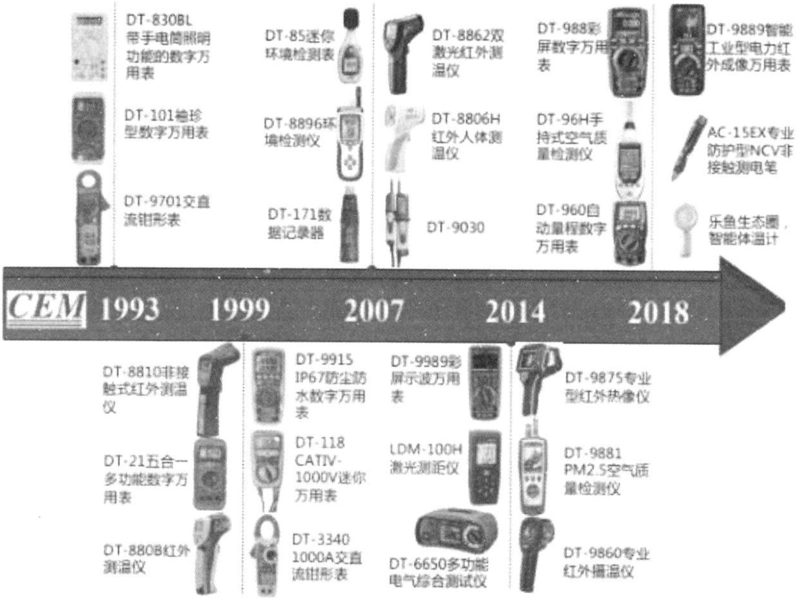

华盛昌产品创新发展历程

捷、强环境适应性等特征在全球范围内享有较高的市场认可度，深受客户的信赖与好评。

在与菲力尔（Flir）、里奇（Ridge）、HT、C.A 等全球知名客户的长期合作中，华盛昌对测量测试应用场景的理解不断加深，积累了丰富的产品设计和开发经验，能够为多样化、专业化的精确测量测试需求进行定制化、一站式的产品开发和生产，特别是通过移动化、便捷化的产品设计，极大地扩展了测量测试技术的应用领域。

上市开启新起点

作为国内较早从事仪器仪表出口的企业之一，华盛昌产品以外销为主，出口到美国、德国、意大利、澳大利亚等国家，主要客户为国际知名品牌商，以 ODM（Original Design Manufacture，原厂委托设计）方式为知名品牌自主设计、生产和销售。

“测量测试仪器仪表在各个领域承担着质量把关的重要角色，客户对品牌的依赖度非常高。欧美老牌企业有的经营了几十年甚至上百年，市场品牌认同度非常高。因此，在欧美我们采用的是 ODM 模式，更容易打入市场。”袁剑敏表示。

近些年，华盛昌逐渐加大了在国外市场推广自主品牌的力度，积极培育自主品牌市场，在俄罗斯、印度、土耳其等新兴市场，公司直接销售推广其自主品牌“CEM”产品。在中央电视台与工业和信息化部联合制作的纪录片《大国重器》中，在沙特阿拉伯吉赞经济城的工程讲解人员就使用了华盛昌生产的风速测试仪和专业数字万用表进行测量和展示。

纪录片《大国重器》中出现的华盛昌自主品牌 CEM 风速测试仪和万用表

在工业互联网和智能家居快速发展的浪潮中，华盛昌也紧跟时代脚步，加快了在软件和数据库开发、数据分析处理、通信网络等方面的开拓和应用，形成一系列网络化、智能化的综合监测服务方案。公司搭建了由智能测量仪器仪表终端、用户互动APP和综合云服务组成的“CEM云智慧测量监测体系”，为公司进一步发展创造了新的增长点。

与技术和市场不断发展对应的是公司的财务数据，2017年、2018年和2019年，公司的营业收入分别为4.56亿元、4.9亿元和4.66亿元，净利润分别为2032万元、8478万元和9096万元。

2020年4月15日，走过30个年头的华盛昌在中小板上市，成功登陆资本市场。IPO募集资金计划投资于华盛昌仪器仪表巴中生产基地建设项目、总部及研发中心建设项目、国内运营及营销网络建设项目和补充流动资金项目。

“我们在欧美市场是主打ODM的，占了90%的市场份额。目前我们在国内的市场布局还是有所欠缺。我们这次募集资金的一个目标，就是在各方面对标国际一流品牌，取得国内自主品牌高端市场的突破。希望能够借助这次登陆资本市场实现这个目标。”袁剑敏表示。

创业路上没有艰苦　满满都是幸福——扫码观看对话华盛昌袁剑敏

五、“企业金名片”制造商

我们把自己定义为帮助中国制造走出去的工兵，为中国制造走出去架桥铺路。

——米奥会展潘建军

“‘服务连五洲，贸易通四海’，我们把自己定义为帮助中国制造走出去的工兵，为中国制造走出去架桥铺路。”浙江米奥兰特商务会展股份有限公司（简称“米奥会展”）董事长潘建军对公司有清晰而明确的定位。随着2019年10月登陆创业板，米奥会展成为A股首家展会龙头企业，也是唯一一家在全球新兴市场完成自主展览服务布局的展会服务企业。

2019年10月22日，米奥会展在深交所创业板上市

帮助中国企业走向全球

米奥会展董事长潘建军

1998年，还是某档案局科长的潘建军为了获得更大的发展空间，选择离开机关单位。刚开始，他成为阿联酋中国商品交易中心首席代表，这份工作的市场化特点和帮助中国企业拓展海外市场的作用深深吸引了他，“应该说真正下海的原因就是要帮助中国企业走出去”。21年来，潘建军初心未改。

米奥会展成立于2010年6月，最初由上海国际广告展览有限公司这家国有企业改制而来。米奥会展团队将它老店新开，从零开始，以阿联酋的中国商品交易中心的发展为契机，由对境外市场招商的服务转型为境外的展览服务。

尽管米奥会展团队属于“半路出道”，但是对会展行业有独到的理解。他们认为，发达的制造业需要匹配发达的服务业，德国和日本都具备强大的制造业，但前者在全球的发展和营销更优秀，这其中的差异便来自德国具备比日本强大许多的服务业，特别是会展服务业，而中国的制造业正需要服务业强有力的支撑。“我们真正的客户是中国制造，米奥会展是帮助‘中国制造’行销世界，在全球实现品牌营销、推广营销、市场营销的一个服务平台，办展地点都在全球各地。目前中国还很缺乏这样的平台，这个行业是一片蓝海”。

中国最早帮助中国企业走出国门的展会公司，大部分是组织它们参加欧美的品牌展会，米奥会展刚开始经营的也是这一类“借船出海”的业务，但是潘建军始终觉得，只有打造中国自己的民族品牌展会，才能更好地服务中国企业。

“一带一路”带来发展新机遇

2004年，刚完成改制的上海国际广告展览有限公司举办了境外第一个自主品牌的展会。上海国际广告展览有限公司16年来一直坚持转型之路，并已逐渐完成全球布局。“一带一路”倡议的提出，为许多中国企业扬帆出海创造了更多机会、更广阔的市场空间，米奥会展也把一些未来发展潜力较大、属于新兴发展中的市场作为经营重点。

招股书显示，米奥会展已举办境外自办展的国家包括波兰、土耳其、巴西、南非、约旦、哈萨克斯坦、埃及、阿联酋、印度、墨西哥、伊朗、尼日利亚、肯尼亚等 13 个“一带一路”或金砖市场的重要贸易节点国，境外自办展收入规模近 4 亿元。2014 年初至 2019 年 6 月，米奥会展累计为 1 万多家中国制造企业提供了境外展览服务，预计未来 3 年内公司境外自办展业务布局将基本覆盖“一带一路”主要贸易节点国。

实际上，在发展中国家办展的风险要大于欧美国家，因后者的政治和营商环境已相对稳定和成熟，但这其中既有挑战也有机遇。一方面，“一带一路”市场基本都是发展中国家，存在一定的政治风险，但米奥会展的全球布局可以规避区域风险对主营业务的影响；另一方面，正是因为这些地方有风险，中国外贸才更需要专业的展会为企业搭建平台、架桥铺路、拓展市场。米奥会展在 16 年的耕耘中，已平稳度过这其中的无数风浪。

目前米奥会展在部分国家的当地展览市场已居于领先地位。作为波兰华沙最大的展会，由于周边国家的积极参与意愿较强，米奥会展已准备在明年把波兰中国贸易展升级为中东欧贸易博览会。此外，米奥会展在孟买、迪拜的展会，都已经成为当地的主流展会之一，已进入当地主流展会的序列。

2019 年 9 月，潘建军在首届中国—巴西投资合作论坛上致辞

2019 年 5 月 29 日，潘建军在华沙 PTAK 展览中心开幕的第八届中国（波兰）贸易博览会暨服务贸易博览会致开幕词

以“严肃办展”为理念，80% 展会获得 UFI 认证

要想达成“服务连五洲，贸易通四海”这个目标，除了“中国制造”值得客户信赖，展会自身也必须专业、靠谱。“我们的理念是严肃办展，希望传递给客户的信息是真实准确的。”为此，米奥会展花费了巨大的心血通过了 UFI（Union of International Fairs，全球展览业协会）认证。

UFI 是迄今为止世界展览业最重要的国际性组织，其最核心特点是所有展会的数据均经过第三方机构评审，以此评定申请项目是否达到 UFI 的标准。潘建军介绍，米奥会展邀请美国最严格的第三方审计机构 BPA（The Business of Performing Audits，国际媒体认证机构），每次对展会的观众数量、展会规模、展商数量等进行登记、检查，并在会后 1—2 个月对与会者进行核实。该机构审查、验证相关数据，最后出具审计报告，反映展会的基本状况。

目前，米奥会展 80% 的展会已经获得 UFI 认证，公司的目标是 100% 获得第三方的认证，获得认证以后，每隔一年还要请第三方对展会数据进行一次审计。据了解，目前中国国内的展会项目一年有 7000 多个，但获得 UFI 认证的不到 80 个，UFI 的严格考核让通过的项目具有较高的含金量。“我们希望把米奥会展的展会定位为国际品牌展会，希望与会者相信我们跟国际品牌展会的品质是一样的。”米奥会展团队的愿望正在逐一实现。

米奥会展在全球知名的两个展览系列分别是China Homelife（中国家居用品博览会）全球系列展和China Machinex（中国机械品牌博览会）全球系列展两大“母平台”。它们分别属于家庭生活展、工业制造展，是有别于行业类展览的两个需求类展览。

传统行业类展会，如家居展、汽车展等，其特点是产业链上下游都来参展，然而其专业买家并不等同于专业观众，而需求类展会的特点是所有参展物品都是产品，其买家就是专业观众。“这意味着米奥会展的主要目的是帮助中国企业拓展全球市场，米奥会展是一个为解决供需举办的展会，而不是为了某一个产业的需求举办的产业交流展会。”潘建军表示。

创新展会形式，逐渐靠近“小目标”

当代的展会由集市发展演变而来，但其业态只发生了分工更加专业和规模更加宏大这两个变化，其撮合买家卖家的业态没有发生根本改变，买卖双方信息不共享、通过卖方的展示单向触发买方需求的本质没有改变。在互联网时代，这样撮合的效率非常低。为了改变这一“守株待兔”的业态，米奥会展摸索出一套符合中国企业开拓国际市场的“线上线下”展会服务模式。

米奥会展线上的数字展览重点在于改良撮合业态，展前买卖双方信息共享，将线下展览入口和线上展会的互联网入口合并，实现线上线下展会数据贯通、互动，初步实现O2O的互联网展览创新模式，并通过互联网技术为传统展览赋能、提效。

例如，所有企业在参加展会前3个月，可在当地展厅了解到双方信息，预登记的买家可提前知晓参展展商、参展产品，并提前向展商发出邀约及提出问题，在参展期间就可按约见面并快速了解所需信息。同样，参展厂商也能提前知晓每天报名的观众数量及其背景信息，可及时主动与对方联系。此外，展览举办时，观众通过扫描二维码入场，与之相关的展商也能及时掌握买方动态。通过买卖双方的信息共享和互联网平台的数据穿透，米奥会展的数字展览产品基本颠覆了原来传统展览的模型。

展会本身是一个小型行业，产值较小、受众不多，但它有很多附带效应：一是存在“1 ∶ 9拉动消费”的“潜规则”，即展览本身产生1元钱交易，参展人员在举办地产生的吃、住、行、游、娱、购等消费约9元钱；二是尽管展览本身的贸易成交较难统计，但是很多企业在现场见面之后，他们的成交将是一个持续性的过程；三是展会可以撬动某一个领域、某一项贸易交易的出境；另外，展会还有一个最大的功能，即城市品牌效应，例如米奥会展与杭州合作，在海外打造杭州的城市形象，在每一个境外展会推广杭州，给全球了解杭州打开了一个窗口。“这是展会带来的无形资产，一个好的展会是一个城市的金名片。”潘建军说，“米奥会展在全球已经完成了一个以展览为载体的贸易和服务平台，这是一个平台的概念，也就是说我们给中国企业提供的不仅是一个区域拓展的解决方案，还是一个面向全球的拓展方案”。

但作为这个平台的掌舵人，潘建军对目前整体的毛利率尚不满意。2019年前三季度，米奥会展的毛利率为45.17%，在行业里属于偏低的。接下来，他希望能够发挥规模效应，使毛利率上升到60%～70%，甚至80%～90%，“目前

杭州市委常委、秘书长许明（左二）莅临2019年米奥会展波兰展，充分肯定了展会对杭州企业走出去的实质帮助，并与潘建军（左一）合影

米奥会展在全球的12个展会规模约20万平方米，平均每个展会一万多平方米，刚过盈亏平衡点，公司还有较大的盈利上升空间。”

作为国内资本市场上的展会行业龙头，米奥兰特具备自己独特的价值和竞争优势，如在迪拜等地的展会具有排他性。潘建军还谈到，公司最有价值的资源是买家库和卖家库，资本市场为米奥兰特未来的发展提供了更多助力，将推动公司进一步深化服务、创新服务。“互联网有流量，我们有客户，这就是我们最大的商机。”潘建军表示。

截至发稿，米奥兰特总市值约36亿元，潘建军希望在未来1—2年内能突破百亿，5—10年内向千亿目标发展，“希望能够通过自己的努力，实现我们自身的目标和价值”。

“企业金名片”制造商——扫码观看对话米奥会展潘建军

六、坚持“小批量板”的曲折创业史

为人善良，不害别人，能够帮助别人就尽量帮助别人。

——四会富仕刘天明

从国家机关工作人员到东京大学留学生、从中医中药专业到西药专业、从制药名企到线路板工厂、从翻译到厂长……这一切神奇的转折，都集中在了PCB印制电路板上市企业四会富仕电子科技股份有限公司（简称“四会富仕”）创始人刘天明身上。

追求卓越，不断前行

“我们20世纪60年代出生的人都争强好胜，什么最好去争什么，所以这前半生走下来都是为了什么？都在做事，即使并不是自己喜欢的，只要别人觉得这是一个很好的去处，大家都会去争。”回顾自己前半生时，刘天明总结道。

当初凭着“中医中药可能对父母的身体健康有好处”的想法，刘天明报考了北京中医药大学就读中药专业，在大学期间保持着大学生运动会4项冠军的纪录，之后入党、参加学生会主席竞选。刘天明坦言大学时期的努力都是为了日后自身的发展不断丰富履历、积累光环的，毕业之后的他也成功进入了人人羡慕的国家中医药管理局。

工作的两年多，正值中国推行医药企业清洁化生产，那两年的潜心学习，为刘天明之后闯入对清洁度要求非常高的线路板行业奠定了一定的基础。同时，因为当时也在搞制药品质管理，刘天明接触并研究了日本品质管理的一些经验，这同样为未来创办企业积攒了筹码。

“比我优秀的人都出国了，即使国内的机关单位再好，我还是希望能够出去看一下。”不甘人后的刘天明，在精英普遍出国深造的时代，放弃了手上的“铁饭碗”，也踏上了出国之路。所去的地方，就是之前学习品质管理经验的日本。

“不堪回首”的留学奋斗史

“去日本以后的时光，可以说现在想起来，还有些不堪回首……”对于留学日本这段经历，刘天明至今回忆起来都显得有些吃力。

刚到日本的时候，由于语言障碍，即便拥有高学历，刘天明也只能从事洗碗的工作。“一个月大概能够挣到 800 元人民币，那时候我出国前一个月才拿 100 元，所以除了学习之外，剩余时间都在拼命工作挣钱，但是为了钱去生活是一件非常痛苦的事情。”

虽然赚的钱突然增加很多，但那个时候日本的一般大学，一年需要 6 万多元的学费，对自费留学的刘天明来说，考学难度非常大但免费的东京大学成了几乎是唯一的选择。在一位对中国很有感情的导师激励下，刘天明选定东京大学西药专业开始努力。在经历 1 年每天早上一杯咖啡，一直补习到晚上 10 点的奋战后，荒废了 3 年英语、专业知识的刘天明正式迈进了东京大学的校门。

不过考进心仪的校园，并不意味着刘天明的好日子来了。在每天早上 8 点到 12 点的课程结束后，他要以百米冲刺的速度，赶上那趟能让他不迟到的电车，赶往依旧是体力劳动的洗碗岗位，然后一直工作到晚上 11 点，等他回到家时已是凌晨 1 点左右。日子就这样循环往复着。

“有的时候特别困，甚至坐在那里一下就睡着了，还摔了下来，那时候就是为了钱。所以我非常理解为了一个好生活拼命努力的员工，我觉得为了钱去努力是一个很好的品德，所以我们现在就给员工制造这种环境，只要他努力，只要他奋斗，就给他更高的奖金、更好的工资、更好的待遇。”有过为钱奋斗经历的刘天明，也在为后来为钱奋斗的那群人提供了一个更好的环境。

回国路上的阴差阳错

“我希望回到中国。”药学专业毕业之后的刘天明，并没有长期待在日本的打算。当被问及为何在那个时点萌生回国的想法，刘天明回忆道：“在日本已经待了 5 年的时间，我对祖国的思念之情一直在积累，尤其从来自祖国的很多信息以及同学联络中得知中国在飞速发展后，反观自己在日本还是做着最基础的工作，回国之心就非常强烈。”

当时刘天明已经经由导师介绍，进入日本第一制药株式会社（简称“第一制药”）。这家公司在日本非常有名，是一家日本国内药企排名前三的大企业。下定回国决心的刘天明，便向公司提出了到中国办公的要求。

面对刘天明的请求，第一制药中国区董事长回到日本之后专门见了刘天明，表示同意他的回国要求，但是回到中国后需要拿中国的工资，从在日本的3万元人民币降至8000元人民币。这明显的中日地区差别对待，使得刘天明很气愤，于是他递交了辞呈。

拒绝了第一制药的刘天明，并未放弃回国的想法，他在专为日本失业人群提供服务的职业安定所，成功寻找到能够回到中国的翻译工作，而这份线路板厂翻译工作，不仅让刘天明从医药大跨度转入PCB行业，更让他找到后半生奋斗的战场。

从翻译成功转职厂长

“我是当成自己的公司在做。”虽然是签约两年的翻译工作，但是刘天明认为这家企业毕竟是日本人开到中国来的，并不太了解中国当地实情，他希望通过自己的努力让这家企业能够在中国发展壮大起来。

之后刘天明更是直接向管理层提议自己来担任厂长的职务，虽然在总经理处因资历问题遭到拒绝，但是刘天明为了争取厂长位置，找到了总部社长，大老板表示如果接受不涨工资的话就可以试试，刘天明欣然接受了。而就是这个被总经理认为资历差那么一些的厂长，在上任的第三个月，就带领工厂实现了盈利。

刘天明表示：“当时公司中日本的工程师一直在跟主管强调要如何做，而主管长期反应的困扰始终没人解决。我上任以后首先就要求将生产效率提高一倍，谁达不成谁走人，这样的结果是，工厂生产效率第一个月就翻番了，第三个月公司开始进入阶段性盈利。这个经历也让我深有感触，即人必须要在一种奋斗的环境中，企业必须让奋斗者站出来，要么通过奖励，要么通过压力，使其成为榜样，最后让大家都成为奋斗者，达成追求的目标。”

合伙人助推走上创业路

带领企业蒸蒸日上，加上因研究日本经济发展过程而主要投资了房产之后，日子渐渐过得舒适起来的刘天明，其实很难再萌生自主创业的想法，但似乎命运并不愿错过这样一个有能力的人。

“当时我在广东新塘凤凰城买了一栋别墅，经常跟几个邻居一起喝茶聊天，在此过程中就认识了现在公司的大股东黄总，他是做电器生意的，但是电器生意在 10 年前利润就已经很薄了，5% 都不到。那时他问我线路板到底有多大利润，我回答他的是 25%，黄总就说你出来我们来给你投钱，我们能不能一起做。”一次偶然的谈话，让刘天明意识到当前自己所处行业的巨大潜力，也将自主创业想法的种子埋进了心底。后来谈及最初创办四会富仕的原因时，刘天明也觉得是命运使然。

不过当时刘天明并没有立刻答应，一向比较稳健的他，在准备了长达一年多后才承下这份创业邀请。不过，正当他准备递交辞呈自主创业的时候，恰逢 2008 年金融危机，出于感恩的考虑，刘天明还是决定先带领原来工厂过渡到平稳时期。就这样又过了一年多时间，2009 年刘天明才终于开始了自己的创业路。

刘天明在四会富仕车间指导工作

2009年，带着4500万元初始投资资金的刘天明，正式成立四会富仕电子科技股份有限公司，地点选在了珠三角广佛肇经济腹地的四会市。这是一家专业的全流程线路板生产企业。公司致力于为世界的工控、车载、电源、通信、医疗领域提供品质产品和服务。产品定位于中小批量、高品质、高可靠性、低成本、短交期的发展方向，从Q、C、D、S四方面入手，尽力满足客户的要求。得益于结合中日品质管理体系，和运用中国的成本及人事管理，四会富仕在PCB行业迎来了快速发展。

专注小批量板的差异化竞争

“我发现一个特点，国家越发达，个性化需求就越强，甚至最好是发展到什么程度，比如我的手机出厂时就刻上我的名字，甚至知道我是左撇子，设计时还做了针对性改动，我觉得这样的产品在未来才有利润，做这些产品的企业能够持续发展。”在谈及四会富仕为何会专注于更为细分的小批量板市场，刘天明先分享了他的一个观点。

之后才正式说起小批量这个话题，刘天明表示，其实他在创业初始就把目标聚焦在小批量这一块，主要还是得益于一段他在日本留学的经历，即2000年的中国主要做大批量的民用产品，而这种产品原来在日本也一样有很多厂家都做，然而一旦有成本更低的地方出现，这些产业就马上转移。未来中国这种大批量生产的竞争将越来越激烈，能够保持高收益的或许只有小批量领域，因为小批量板生产不能被随意替代。

“大批量生产容易，把条件设定好，规模生产自动化、全自动化，就不需要人，这样的产品谁都可以做，只要有钱就可以投资。但是小批量不一样，现场需要对标准有非常专业、深刻理解的员工，甚至在没有标准的情况下，员工要能把这个标准写出来，所以他不只带着手，还要带脑子去工作。因此个性化、定制化对员工的要求很高，我们也希望把员工培养成能够带着思考去工作的人，把一个特殊的产品做出来，能让他觉得在工作中有乐趣，这其实奠定了这个领域顽强生命力的基础，同时也是我们选择中小批量的主要原因。”刘天明说道。

而同一时刻，市场也在验证着刘天明的眼光。与行业内的兴森科技、崇达技术、明阳电路等上市公司相比，四会富仕 2017—2019 年 29.16%、30.48%、31.5% 的毛利率水平显然高出不少。而且与行业平均毛利率由 2017 年的 29.81% 降至 2018 年的 28.61%，且在 2019 年维持同等水平的 28.68% 不同，四会富仕连续 3 年毛利率持续上升，正在持续拉开与同行业平均水平的差距。

2020 年 7 月 20 日，刘天明的四会富仕正式登陆 A 股创业板，上市之后更是受到资金的青睐，公司股价一路冲高，1 个月的时间涨幅逼近 3 倍，目前公司市值仍保持在高位的 65 亿。

10 月 19 日，公司发布的 2020 年三季报再次验证了公司高增长的态势。其中 1—9 月实现营业收入 4.73 亿元，同比增长 40.24%，净利润为 8860.55 万元，同比增长 47.88%，同时公司第三季度经营活动现金流达 4592.88 万元，同比增长 104.6%。

当前上市融资之后的四会富仕，仍在自己的扩张之路上高速奔跑，然而对于刘天明来说，其实最值得骄傲的并不在此。“我最大的优点是为人善良，不害别人，能够帮助别人就尽量帮助别人。回顾创业之路我觉得很欣慰，因为我在尽力把我所努力的东西和这种思维方式传递给同事们，也培养了很多优秀的人才，让他们能够成为经营者，一起来经营公司。在这件事情上，我觉得我的人生还比较成功。”

坚持“小批量板”的曲折创业史——扫码观看对话四会富仕刘天明

第八章

美丽新世界

“核”技术走出象牙塔用在生活中、8k 级别的显示屏呈现细致入微的画面、会发光的“神奇试剂盒”、融合东西方意境的建筑设计……不知不觉，书本上描绘的“未来”正成为“现在”，我们已步入曾经畅想中的“美丽新世界”。

一、“硬汉”董事长的“柔软”创业史

从1995年开始，我进入这个行业到今天已经25年，可以说25年如一日，我专心致志、一心一意地扎根在了卫生用品行业。

——百亚股份冯永林

谁能想到，几十年如一日，每天坚持做800个俯卧撑磨炼意志的“硬汉”企业家冯永林，选择在“最柔软贴身”的女性卫生用品行业深耕了近25年时间，一步步将旗下重庆百亚卫生用品股份有限公司（简称“百亚股份”）推上了A股资本市场的舞台，完成从重庆火柴厂质量管理科长，到川渝地区卫生用品品牌第一人的跨越。

从夕阳行业跳出，冯永林做了影响一生的创业决定

“那个时候，我想，自己出来创业，一定要找一个朝阳产业”。自学校毕业后分到重庆火柴厂上班，冯永林就从事质检相关工作，直到做到质量管理科长的职位。在20世纪90年代下海经商潮开启的那个激荡岁月，逐步意识到自己身处的是个注定将被时代淘汰的夕阳产业后，冯永林下定决心要选择一个朝阳行业创业。

百亚股份董事长冯永林

“创业过程中，我寻找过很多项目，包括建材、加工等，后来发现，重庆的生活卫生用品市场，尤其是卫生巾市场，是起步比较早的市场。”像大部分创业者一样，冯永林创业初期也经历了各种各样的尝试，但对市场的敏锐还是将他引导到了生活卫生用品这个行业。“卫生巾是消费品，也是刚需产品，而且还是女性消费者经常要用的产品。我觉得这个行业是一种朝阳行业，它会越来越好。”冯永林直言道。

20 世纪 80 年代初，重庆仅有生产卫生巾的 3 家企业发展都还不错，但是到了 80 年代末、90 年代初的时候，这些企业的发展开始遭遇到了瓶颈。经过调研，冯永林觉得这几家企业产品质量控制和市场营销，都存在问题。发现问题的冯永林，决定进军卫生用品行业，准备在这个行业施展自己的拳脚。

资金、设备和技术，是摆在初创企业面前的坎

资金问题是大部分初创企业都会遇到的问题。“我们进入这个行业时最大的困难是资金问题，创业之初，我们就面临着资金短缺的问题。”“有钱干，没有钱也得干。我们调动员工的积极性，号召大家凑了一些资金，开始建设我们的第一条生产线。”回忆起创业初期的雄心壮志，冯永林眼睛里突然多了些许光芒。

暂时解决了资金问题的冯永林，遇到了第二大难题：用国内设备、技术生产的产品与进口产品有着巨大的差距。据了解，20 世纪 90 年代，在国内普遍使用直条卫生巾的时候，从国外进口的护翼卫生巾开始进入市场，并在国内畅销。冯永林在对话中也提到，“当时用国内设备建设一条生产线，投资是 100 多万元，但进口一条生产线，投资要 3000 多万元，而且即使你有 3000 多万元，也无法买到设备”。技术、人才以及材料的短缺，在创业起步阶段，给冯永林带来了不小的困难。

不过，在那个全社会都喊着“时间就是金钱，效率就是生命”的年代，由于前期做了大量的准备工作，我们在第一台机器到厂 24 小时后便投入了生产。据冯永林回忆，由于设备传动技术工艺的要求，操作时有一些难度，设备到厂后更多工作是在调试生产线。由于在前期就培训了很多熟练的操作工人，解决了瓶颈问题，因此仅花了一天的时间，设备就安装调试好了，第二天投入初始生产阶段并生产出了合格的产品，10 多天之后便进入了批量生产阶段。

质量管理科长下海，抓质量成创业头等大事

1995 年的卫生用品市场，还处于全国竞争品牌繁多，产品质量和生产技术和设备都非常落后的起步阶段。由于只有冯永林的工厂做到了兼顾质优和价廉，所以其产品一经投放市场，就得到了消费者和经销商很好的反响。凭借技术人员对设备工艺技术的专心钻研，冯永林团队很好地解决了生产过程中的质量问题，他们生产的产品持续获得用户的好评。

初创期的成功并没有让冯永林冲昏头脑，而长期的质量管理科长的工作经历，也使得他不断将企业生产管理重心放在质量上面。“我原来在火柴厂做质量管理科长，自己的企业办起来后，第一件事情也是抓质量，并且是亲自抓，从产品材料到设计工艺，再到制造过程和检测，我们力求在产品的质量上要比竞争对手做得更好。”正是持续秉承高质量标准和高设计水平，企业产品持续赢得了消费者的满意，也造就了旗下公司产品销售市场的持续扩张。公司从最初的两条生产线，到后来的四五条生产线，形成了一定的生产规模并得到高速发展。

2001 年妮爽卫生巾新品上市订货会现场

深耕 25 年，“硬汉”敲响上市钟

依靠产品质量作为突破口的冯永林，很快走上了发展的快车道。2000 年，他参与创办了百亚股份前身重庆丝爽卫生用品有限公司（简称“重庆丝爽”），并亲手打造了“自由点”卫生巾品牌。

随着高端品牌“自由点”卫生巾的面市，很快以品质优势受到市场的青睐，并在邀请香港艺人蔡桌妍（艺名阿 Sa）代言之后迎来了产品知名度的快速提升。“‘自由点’品牌获得成功后，整个公司上下非常高兴，我至今还深刻记得，当年大家忙碌而开心的样子。”看着一张年会上露出由衷微笑的自己照片，冯永林回忆道。时至 2010 年，收购重庆丝爽的核心业务后，重庆百亚卫生用品有限公司正式成立，并于 2015 年变更为重庆百亚卫生用品股份有限公司。

2003 年企业年会上的冯永林

目前的百亚股份是一次性个人卫生用品行业的领军企业之一，旗下拥有“自由点”“妮爽”“好之”“丹宁”等风格独特、个性鲜明的品牌。“自由点”“妮爽”为卫生巾品牌，分别定位中高端产品和大众产品；“好之”为婴儿纸尿裤品

牌，定位中高端产品；“丹宁”为成人失禁用品品牌，定位中高端产品，均具有较高的品牌知名度和市场美誉度。冯永林正带领百亚股份专注打造中国一次性卫生用品行业的民族领先品牌，市场开发和品牌营销模式也愈发成熟和丰富。

百亚股份部分品牌和产品

在业绩端同样表现强势。百亚股份 2012—2019 年营收规模持续增长，年均复合增速达 9.3%，2019 年营收首次突破 10 亿级，达到 11.5 亿元，同比增长 19.6%。即使 2020 年上半年受到疫情影响，营收规模仍实现 5.7% 同比增长，达 6.1 亿元。

同时在控费效果显著的情况下，百亚股份 2012—2019 年 9.7% 的归母净利润年均复合增速，高过了营收增长。近两年净利润增长尤其明显，其中 2019 年百亚股份归母净利润达到 1.3 亿元，同比增长 43.4%，2020 年上半年归母净利润 0.9 亿元，同比增长高达 29.2%，在疫情期间仍表现出较强的稳定性。

随着民族品牌的不断崛起，2008—2019 年国内卫生巾市场品牌集中度不断提升，前十大品牌的市场合计占比从 20.8% 增至 38.6%。其中的 6 家都是国产品牌，市场合计份额从 9% 增至 16.9%，百亚股份旗下的“自由点”市占率近三年稳步提升，位列行业第八。目前像百亚股份这类的强势国产品牌生产能力正稳步提升，而且产品功能和设计更贴近本土消费者需求，完全具备超越国际品牌的机会。

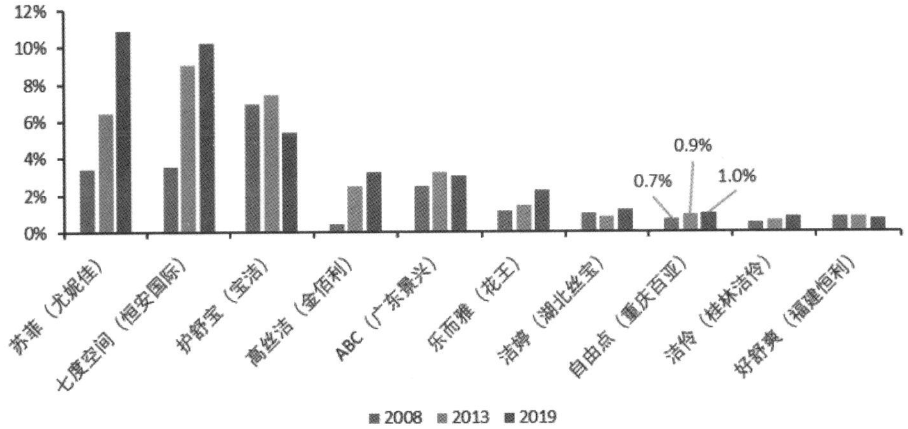

卫生巾前十大品牌市占率变化

数据来源：Euromonitor

2020年9月21日，在一声钟响之后，承载冯永林25年奋斗史的百亚股份，正式登上了A股资本市场，成为A股市场第一家以卫生巾为主要产品的上市公司。品牌和业绩均获得市场认可的百亚股份，上市首日就实现44%的顶格上涨，总市值达到40.7亿元，随后的连续涨停更是让百亚股份市值冲破了80亿关口。

2020年9月21日，百亚股份在深交所敲响上市钟

伴随着企业的壮大和赢得资本市场认可之后，冯永林肩上的担子并没有减轻，百亚股份未来的道路该如何走，他似乎没有一刻停止过思考。

紧抓“00后”和新渠道，企业才有未来

“川渝市场精耕、国内有序拓展、电商建设并重，是百亚股份这几年一直在坚持的策略”。面对企业未来的发展，冯永林表示当下市场仍具备值得深耕的潜力，并通过建造样板市场稳步向外推进。在与冯永林的对话中，他不止一次提到过“用户第一”“赢得‘00后’就赢得未来”，他认为“00后”这一代消费人群对产品的需求、对产品的理解，以及如何与他们建立体验和互动，才是企业的未来，目前公司正朝着“00后”需求的个性化、高颜值、更高舒适度的方向，做好产品更新迭代，紧跟消费者的变化。

而在另一端，行业发展也在不断验证着冯永林团队的眼光。据了解，随着女性受教育程度、社会地位及消费能力的提升，女性消费者逐渐开始追求更高质量的卫生护理产品。卫生巾产品向差异化、高端化发展，主流产品不断更新迭代，超长夜用、液体卫生巾、安睡裤等具有新功能卖点的产品销售额不断提升。

根据尼尔森市场研究公司的统计数据，与2017年相比，2018年极薄卫生巾的全国商超渠道销售额占卫生巾总销售额的比例由16.3%上升至18.9%，销售额同比增长24.8%；2015—2018年，安睡裤的全国商超渠道销售量和销售额的年复合增长率分别高达78.4%、74.8%。当前中低端品牌正不断受到挤压，以高性价比著称的“安尔乐”品牌市占率从2008年的2.6%降至2018年的0.6%，在消费升级趋势延续下，未来高端品牌仍具备较强竞争力。

随后在探讨新零售渠道话题的时候，冯永林像是小孩拿起了自己心爱的玩具那样兴奋。“我经常跟员工讲公司最大的优势在哪里？是创新。最大的机会又是什么？是今天的移动互联网时代。所以未来拓展全国市场，除了深化线下销售渠道，我们一定要通过电商、新零售这些新渠道来加快拓展脚步。”冯永林如是说。

“业务数据化、数据业务化，是新零售渠道变革的本质。”冯永林与我们谈起他对新零售渠道的理解，并表示百亚股份其实一直在做数据化工作，包括

正在和阿里巴巴等电商平台探讨做一些信息化的建设，通过数据打通消费者，通过消费者的数据进行产品需求、投放时间、销售渠道的研究，有针对性地提供量身定做服务。

而在经营数据一端，百亚股份电商建设也展现出了强大的业绩推动力。据了解，2019 年，百亚股份电商渠道营收规模达到 1.1 亿元，占比达到 9.7%，2017—2019 年电商渠道复合增速达到 66.6%。同时，百亚股份也与专业电商团队合资成立了电商控股子公司，由专业电商团队负责运营公司的线上店铺，如今消费者在天猫、淘宝、京东、唯品会、苏宁易购等大型电商平台，都能看到百亚股份的自营店，以及丰富的产品组合。

时至今日，经历 25 载行业沉淀的冯永林已经成功地将百亚股份带到一个大舞台，回忆创业史的他，向我们透露了感触最大的两点。

第一点，企业最重要的是企业文化：远景、使命、价值观。凡是钱能解决的问题都是小问题，钱不能解决的问题就要归于文化。只有优秀的企业文化才能让这个企业走得远，它有灵魂，它是顶层设计。

第二点，企业战略发展规划。人无远虑必有近忧，心有多大舞台就有多大，但是每一个决定都是不轻松甚至是艰难的。“做企业途中的辛酸太多了，我至今每天早上起来都要做 800 个俯卧撑，你会相信吗？一次做 50 个，我要做 16 组，但我并不是在锻炼身体，而是在磨炼自己的意志。”

每一位成功企业家或许有各自不同的人格魅力，但意志坚强应该是他们的共性。

“硬汉”董事长的“柔软”创业史——扫码观看对话百亚股份冯永林

二、从一个烧杯开始　揭开国内化学发光免疫诊断大幕

> 创业25年来，新产业从贸易型公司变身国内IVD（体外诊断）领域的领先者，我的目标是让中国的老百姓看病、做检测少花钱。
>
> ——新产业饶微

新产业董事长饶微

体外诊断产品可分为临床生化、免疫诊断、血糖检测、血液学、微生物学、分子诊断等类别，其中临床生化、免疫诊断和分子诊断代表了目前临床应用中的主流技术。深圳新产业生物医学工程股份有限公司（以下简称“新产业”）的主营业务是研发、生产及销售系列全自动化学发光免疫分析仪器及配套试剂。Wind（万得信息）数据显示，2019年，在医疗保健设备与用品分类下的44家企业中，新产业以45.95%的净利率高居榜首，在近期上市的新股中表现亮眼。

在高净利率的背后，新产业的收入结构其实并不复杂，2019年16.82亿元的销售收入中，试剂收入占比为78.8%，仪器机器配套软件收入占比为16.3%，余下收入为配件及其他。

截至2020年3月31日，新产业主要有8款全自动化学发光免疫分析仪器和122项配套试剂获得医疗器械产品注册证，成为国内提供化学发光免疫诊断试剂种类最多的供应商之一。此外，公司亦积极拓展生化分析产品线，拥有4款全自动生化分析仪器及39项配套试剂，该产品线涉及的仪器和试剂均已获得医疗器械产品注册证。

饶微表示，新产业取得高净利率正是因为公司专注于主业经营：一是具备了核心竞争力，二是销售额含金量高，三是具备合理的销售结构。发光免疫

定量分析技术的特点是仪器与试剂配套，新产业早期铺设到各个医院的仪器在被医疗机构稳定使用后，试剂消耗量不断增加。装机量越高，试剂的消耗量越大，这也正是营收构成中试剂收入占比最大的原因。2017—2019 年，新产业综合毛利率分别为 78.67%、80.81% 和 79.96%，其中，公司试剂产品的毛利率较高，试剂产品毛利率保持在 90% 左右，而仪器毛利率仅在 30% ～ 40% 之间。

产品类别	2019 年度	2018 年度	2017 年度
试剂	90.48%	90.39%	90.10%
仪器及配套软件	30.91%	35.41%	37.43%
配件及其他	77.64%	78.58%	77.98%
综合毛利率	80.13%	80.81%	78.67

新产业试剂产品毛利率约为 90%（图片来源：新产业招股说明书）

饶微介绍，在国内市场，新产业首先经历的是仪器销售为主的阶段，随后仪器销售比例越来越低，试剂销售比例提高，最终仪器收入占比稳定在 10%，试剂占比 85%，配件和耗材占比 5%，海外销售收入结构也将遵循这个比例。

“从一个烧杯开始”的创业之路

新产业前身深圳市新产业生物医学工程有限公司成立于 1995 年，并于 2012 年改制为股份公司。在加入新产业以前，饶微已与导师成功研制出纳米免疫磁性微球新材料，这种材料可以应用在细胞分离、基因分离和免疫定量分析等领域。

1997 年，饶微进入新产业担任总经理，当时公司是贸易型公司，仅有十几个人，没有任何核心技术。那时，国内 IVD 行业主要仍以较为落后的放射免疫方法为主，与世界先进水平差距较大，饶微及其团队既看到了市场发展的空间，也希望中国免疫检测领域能够赶上欧美发达国家的发展水平，这样的目标激励他们开始艰难的研发工作。

新产业早期的研发设备

“我记得从买第一个烧杯开始，一点一点地组建我们自己的实验室，带着队伍做研发。”当时国内最先进的是磁性均相酶联免疫方法，由于该技术本身并不复杂，饶微等人大约花费两三年时间就成功研发和生产出产品并将产品投放市场销售。有别于一般的“代理国外产品－建立销售渠道－研发自有核心技术并迅速推广”的路径，新产业在产品研发成功后建立起自己的销售队伍，因其产品在业内具备足够的创新性、先进性以及价格优势（产品价格不到国外产品的一半），新产业迅速打开市场。

第一代磁酶免疫产品

不过，从 1999 年开始，化学发光免疫定量分析技术风靡全球，这项新技术的系统完全高度智能化、自动化、高度灵敏、处理速度快、绿色无污染且结果准确可靠，国外产品迅速占领中国市场。面对风云变幻的市场，新产业果断把研发的主要精力放到了新技术上。

发光免疫定量分析技术的特点要求试剂与仪器配套且形成封闭系统，新产业团队研发出试剂后再研发配套仪器，两者结合作为一个系统使用。2000—2010年，新产业从试剂研发，到仪器研发，再到储备仪器研发，构建起全自动发光免疫分析试剂和仪器的整个系统。“这其中最难的是仪器研发。”饶微说，由于团队成员以生物技术、临床医学、生物化学等专业背景为主，再加上当时

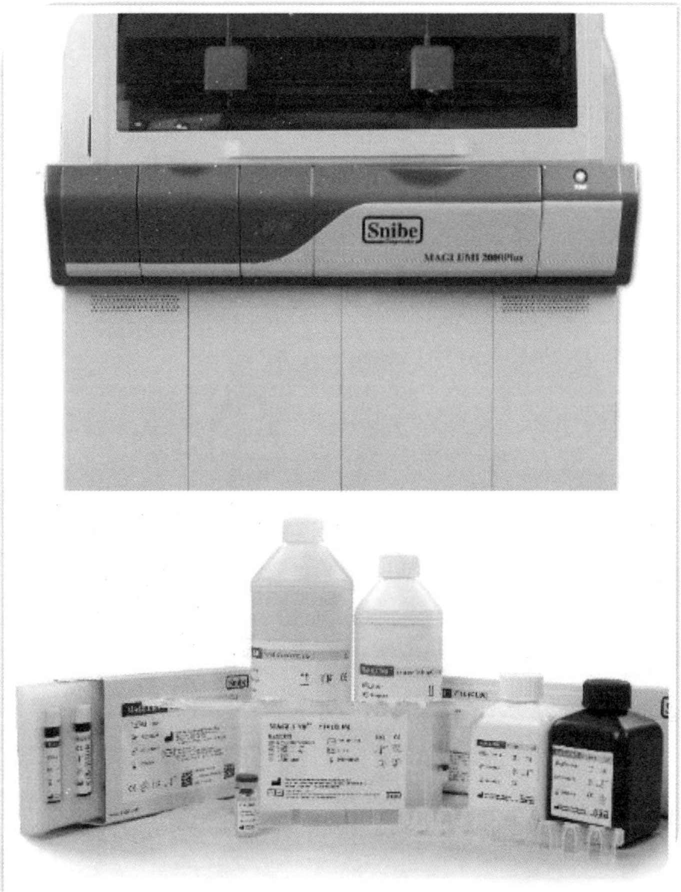

新产业的部分仪器和试剂产品

中国的自动化领域仍然落后，因此研发一款高可靠性、高自动化的配套仪器对团队而言难度非常大。

耗费 10 年，新产业最终完成了全自动化学发光免疫分析仪器及配套试剂的研发和上市的准备工作。2010 年 3 月，新产业在深圳召开的中国医疗器械春博会上发布了完全具备自主知识产权的国内第一套化学发光免疫分析技术及产品，该产品实现了国内免疫化学发光领域零的突破，也标志着新产业走出初创期，进入高速上升期。

10 年期间，新产业的收入勉强维持盈亏平衡，两位股东饶微和翁先定（现任新产业董事）在此期间从未获得分红，而是将公司每年获得的数十万利润全部投入再研发。

2010 年以后，新产业的销售收入和利润开始快速增长。饶微回忆，公司的财务数据从 2010 年的营收 5000 多万元、净利润 1000 多万元，上升至 2011 年的营收 1.58 亿元、净利润 7000 多万元，此后更是一路高速增长。

新产业董事长饶微（左）与新产业董事翁先定（右）

打破跨国公司的国内垄断，并进军海外市场

在新产业完成初创期的同时，中国 IVD 产业也从 2010 年开始进入高速发展的黄金十年。本土企业创新技术，提升服务，逐渐发挥优势，在市场竞争中逐步抢占市场份额。

新产业的全自动化学发光免疫分析仪器及配套产品的上市，填补了国内该领域的空白。然而，打破技术垄断只是刚刚开始，打破市场垄断还有漫漫长路。在此之前，全球 IVD 四大品牌（罗氏、雅培、西门子、贝克曼）已几乎垄断国内市场，新产业面对的是四个比自己强大许多的对手。“我们跟其中任何一家公司比都很弱小，更何况 4 家公司，市场拓展的过程很艰难。”饶微说。

孤独和艰难是饶微对当时竞争环境最大的感受。由于各大医院使用进口品牌已久，进口品牌已先入为主地建立了产品质量标准，国产产品进入终端时首先就要面对来自医院的质疑：“你的产品准不准、行不行？机器会不会有故障？”饶微坦言，新产业每进入一家终端几乎相当于做一次临床，通过比对效果、数据检验等，让客户相信“这个国产产品还可以”。

新产业开拓市场的第二个策略是差异化竞争。为打开局面，新产业大概做了四五十个四大品牌缺乏的、临床又急需开展的项目，相当于给大医院定制项目，避免与四大品牌发生正面竞争。

随着产品口碑的发酵以及建立四大品牌未涉及项目的标准，从定制项目逐渐渗透到常规项目，新产业也逐步发展起自己的终端。截至 2019 年底，新产业的国内装机量已超过 6800 台，在国内化学发光免疫诊断厂商中处于领先地位，包括国内近五成三甲医院在内的约 5800 多家医疗机构都在使用新产业的产品。

过去 10 年间，体外诊断领域的市场份额国产替代产品从零增长至 30%，而新产业是国产厂家中的重要成员，产品的市场份额约为 5%。在国内市场占据一席之地的同时，新产业也积极拓展海外市场。

2006 年，新产业开始了进军海外市场的准备工作，2010 年这项工作真正落地。海外终端客户的售后服务主要由海外经销商完成，新产业采用与海外经销商建立长期合作关系的模式，借助他们对当地民俗习惯、法律法规的了解拓展当地市场，新产业则主要负责对海外经销商进行专业系统的培训，使其熟悉

产品性能、实现精准营销、准确掌握仪器及配套试剂的使用方法，并能够及时处理终端客户的售后需求。截至 2019 年底，新产业海外经销商已达 220 余家，业务扩展到全球 143 个国家和地区，遍及亚洲、欧洲、非洲、美洲。此外，海外地区的销售收入逐年增长，最近三年的复合增长率达 23.53%。

从技术角度而言，进入美国市场最难。饶微说，美国 FDA（食品药品监督管理局）对医疗器械的要求是全球最高的，同时美国市场也是全球最大的市场。尽管美国只有 3 亿人口，但因美国民众已形成每年体检的习惯，美国拥有全球最大的体外诊断市场份额——接近 40%，加上美国的医疗保健水平也较高，因此医疗企业获得美国 FDA 认证的难度也很高，新产业的仪器和试剂需要逐个通过该认证。“美国市场的拓展是一个长期的过程”。目前，新产业全自动化学发光免疫分析仪器 MAGLUMI2000 及全套甲状腺功能 5 项化学发光免疫试剂产品，以及 25- 羟基维生素 D、人绒毛膜促性腺激素（HCG）已成功获得美国市场准入许可。

将化学发光免疫诊断主业“做到极致”

免疫诊断产品主要用于提供疾病的预防、诊断、治疗监测、预后观察、健康状况评价以及遗传性疾病预测的诊断信息。近年来，免疫诊断产品已成为体外诊断市场占比最大的类别，市场份额快速增长。

2020 年，新冠疫情暴发，中国许多企业迅速研发出了试剂盒。饶微认为，这将有力地促进中国体外诊断产业发展以及化学发光免疫检测的全球化推进。新产业的相关产品，对新型冠状病毒 2019-nCoV IgM、IgG 抗体的检出率高达 96%，公司正在努力完成国内注册，并推向海外。

在饶微看来，试剂的研发方向中，肿瘤标志物系列和传染病系列这两个方向具有较大的发展潜力，与广大民众身体健康密切相关。一方面癌症发病率逐年快速升高，另一方面传染病种类较多，如乙肝、丙肝、梅毒、艾滋以及新冠肺炎等。新产业未来仍将专注于核心业务，持续不断地提高核心竞争力。“常话说，最好的防御就是进攻。必须在细分领域做到世界第一，你就不用担心别人把你推倒。”饶微说。

全球首款新冠抗体化学发光试剂获欧盟CE准入

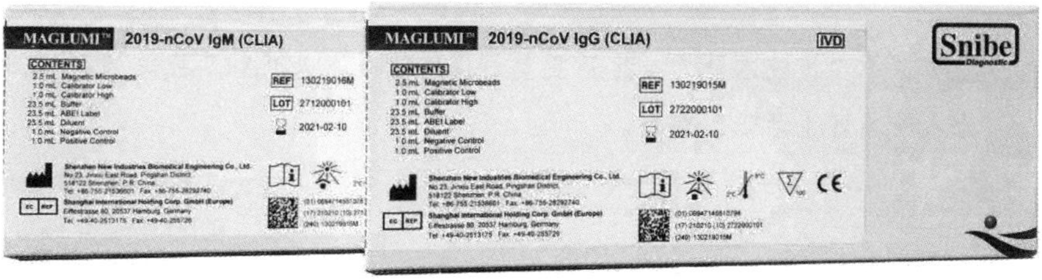

新产业研发、生产的全球首款新冠抗体化学发光试剂盒

饶微表示，推动公司发展的核心动力来自技术研发、技术创新。“新产业成立 25 年来，一直把技术创新、技术研发作为推动公司发展的核心动力。当年我们的研发经费进入成本，从来不做资本化。”2010 年以来，新产业的研发费用占比不断提高，至 2019 年达到 7.11%。

做一项免疫分析检测，1997 年花费 200 元，如今的花费是 50 元。饶微觉得，这二十余年过得比较充实：“我带着我们的团队做了一件很有意义的事情，让中国的老百姓看病、做检测少花钱，这个目标看来实现了。”

从一个烧杯开始 揭开国内化学发光免疫诊断大幕——扫码观看对话新产业饶微

三、坚定“A+”战略引领 开启核技术改变生活时代新篇章

秉承“核技术让人类生活更美好”的使命，以“A+”战略为引领，为人民美好生活砥砺前行。

——中广核技林坚

当前国际贸易形势紧张，高新技术突破显得尤为重要。具有典型高新技术特征的民用非动力核技术应用（简称“核技术应用”），作为横断面技术，与国民经济制造业领域逾40个细分行业中近三分之一的行业有关，广泛应用于工业、农业、医疗、制药、食品安全、环境保护、资源勘探和公众安全等多个领域。核技术应用领域的核探测、核医疗、放射性同位素及制品、辐照技术服务等各种细分行业，与其他产业交叉融合发展，可持续提升人们生活品质，产业空间广阔。

在抗击新冠肺炎疫情的过程中，核技术应用在防疫物资消毒灭菌、提升医疗物资保障能力等方面发挥了强大作用，进一步提升了核技术应用产业的战略地位，加速了该产业在国内的发展进程。

作为中国核技术应用第一股，中广核核技术发展股份有限公司（简称“中广核技”）正在以“A+”战略为引领，秉承“核技术让人类生活更美好”的使命，做强做优加速器制造业务，做深做广加速器应用场景，凭借核心技术优势，扛起核技术应用这一重担。

作为核技术应用龙头企业的掌门人，中广核技董事长林坚与全景网交流分享了关于“核技术应用”创新与发展的故事，回答了市场十分感兴趣，却有些陌生的核技术应用领域相关问题，并阐述了中广核技的战略与发展。

“作为人类生活品质提升的重要一环，核技术应用领域蕴藏着广阔的发展空间和市场机会，但是尚处于应用初期的我们，首要问题就是‘如何高效发展核技术应用，使其走出学术象牙塔’。”林坚说。

中广核技董事长林坚

打造开放式科研创新平台，让“核”走出象牙塔为人民服务

林坚向全景网介绍了公司的发展沿革。中国广核集团有限公司（简称“中广核”）于2011年设立核技术应用平台，并成立了中广核核技术应用有限公司。通过不断的改革和创新，整合各类资源，于2017年1月，由中广核核技术应用有限公司重组大连国际合作（集团）股份有限公司，最终达成上市，更名为中广核核技术发展股份有限公司，成为国内核技术应用行业首家A股上市公司。中广核技是国务院国有资产监督管理委员会百家中央企业子企业和百家地方国有骨干企业（简称“双百企业”）及国家发展和改革委员会国有企业混合所有制改革第四批试点企业。

中广核技作为一家高新技术企业，一直致力于科技创新并卓有成效。中广核技现拥有包括3个国家级研发平台、2个国家级第三方认可实验室在内的科研平台共计33个；组建了包括51个高级技术职称人员、1个新世纪百千万人才工程国家级人选、5个国务院特殊津贴专家在内的研发团队逾600人；同时还与清华大学、浙江大学、南京大学等知名高校，以及中国科学院兰州近代物理研究所、上海应用物理研究所、北京高能物理研究所等研究单位建立合作关系，设立了中广核高新材料研究院、中广核加速器研究院。中广核技科技成果转化迅速，转化率高达 98%，可快速投入产业化。

依托一流科技平台及领先的科技创新水平，中广核技正为市场提供“成本最优、效率最优”的产品和服务，并将持续沿着这条具有核心竞争优势的道路砥砺前行，肩负起“核技术让人类生活更美好”的使命。

“A+”战略坚实推进，围绕“三更”拓展场景

成功打造开放式科研创新平台的中广核技，在实现核技术应用高速发展的同时，也不断地将核技术应用向大众生活靠近，在核技术应用的诸多领域具备了技术优势。

据林坚介绍，截至目前，除了重组上市前延续至今的进出口贸易等传统业务外，中广核技主营业务主要包括“高新材料研发与生产、工业加速器研发与制造、加速器辐照加工服务”三大块，三个业务板块互相交叉，以加速器为核心，以较高的协同性，有效构建了一条核技术应用产业链。

作为核技术应用领域核心的加速器，其产生的电子束辐照可以广泛应用于辐照灭菌、材料改性、医疗、重污水处理、无损检测等多个领域。中广核技作为国内最大的工业电子加速器研发制造企业，产品覆盖低、中、高能区，是国内拥有电子加速器类型、结构形式、型号最全，国内市场占有率最高的公司。同时，中广核技产品已经打入美国、印度、韩国、泰国、巴西、巴基斯坦、印度尼西亚等 12 个海外国家的市场，也是中国最大的电子加速器出口企业。

此外，中广核技还兼具国内最大的电子加速器辐照加工服务提供商、国内最大的线缆料与领先的高分子复合材料制造商等诸多“第一”的头衔。中广核技的电子束处理工业污水、医用废水与固废技术同样全球领先，加上核医疗技术已取得突破，引进了全球最先进的质子治疗技术，核测控技术也位居国内前列。

未来，中广核技仍将以加速器研发生产为核心，扩大和加深加速器应用领域。2020 年，中广核技开启了电子加速器在核环保领域的大规模商业化运用，

同步推进拓展核医学、核农学、核安全等业务，其中核环保、高新材料、辐照加工服务业务追求生活“更美丽”，其市场规模高达千亿元以上；核测控则瞄准百亿元市场级别的生活“更安全”市场；加上核医学对应生活“更健康”的千亿元级别市场，中广核技已然形成了以“A”（做优做强加速器制造业务）、“+”（做深做广加速器应用场景）为战略引领，围绕“更美丽、更安全、更健康”拓宽核技术应用场景的战略布局，并取得不菲的成绩。

让人类生活“更美丽”，环保、材料全面开花

用核环保、辐照加工为“绿水青山”保驾护航，以高新材料持续助力新基建发展，是林坚对当前核技术应用推广的市场机遇的判断。

林坚介绍，首先在高新材料领域，中广核技主要产品包括改性高分子线缆料、改性工程塑料、特种材料、环保再生材料等，广泛应用于核电、新能源、轨道交通、航空航天、汽车等领域。中广核技旗下全资子公司深耕行业数十年，为客户提供集产品开发、材料定制及生产加工为一体的解决方案。

2020 年第二季度以来，“新基建”已进入全面铺开落地的阶段，各类扶持政策开始陆续抛出。数据显示，中广核技高新材料业务板块 2020 年上半年营收贡献同比增长 11.36%，达 21.69 亿元人民币，占公司总营收的 73.13%。同时，得益于高毛利产品占比增加，高新材料业务毛利率也同比大幅提升 9 个百分点至 23.29%。面对需求的提升，中广核技的产能也在不断扩大。随着重组上市时所募集资金投放建设的各产业园陆续竣工投产，中广核技预计由 2019 年度的 225 条生产线、月产能 4.3 万吨，至 2020 年底将达到 253 条生产线、月产能 5.2 万吨，未来业绩有望进一步提升。

其次在核环保领域。作为污染防治攻坚战决战决胜的 2020 年，中广核技通过电子束辐照技术等高新技术手段，实现环保行业高质量发展。其中广东省江门市新会区冠华针织厂有限公司的全球最大电子束处理工业废水项目，在 2020 年 6 月 5 日正式投入运行，标志着我国自主创新的电子束治污技术水平走在了世界前列，并迈入大规模商业化应用阶段。该项目实现了 7 台电子加速器联机运行，日处理废水量达 3 万吨，为中国乃至世界工业废水综合治理提供了一种解决途径及一个案例标杆。除此之外，电子束治污技术还可广泛应用于制

药废水、抗生素菌渣、垃圾渗滤液处理。中广核技与此相关的项目，已在新疆维吾尔自治区伊宁市、山东省菏泽市等地开始建设。

“与市场普遍认为的成本增加不同，核技术应用和传统工艺结合之后，综合成本其实是在降低。核环保技术是具备很强的市场生命力的产品，并且应用场景会越来越广泛。”林坚在回答核环保市场化推广可行性问题时直言道。目前中广核技的咨询客户、意向签约客户、正式签约客户数量逐步上升，有望为公司业绩增长带来新的强劲驱动。

让人类生活“更安全”，核测控成果显著

中广核技积极践行“提高维护公共安全能力，努力建设平安中国”。林坚表示，中广核技受托管理的核测控业务在辐射成像技术（安检）研究及设备制造方面，取得II类放射性装置（9MeV）的辐射安全许可证，完成车载成像检查系统样机研制。CT型行李物品检查系统研发进入实施阶段，辐射成像检查系统产品将实现系列化，能广泛应用于海关、口岸、公安、交通等重大领域。

让人类生活“更健康”，核医学迎层层突破

“加快补齐我国高端医疗装备短板，加快关键核心技术攻关，突破技术装备瓶颈，实现高端医疗装备自主可控。”顺应大力发展高端医疗的号召，2020年8月，中广核技核医学业务领域取得突破性进展，与国际知名企业比利时IBA公司签约合作，引入质子肿瘤治疗技术与产品等，进军高端医疗设备领域。

林坚表示，质子医疗是当今全球最先进、最成熟的放射肿瘤治疗技术，被誉为肿瘤放疗“皇冠上的明珠”。相比重离子治疗，质子医疗投资更小，运维成本更低，建设周期更短，治疗病患数量更多，技术更为成熟；相比光子放疗，质子医疗能更好地避免对重要组织器官的伤害，减少放射引起的副作用。质子治疗作为常规放疗手段的补充，对早期肿瘤患者来说，5年生存率达到80%以上。对于有重要器官包绕的肿瘤，以及儿童肿瘤治疗来说，质子治疗更显示出极大的优越性。

与比利时IBA公司深入合作后，中广核技加快关键核心技术创新，突破技术装备瓶颈，快速实现高端医疗装备的应用，使更多肿瘤患者得到了有效治

疗。根据技术引进协议，中广核技将获得全球最先进、完整的多室质子医疗系统技术，以及该技术和产品在中国大陆地区排他性的权利。通过消化吸收，有望在关键技术上实现国产化替代，提升我国在高端医疗装备领域的自主能力。

我国质子治疗起步晚，但发展前景广阔。2020 年 7 月 31 日，国家卫生健康委员会发布关于调整大型医用设备配置规划的通知，将 2018—2020 年质子放射治疗系统配置证从 10 个上调为 16 个。受国家大力发展高端医疗政策驱动，我国高端医疗设备国产化进程预计将迎来快速发展。

与此同时，中广核技在核药领域业务也在同步推进。中广核技正在与上海化工研究院联合开展富集碳 -13 稳定性同位素研发（国家级科研项目），该项目是应用于生产检测人体幽门螺旋杆菌药剂原料药的主要原料，目前该类原料主要依赖进口。

助力抗击疫情和扶贫脱困，彰显央企社会责任担当

在 2020 年年初抗击突发的新冠疫情行动中，中广核技不仅发挥了核技术应用在“健康和美丽生活”领域的重要作用，还充分彰显了央企的社会责任担当。在疫情最严重时期，公司累计为 93 家相关单位的 470 批次近 4200 万件防疫物资（包括防护服、口罩、医用手套等近 20 种疫情防控医疗物资）提供了免费、快速、及时、高质量的辐照灭菌服务，货值超 1.5 亿元，不但使更多民众增进了对辐照业务的了解，更为抗疫提供了支持，给社会带去了积极正面的影响。

另一方面，中广核技成立了党员攻坚队，深入湖北省十堰市传染病防治定点医院——西苑医院，承建“电子束辐照处理医疗废水项目”。目前，该项目经调试运行后，已具备正式投产条件。项目总建筑面积约 340 平方米，日处理污水量最高达 400 吨，完美解决西苑医院约 200 吨废水的日处理需求，为十堰市打赢疫情防控阻击战和建设“绿色十堰”贡献力量，并在我国电子束辐照技术处理医疗废水废弃物领域发挥出标杆示范作用。

在 2020 年的脱贫攻坚行动中，中广核技受托管理的核农学大放异彩。自广西壮族自治区百色市农产品辐照保鲜扶贫项目（简称“百色项目”）被列入中国广核集团有限公司实施的重大科技扶贫专项以来，中广核技于上半年成立项目临时联合党支部，坚持“以党建引领脱贫攻坚”。为克服新冠肺炎疫情带

来的负面影响，项目临时联合党支部等所有一线工作人员，连续作战、加班加点，确保百色项目如期建成投运。百色项目进入最后攻坚冲刺阶段时，除了设备安装调试以外，当地农产品辐照试验、市场客户开发等重点工作齐头并进，于10月底实现了加速器启动运行。百色项目将成为我国首个农产品原产地辐照保鲜示范中心，覆盖百色周边200千米范围内的红心猕猴桃、芒果等特色农产品，让农户受益，助力贫困地区实现脱贫致富。

中广核技在“A+”发展战略的引领下，秉承“核技术让人类生活更美好”的使命，发扬“激情、担当、创造”的企业精神，努力发展成为世界一流的核技术应用产业领跑者。以实际行动助力行业可持续高质量发展，为核技术应用产业转型升级不断输送新动能！

扫码观看全景网《约见资本人》系列对话视频

四、“前浪”的超高清 LED“新事业”

> 我们之所以敢于进入新领域搞研发，一是公司的技术基因使然；二是雷曼光电具备 LED 产业从中游到下游完整的产业链，有产业链的集合优势。
>
> ——雷曼光电李漫铁

5G 时代，“视觉至上”，8K 超高清视频是 5G 时代最令人向往的技术应用之一。

在红海中竞争的国内 LED（发光二极管）显示屏企业，正在全力奔向“超高清”带来的这片蓝海。

国家《超高清视频产业发展行动计划（2019—2022 年）》提出，到 2022 年，我国超高清视频产业总体规模超过 4 万亿元，按照“4K 先行、兼顾 8K”的总体技术路线，其中 8K 关键技术产品研发和产业化要取得突破，形成一批具有国际竞争力的企业。

雷曼光电董事长兼总裁李漫铁

一场“超高清风暴”正在来袭的路上。对于 8K 超高清显示屏，目前 MiniLED（次毫米发光二极体）/ Micro LED（微缩矩阵发光二极体）是业内公认的最佳技术路径，其中 Micro LED 为新一代显示技术。

国内诸多显示屏企业都在进行 Mini LED/Micro LED 产品布局，已有多家LED企业宣布自己的Mini LED产品的量产和商业化的案例，但是对于Micro LED产品，对外宣布成功量产的只有深圳雷曼光电科技股份有限公司（简称“雷曼光电”）一家。

雷曼光电董事长兼总裁李漫铁表示，雷曼光电的Micro LED产品持续升级，“在多个专业赛道生态布局和发展”。

COB集成封装技术

目前，业内对“Micro LED”其实还没有一个统一的定义。上游和面板企业倾向于从芯片尺寸、正倒装等方面来定义Mini LED（屏）和Micro LED（屏），下游、中游和LED显示屏企业则倾向于用像素间距（Pixel pitch）来定义Mini LED（屏）和Micro LED（屏）。

雷曼光电认为，“Micro LED”是指采用COB（板上芯片封装）集成封装的新型显示技术，其所用LED芯片为微米级，像素点间距小于1毫米。

技术出身，沉浸于LED行业16年，自诩为一名“LED行业老兵”的李漫铁介绍，不同于传统的SMD（表面贴装器件）技术，公司自主研发的COB技术解决了行业的很多痛点。例如，COB技术融合了LED产业中游封装及下游显示技术，产业链的分工全部采用“All in one”（多合一）模式，将中游的封装工序和下游的显示屏技术进行合成，工序集中，中间省去了一些产业配套制造环节；相比传统的SMD技术，COB技术生产效率更高，综合的产品性能也比SMD产品高出许多。

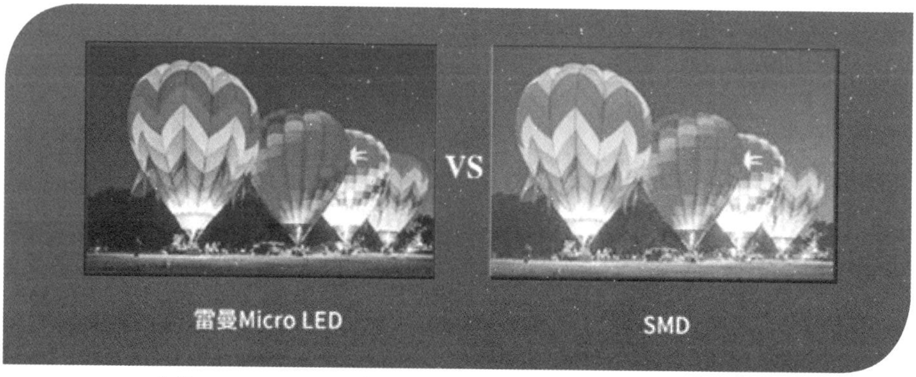

雷曼 Micro LED 显示屏　　　　SMD 显示屏

扩产升级让 Micro LED 产品价格更接地气

Micro LED 产品的商业化，要解决的核心问题是巨量转移和价格，说白了就是性价比问题，因为这直接涉及下游产业链的可接受度。李漫铁介绍，雷曼光电通过扩充产能等方式不断提高规模生产能力，降低生产成本，“Micro LED 产品未来更具成本优势，更接地气”。

Micro LED 超高清显示屏

据了解，小尺寸的 Micro LED 产品技术也是基于 COB 技术的 Micro LED 的一个重要发展方向，应用于可穿戴设备等产业领域，包括 VR/AR 眼镜、手表、手机等产品。当前，苹果、三星等很多公司都在对此进行研究和开发，但目前商业化落地的说法极少被提及。

大尺寸 Micro LED 需求之门已经打开

李漫铁说，小尺寸 Micro LED 大规模应用可能还有 3 ～ 5 年的路要走。大尺寸及超大尺寸的技术和市场已经成熟，“市场需求之门已经打开”。

“城市应急管理中心，智慧城市的指挥中心、数据中心、监控中心”，这些专用领域是李漫铁颇为看好的大尺寸 Micro LED 显示屏的应用市场。

“以前，这些市场要么是投影的天下，要么靠拼接的传统 LED，清晰度做不到很高，”李漫铁介绍，“现在 LED 运用 COB 技术工艺形成的 Micro LED 产品，能够做到更超高清。”

从现实角度来讲，Micro LED 显示屏的价格更高，那么这些市场为什么愿意为之埋单？面对这个问题，李漫铁回应道："为了扶持国内的 LED 产业，政府相关部门愿意使用更先进的国产 LED 产品，目的就是推动国内 LED 产业的发展，进而使其成为世界 LED 产业的领头羊。"

据李漫铁测算，城市控制中心这类专用显示屏的市场规模约达 150 亿元。此外，在酒店、会场、会展等商业领域所使用的传统小间距 LED 大屏、DLP（数字光处理）投影、LCD（液晶显示）面板拼接屏，也会逐渐被 LED 超高清显示屏替代。

对于新兴的会议室市场，李漫铁更看好其潜力，"规模可能高达上千亿元"。

目前，全球有 2000 多万个 100 平方米以上的会议室，它们多使用投影作为显示工具，而液晶面板的最大尺寸为 98 寸，不能满足中型和大型会议室的显示尺寸要求。COB 超高清显示屏具有独特的交互性、寿命长等特点。目前会议服务的显示屏市场"正处在快速起步阶段，有望发展成为一个新的蓝海"。

对于公司 Micro LED 产品的未来，雷曼光电已从 5 年前开始布局了。李漫铁表示，"现在，我见到了曙光，心定了"。

据李漫铁介绍，雷曼光电基于 COB 技术的显示产品价格已逐步接近基于 SMD 技术的小间距产品价格，"公司的 Micro LED 显示产品能够满足客户对超高清显示产品售后维护、技术指标、显示质量及画质等要求，得到了终端客户、合作伙伴的好评，尤其在中高端的应用领域"。

二次创业的雷曼光电

目前，国内很多 LED 企业还在上马 OLED（有机电激光显示）之类的传统 LED 升级产品，对 Micro LED 产品大多是小心翼翼地试探，李漫铁选择了一条大胆的、义无反顾的 Micro LED 前卫之路。

5 年前，李漫铁带领雷曼光电二次创业，投入 Micro LED 领域研发，自谓"进入无人区"。李漫铁说："自己之所以敢于进入新领域搞研发，一是公司的技术基因使然；二是雷曼光电具备 LED 产业从中游到下游完整的产业链，同时拥有 LED 封装技术及 LED 显示技术，有产业链的集合优势。"

据介绍，雷曼光电的 COB 产品线的整体良率已逐步提升到了目前的

97%；在产能方面，当前公司的 COB 产品每月产能可达 1000 多平方米，可基本满足基于 COB 封装技术的 Micro LED 显示产品的量产条件和客户订单需求。

2020 年 4 月，雷曼光电董事会公告定向增发募资不超过 3.8 亿元，加码投向 COB 超小间距 LED 显示面板项目。同时，雷曼光电推出 LEDHUB 智慧会议系统，正式进入中高端视频会议市场。

以往雷曼光电的显示产品市场客户主要来自海外市场。如今，公司主要开拓 Micro LED 产品的国内市场。有没有新的打法？李漫铁表示，以“区域 + 行业”的布局快速打开市场，同时与高质量客户形成战略联盟，实施大客户策略，“去年以来，公司销售人员增加了一倍”。

早在 2011 年，雷曼光电在创业板上市，是 A 股第一家上市的显示屏企业。对未来公司的发展前景，李漫铁很自信：“现在依靠 Micro LED 这张牌，公司潜力巨大。”而且他认为，公司资产负债率只有大概 30%，是一家底子非常健康的上市公司。

如今，面向 C（个人客户）端的小尺寸 Micro LED 技术发展备受市场关注。李漫铁表示，100 寸以上的 COB 技术和更小尺寸的 Micro LED 技术具有“50% 的相通度”，因此，公司也正在对小尺寸的 Micro LED 产品积极进行技术积累和开发。

“前浪”的超高清 LED
“新事业”——扫码观
看对话雷曼光电李漫铁

五、华人精英打造民族品牌的“东意西境”之路

郑中设计天生具有东方文化传统的基因，而受过海外教育的华人又带回具有西方特色的创意。两者相结合，形成了以东方文化为轴，融合西方设计精髓的“东意西境”设计理念。

——郑中设计郑忠

在资本圈，有一位令人瞩目的“第一时尚先生”，他是室内设计师专业出身，却将自己创办的建筑装饰设计公司带上资本市场的舞台。作为董事长，他富于时尚触觉，从款式、版型、单品到配色，无不传递出对品味的追求。

郑中设计创始人、董事长郑忠

他就是中国高端公共建筑装饰行业的领先企业——深圳市郑中设计股份有限公司（简称“郑中设计”）的创始人、董事长郑忠。2016 年 9 月 8 日，他带领公司敲响深交所中小板上市宝钟，并为公司发展和个人生活绘出新的蓝图。而如今，郑忠发现，于他而言，工作和生活却“始料不及”，公司在不断发展壮大的同时，也为他增添了许多“幸福的烦恼”。

郑中设计原名“亚泰国际”，2020 年 5 月 11 日由“深圳市亚泰国际建设股份有限公司”变更为“深圳市郑中设计股份有限公司”，证券简称由“亚泰国际”变更为“郑中设计”。

深耕酒店开拓高端公共建筑装饰

郑忠是一位国际知名的室内设计师，郑中设计从成立之初就专注于高端星级酒店的装饰设计与工程总承包（Engineering Procurement Construction，设

计、采购和施工，简写为 EPC）领域。公开资料显示，郑中设计旗下设计品牌 Cheng Chung Design（简称 CCD）在全球酒店设计领域排名第三，设计能力获得喜达屋国际酒店、万豪国际酒店集团公司、希尔顿国际酒店集团、洲际酒店集团和雅高酒店集团等国际酒店管理集团的认可，作品囊括其旗下最高端的酒店品牌，比如瑞吉酒店、丽思卡尔顿酒店、康莱德酒店、索菲特酒店等，打破了此前高端星级酒店设计领域由美国设计机构垄断的局面。

上海佘山世茂洲际酒店（深坑酒店）[1]　下左：北京通盈三里屯壹号公寓
下右：杭州泛海钓鱼台酒店

① 此酒店为郑中设计 EPC 项目，建设深入地下 80 米，是全球海拔最低五星级酒店，被称为世界奇观建筑。

作为业内“传奇”，郑中设计在高端星级酒店装饰领域的专业优势毋庸置疑。对于公司上市以来新的发展变化，郑忠也拥有十足的信心。目前，郑中设计已逐步进入高品质住宅、高档写字楼、豪华会所、商业综合体、文化旅游等其他高端公共建筑装饰领域。郑忠认为，随着高端酒店业务逐渐平稳并日益集中于少数头部公司，郑中设计近年来锐意打造的其他业务也将迎来绝佳的增长点。

举例来说，在高级住宅及豪华会所领域，郑中设计拥有国内最顶尖企业家客户群。郑忠带领团队，利用其在高端酒店装饰领域积淀的优势，为客户量身

上图：深圳平安金融中心顶层公共空间　下左：深圳中洲湾体验馆　下右：佛山罗浮宫索菲特

打造私宅，在顶尖企业家客户中广受好评，成功地树立了住宅品牌。郑中设计年报显示，2018 年，设计业务收入近 4.78 亿元，同比增幅达 54.2%，成为全年增长最快的业务，这反映出市场的广泛认可。

与此同时，郑中设计在高档写字楼领域也占据了优势市场。郑忠透露，目前深圳前海总部基地中很多办公大楼的设计和施工都来自郑中设计。另外，目前，以平安国际金融中心为代表的“地标性”项目的室内设计部分大都出自郑中设计团队之手。

华人精英造就独特风格“东意西境”点亮人居梦想

目前，郑中设计的酒店设计综合实力已成为世界一流水平。同时，为了顺应国际工程承包的主流，公司已将 EPC 模式定位为企业业务承接的主要模式，不断推进 EPC 交钥匙项目，并逐渐形成了明显的优势。EPC，中文为“设计、采购和施工”模式，又称“交钥匙工程”模式。

在郑忠看来，EPC 更能体现公司的价值，因为 EPC 中标的前提是社会、市场和业主对公司设计的认可。在获得业主认可的前提下，公司得以兼顾设计与建设，从效果、成本和时间三个方面实现项目价值的最大化。而除了设计品牌 CCD，郑中设计还拥有工程品牌 ATG。他称，这是为实现“左手设计、右手施工”的“无缝对接”提供条件。并且，作为一家业内闻名的设计公司，郑忠强调，“为呈现最好的效果，从品牌形象维护的角度出发，郑中设计也绝对会为设计与施工坚决负责。业主选择郑中设计所付出的金钱，最终将为其创造出成倍的价值”。

郑忠的底气是有原因的。他认为，郑中设计的核心竞争力来自设计创意，而创意的来源是人才。关于人才，公司近两三年来的口号是“华人精英”，也就是国外出生的第二代、第三代华人，或者长期在海外求学、工作的华人精英。郑中设计用文化认同感和企业自信吸引他们返回故土，共同打造民族设计品牌，最终走向世界。

有中西文化背景的人才，造就了郑中设计独特的设计风格。作为中国设计创业公司，郑中设计天生具有东方文化传统的基因，而受过海外教育的华人又带回具有西方特色的创意。两者相结合，既保证国内高效的服务品质与产品落地，又兼顾国外超前的时尚理念，这种设计风格尤其受到国内新兴的企业二代客户群的欢迎。

客户群偏好的变化反映出经济发展水平与社会结构的变迁。随着我国人均GDP的提高，人们的消费观念也在改变。特别是随着“创业一代”与“企业二代”逐渐交接，社会高净值人群实现更替，高端建筑设计与装饰市场的受众品味也发生了变化——从过去一味追求高档、奢华，到如今向传统与时尚并重转变。郑忠敏锐地捕捉到这一潮流动向，并推出独树一帜的“东意西境”设计理念：以东方文化为轴，融合西方设计精髓，两者融汇成CCD的现代简约设计风格。

美国洛杉矶环球喜来登酒店（上两张图片）与中国三亚亚特兰蒂斯酒店（下两张图片）

尽管作品遍布全球，在香港拥有高端设计事务所，并且风格带有明显的东西方融合色彩，但郑忠坚持认为郑中设计是典型的民族品牌。郑中设计旗下CCD品牌承接的设计，往往是国际顶级酒店品牌在亚洲的项目。如何在传承国际品牌原有气质的基础上，让世界各地住客体验到独特的东方文化，是郑忠最热爱的课题。

在他看来，郑中设计实际上在做的是文化输出事业。郑忠热爱东方文化，崇尚禅意。他认为，过去我国文化创意产业一味模仿西方、借鉴西方的时代已经结束，如今的中华文化在全球市场拥有无可比拟的吸引力。他说，“将东方禅意与现代简约相融合，在室内设计中融入文化印记，就是郑中设计‘东意西境’点亮人居梦想的使命”。

名人光环带来“幸福的烦恼”

除了管理者之外，作为个人风格突出的设计师，郑忠实际上也是公司的代言人。名人的“光环效应”为公司树立了品牌，为郑忠个人吸引了众多粉丝，也给他带来“幸福的烦恼”。

郑忠笑言，很多企业家都说“公司上市后就轻松了”，但对他来说体验并非如此，工作与生活反而变得更加忙碌了。2016年公司上市之时，他表示，自己的理想是培养一支成熟的创意团队，自己卸下部分业务重担，工作、生活的主要组成部分就是制定战略和打高尔夫球。但如今，除了工作仍然繁忙之外，客户与粉丝的互动需求却有增无减，这让他颇有一些“疲于应对”的感受。

对于这种状态，郑忠无奈坦言“无法享受”。不过，作为一名企业家和管理者，郑忠认为自己仍然负有责任，在工作间隙寻找时尚与生活之美，并将其传递给公司正在培养的设计师团队。他强调，这是因为他是设计师群体中的榜样，榜样就应该将美好的东西留给人们。

从上市到如今的几年间，郑中设计从团队建设、销售、业态到品牌进行了一系列革新和布局，为进一步腾飞打下基础。郑忠相信，未来几年将成为公司发展最好的几年。

关于公司发展战略，郑忠表示，郑中设计基于“设计促进工程，创意驱动发展”的总体战略思路，全力推进一体化、工业化、创意化和智能化建设，为客户提供综合完善的建筑装饰艺术作品，深挖产业纵深，扩大市场份额，成为以设计享誉国际、以创意引领生活的综合建筑装饰企业。

与几年前的计划相同，郑忠希望，未来继续“在淡定中前行”，将团队和品牌建设得更为扎实，最终实现品牌全球化目标。在他的设想中，在装饰工程领域，郑中设计的布局将更为合理；在设计领域，郑忠则大胆期待，郑中设计要成为全球数一数二的公司，甚至将设计公司开到纽约、伦敦等世界一线城市，实现设计业务的全球化。

“我们跟很多公司不一样，不需要为了多做项目而跑业务。只要坚持做好设计，有好的设计展现在市场上，自然会有很多业主直接找上门。未来，我们还是坚持把创意做好，把品牌做好，把底子做好，这样企业的影响力会更大、更远，企业的愿景会更有实现的可能。”郑忠如是说。

华人精英打造民族品牌的“东意西境”之路——扫码观看对话郑中设计郑忠

六、郑晓蓉：从销售员到董事长

我的下游有 800 多家客户，很多都是合作 10 年以上的老客户。我喜欢跟客户互动，分享我们工作，分享我们的家庭，也分享我们的企业。

——科翔股份郑晓蓉

挂牌创业板的广东科翔电子科技股份有限公司（简称“科翔股份”），是一家从事高密度印制电路板生产销售的高新技术企业。董事长兼总经理郑晓蓉是行业里少有的女企业家，一身粉裙、举止大方，很难想象她是一家现代化、智能化高科技企业的当家人。

科翔股份董事长郑晓蓉

从销售员到董事长

1991 年，郑晓蓉到广东打工。当年印制电路板（Printed Circuit Board，简称 PCB）还不被人们所熟知，市场开拓都是靠上门推广，郑晓蓉每天都要拜访十多家客户。在不断接触行业、积累经验的过程中，郑晓蓉感受到市场快速发展的前景，毅然决定创业。2001 年，郑晓蓉在广东省惠州市成立了科翔股份。

郑晓蓉：1991 年，我来广东打工，通过做市场销售，接触了很多电子信息行业。机缘巧合，进入了 PCB 这个朝阳行业。市场上的电子产品包罗万象，市场迭代更新也比较快，我觉得这个行业会给自己带来很好的发展前景，所以当时就毫不犹豫地投身这个行业，并走上了创业之路。

全景网：PCB 行业前期投资还是蛮大的，你会不会有压力？

郑晓蓉：创业初期，在工厂资金投入及人才方面，都有亲朋好友的帮扶，但还有更多的困难需要自己去努力解决。是坚定不移的信念、顽强坚忍的意志，让我一直创业到现在。

全景网：科翔股份主要做什么产品？

郑晓蓉：早期生产的都是消费类相关的一些 PCB 产品，相对低端一些，一个月最多不超过几百万元的产值规模，都是从小一步步做起来的。现在主要生产高多层板、高密度互连（HDI）板、厚铜板、高频 / 高速板、金属基板、刚挠结合板、IC 载板等各类中高端印制电路板。产品在不断地升级换代，逐步进入中高端市场。

全景网：创业之后面对压力，你有没有觉得跟想象中不太一样？打过退堂鼓吗？

郑晓蓉：会有压力，但从来都未曾想过后退。我看好这个市场，看好这个行业。

危机中发现机遇

20 世纪初，DVD 取代 VCD 成为最流行的消费电子产品，刚成立的科翔股份就瞄准这一领域提供相关的 PCB 产品。2008 年，全球金融危机爆发，但郑晓蓉在其中发现了机遇。

全景网：2008 年经济危机，你为何会觉得反而是个机会呢？

郑晓蓉：可能是我接触市场比较多，所以觉得尽管有危机，但有一些板块还是要发展的。刚好 2009 年“家电下乡”启动，对 PCB 行业来说，是一个市场机会期。

全景网：当时 VCD、DVD 下游的产品进行了更新换代升级，PCB 的转型容易吗？

郑晓蓉：市场 PCB 的设备工艺差不多，转型时要迎合市场，在自己内部做调整，所以那段时间我一直在市场和工厂两边跑。

是客户也是朋友

迎合市场，跟客户一起合作发展，是郑晓蓉给科翔股份定下的发展基调。如今，科翔股份的下游客户超过800家，涉及消费电子、通信设备、工业控制、汽车电子、计算机等众多领域。深圳市兆驰股份有限公司、福建星网锐捷通讯股份有限公司、浙江大华技术股份有限公司、阳光电源股份有限公司等都是公司的合作伙伴。

全景网： 科翔股份有一个很明显的特点，就是客户特别多，下游有800多家客户。未来会继续扩大客户数量，还是会慢慢缩小，精减一些客户数？

郑晓蓉： 科翔股份目前还不会精减客户数，要继续保留目前的客户。科翔股份现在有一定的吞吐量，未来募投项目投产，可以更加聚焦地服务好大客户。在研发方面，科翔股份会继续跟着客户走，给未来的发展储备一些高端优质客户。

全景网： 800多家客户里面，在你的印象里，合作了10年以上的客户大概有多少？

郑晓蓉： 蛮多的。排名前20位的大客户里面，接近一半都是。

全景网： 合作时间最长的客户是哪一家，你还记得吗？

郑晓蓉： 我觉得合作时间最长的是深圳市金锐显数码科技有限公司，还有深圳市同洲电子股份有限公司（简称“同洲电子”），从创业之初就开始合作了。

全景网： 给它们提供的产品也应该有变化吧？比如说同洲电子。我知道同洲电子是做机顶盒的。

郑晓蓉： 客户的产品在不停地迭代，也需要我们同步提供不同类型的PCB产品。科翔股份完全根据客户的需求进行响应、研发、生产及供货。

全景网： 响应速度能达到多快？ 它们是优于你们先迭代的，还是先告知你迭代的消息，然后一起研发接下来的PCB产品该怎么做？或者说科翔股份先研发好一个产品，然后告诉客户说有这个产品了，请客户来看看怎么配合迭代？

郑晓蓉： 高端产品客户会提前与我们共同探讨、研发，技术成熟了，我们再提供配套 。

全景网： 这个响应速度有多快？

郑晓蓉：高端消费类的，最快可以24小时内供货。高端、复杂一些的产品生产周期要长一些，一般需要一周以上。

全景网：未来，科翔股份创新的方向有哪些？

郑晓蓉：2020年，在新冠肺炎疫情期间，科翔股份迎合了医疗产品的市场方向。2019年以来，中国5G大基建，疫情也没能阻挡国家发展的速度，科翔股份也迎合了。未来新能源、5G基建、衣食住行等，会催生新的消费场景和电子产品需求，科翔股份也会迎合、对接。下一步，科翔股份会努力把握消费类、同网同频类产品的系列机遇。

跟随市场，做永远的朝阳行业

随着5G、大数据、人工智能、物联网的加速发展，被称为“电子产品之母”的PCB也迎来新一轮增长。有数据显示，2023年，全球的PCB总产值或将达770亿美元。目前，中国PCB产业占据全球一半以上份额，已上市的PCB生产企业超过30家。

全景网：现在PCB行业里，上市企业很多，有崇达技术股份有限公司、奥士康科技股份有限公司等。你对科翔股份上市后的发展有什么想法，会做出差异化的发展吗？

郑晓蓉：我觉得差不多，因为做企业一方面要跟行业学习，另一方面也要自己不断地创新、变革。

全景网：科翔股份未来会向IC载板，和涉及5G基站类的一些PCB上发展吗？

郑晓蓉：对。5G基站所需的PCB产品，相对尺寸更大一些。如果集成到民用，就会更短、小、轻、薄，就逐步演变成了IC载板等高端集成电路。

全景网：PCB制造行业中，其他的公司好像也在往这些方面转型。

郑晓蓉：是的，因为市场很大。一家是吃不完整个大蛋糕的，所以一定要分享。PCB产品在早期，都是中国台湾地区，以及日本、韩国和一些欧美企业在做。现在尽管科翔股份追赶上来了，分享了一部分市场，但市场仍然有需求空间。

全景网：你觉得PCB行业未来的发展空间有多大？

郑晓蓉：我觉得发展空间是无限大。PCB 是新型、朝阳电子信息行业。PCB 制造行业会不断迎合国家科技、信息、电子产业发展需求，可以带动上下游产业链、生态圈的协同发展。

全景网：你对已上市的科翔股份如何评价？

郑晓蓉：如果把公司比作一个人，那么科翔股份应该刚刚到 18 岁，未来还有无限的生命力。这是我对科翔股份的界定。

全景网：如果当年没进入 PCB 行业，你会选择什么行业？

郑晓蓉：也许我会去做服装行业。我的眼光还不错，经常和公司的同事一起挑选公司团队的服装。

全景网：你给自己的评价？

郑晓蓉：大家都说我比较内秀，可能我内心比较强大吧。

扫码观看全景网《约见资本人》系列对话视频

后　记

在时代的大潮中，每一位企业家都是拓荒者，他们看见机会，选取路径，披荆斩棘，执着前行。我们相信，在一个公司从创建到发展成熟的过程中，蕴含“拓荒者”的经验、见识以及智慧，彰显着企业深藏在数字和报表背后的价值。

2017年和2019年，《约见资本人》前两部陆续出版。通过100多位企业家的创业故事，我们为读者展现企业家们如何成就事业与个人，如何创造价值和财富。

2020年，岁在甲子，时代如潮，企业浮沉。倏忽之间，我们就站在了历史的十字路口。上市公司的故事不再只是创业或“造富”，企业家和他们一手打造的企业，是价值的创造者、科技创新的引领者、工匠精神的践行者，经济转型的推动者。

于是，第三部《约见资本人》与以往不同，我们“约见”李书福、王传福、曹德旺、王石等著名企业家，去了解他们对时代的独特见解；我们记录鲁先平、杨崇和、梁耀铭这些执着者，寻找他们“三十年如一日”背后的支撑力量；我们还讲述“中国制造”如何成为“隐形冠军”，如何创造美好生活的故事。

《约见资本人》第三部遴选全景网对近百位企业家的对话，来源于数百万字的对话实录。这部系列图书的创制和延续，得益于无数人的辛勤劳动。

本书特别感谢各界朋友和全景网各位同事，是你们的帮助与支持，使本书得以顺利出版。

在此特别感谢全景网总经理助理姚峰、黄晓宁带领推广团队的郜艳梅、朱文娟等同事与各上市公司高效、细致的沟通与统筹，你们的辛勤工作，对于本书的诞生至关重要。

感谢特邀作者：胡学文、严翠、康殷、万丽、孟庆建的热情支持和帮助，他们的参与使本书内容更加丰富多彩。

感谢全景网设计部主任陈龙带领团队成员邓晴心、闫慧斌、徐海辉、罗启明为本书提供精美的装帧设计。

感谢全景网党群工作部、办公室、行政管理部、战略发展部、财务部、人力资源部、技术部、设计部、路演事业部、IR事业部、客户关系部、业务管理部，以及北京、上海、郑州、杭州、西安等分公司的同事为本书的出版做出的重要贡献。

《约见资本人Ⅲ》编辑部

2021年1月于深圳